小売・サービスの経営学

アトモスフィア理論へのアプローチ

前田 進 [著]
Maeda Susumu

はじめに

　先進諸国の産業や雇用においてサービスの比率が上昇する，いわゆるサービス経済化が進展する中で，第三次産業といわれる小売・サービス業の重要性が指摘されている。第一次産業，第二次産業と呼ばれてきた生産者，製造業者も，事業の中でのサービスの比率を増大しつつある。しかし，我が国においては，サービス業はもとより，小売経営の研究は，実務面での進展に比して遅れているのが現状であり，小売・サービス経営には多くの課題が残されている。

　豊かな時代を迎え，特別な商品を除き，食品，マイホーム，車，テレビ，衣服など衣食住に関わるモノと同様に，音楽，スポーツ，旅行，外食などのレジャー，あるいは学校，写真撮影，病院，介護など生活関連サービスがいきわたり，手を伸ばせば，あるいは足を運べば，どの家庭からでも簡単にそれらのサービスを手に入れることができるようになっている。そのことは，反面で企業はどこにでもあるありきたりな商品やサービスの種類を提供したり提案したりするだけでは，現代の消費者を十分に満足させることはできなくなっていることを示している。

　一方，開発技術の進展に伴う製品のコモデティ化は，企業の特性を表現しにくくし，必然的に企業は同質的経営を強いられてもいる。そのため競争優位に立とうとすれば，新商品開発競争や価格競争に巻き込まれる。この危険を避けるために，近年では製造業者も，ビジネスにおけるサービスの比率を高め，製品が顧客の生活，あるいは業務の一部として様々にカスタマイズされるような製品づくり，サービス体制に力を入れている。

　しかしながら，端的にいえば，製造業はこれまで，一つの商品を100万個つくることに経営のメリットを求めてきたが，小売・サービス業では，個々の価値観を有している顧客の中の一人が，その場の雰囲気で変化する100万通りの欲求をもっていることへの対応に経営のメリットがあるという複雑性がある。

はじめに

　これらが，小売・サービス経営の科学的な研究が遅れている理由でもある。事実，これらの研究は遅れており，大学においてもサービスの学部の必要性をいわれ始めたのは，我が国では2014年になってからである。小売・サービス業の研究，より正確には小売・サービスの経営研究は，我が国の大きな課題である。

　小売・サービス業に共通するビジネスの特性は，ありふれた特別な日常品を除いては，顧客一人ひとりに対面し，顧客とやりとりをして求められるモノ以上の価値を提供，提案することにある。これが，小売・サービス業が収益を得るために営々と行ってきた所作，行為（action）である。これらは，顧客の思いと小売・サービス業の所作，行為が自然になされるような顧客との関係が前提になっている。しかしながら，顧客はどの店にもどの場にも心を許すわけではなく，場の選択権は顧客にある。したがって，商品と顧客，企業と顧客の出会う場，より正確には企業と顧客の接触空間がその関係を誘う空間でなければならない。小売・サービス業においては，この企業と顧客の接触空間に，顧客の気を誘うような雰囲気が満ちていることが関係を一層強固にする。このことが企業収益を左右するのであり，これが小売・サービス経営の重点である。

　このことは，小売・サービス業の現場（オペレーションの現場）の重要性を意味している。しかも，顧客との対面を大前提とする小売・サービス経営では，顧客の購買（利用）意欲を直接的に，継続して喚起し続けなければならない。そのためには，経営のあらゆる局面で顧客の欲望を刺激して，顧客が商品に対して肯定的な態度をとるように仕向ける雰囲気をつくっていかなければならない。そこで，本書では，歴史的にも比較的研究の進んでいる小売業の研究を柱として，企業と顧客の接触空間にアトモスフィアの観点を取り入れながら，小売・サービス経営の科学的分析に取り組んでいきたいと思う。

　小売業の現状を見ると，日本の中小小売業は，1980年代初頭をピークに減少し続けている。その原因の一つとされてきた大規模小売業にあっても，過当競争による経営効率の悪化と閉塞感から過剰な価格競争に陥り，企業と社会に様々な問題を引き起こしている。こうした問題は市場に対する小売業の対応の

はじめに

遅れに起因するものが多く，従来のマーケティング研究が製造業中心の考え方によって進められてきたために，拡大しにくい現代の小売市場では十分に機能していないことに原因があると思われる。

日本の小売業は，アメリカのマーケティングを本格的に導入した1960年代以降，生産と販売の効率化，能率化を促進することに集中し，製品の規格化，業務の標準化による大量生産，大量販売システムの下で，大衆消費時代を下支えして，製造業者の製品を最終消費者により迅速に捌く役割を果たしてきた。そして，高度経済成長期の成長・拡大する市場に合わせて規模の経済性を一層追求することに専心し，瞬く間に大型化が進行した。その結果，チェーンシステムなどの手法により大規模小売業者が隆盛を極め，今日に至っている。

しかし，小売業は消費者の生活に密着して活動し，収益を得ている社会経済的な存在である。このことを考慮すれば，経営内部の近代化，合理化のみでなく，社会経済の変化，つまり市場の動向に適合し，小売業の形態的特性や最終消費者との関係を重視した，製造業とは異なる小売業独自のマーケティング・マネジメントのあり方が研究されなければならないはずである。

小売業はその名の示すように，大量生産品を大量に売り捌く「大売」ではなく，「小売」という営業形態であることが大きな特徴である。また，今日的には，小売業は流通の最終段階にいるという制度的，システム的認識でなく，市場において，消費者と直接接触する流通の最先端の位置付けであることに焦点を合わせる必要がある。このことは，大規模小売業にあっても，それぞれの売り場単位では小規模売り場であることを思えば，規模の大小にかかわらず，収益を前提として，収益の源泉である小売企業と顧客の接触空間に新たな活路を求めなければならないことを意味している。

その視点から，本書では，社会経済，市場の主役である消費者，生活者，中でも小売・サービス業を営む小売企業の顧客を起点とした小売マーケティングの重要性を指摘する。顧客の欲求は価格志向の経済性からばかりでなく，個人性，社会性など異質多元性のある買い物意識と行動に裏付けられている。この視点から，顧客の情緒的な買い物行動の研究にも触れていく。そして，この消

はじめに

費者の情緒的購買に最も関わる小売の売り場周りのアトモスフィアの重要性を指摘し，アトモスフィアを触媒（catalyst）とした小売マーケティングとそのマネジメントの重要性を指摘する。さらに，これらをアトモスフェリック・マーケティング・マネジメントと名付け，その構成要素，展開方法を検討する中で，理論的研究を踏まえた実証的研究に代えて，浅薄であるが筆者の経営コンサルテーションの経験も加味して，理論の実務的適用の方向について紹介する。

「サービス」に関するマーケティングとマネジメントの研究は，1980年代以降に北欧学派と呼称される研究者らによって進められてきた。しかし，本書では，それ以前の1900年代の早い時期から蓄積されている小売業の研究を主として取り上げる。このために，小売・サービス経営の研究の基本については，より研究の進んでいる小売業の経営をモデルに進め，あえて小売・サービス業あるいは小売企業という用語を使い分けず，小売業の研究を中心に進めていきたい。そこで，顧客と接触してビジネスを行うという共通のテーマをもった小売業，サービス業を小売業と認識していただいた上で，本書を読み進めていただきたいと思う（本文中では適宜，小売業，サービス業という産業を「小売・サービス業」，その企業を「小売企業」，そしてその経営を「小売経営」と表現した）。

本書では，サービス経済化が進行する中で，重要性が指摘されながら，これまで実務家の経験則に依存し，比較的研究の少なかった小売・サービスの経営学に焦点を合わせた。そこで，従来の小売研究において，その研究対象として置き去りにされてきた感のある小売業独自のマーケティング・マネジメントの研究を，アトモスフィア理論を用いて展開した。

人はたとえ興味があっても，そこにふさわしいAtmosphereがなければその場を訪れないだろう。人はまた，その場に憧れのものがあっても，そこにふさわしいAtmosphereがなければ行動を起こさないだろう。

つまり，人はそこに誘うものによって導かれ，それを誘うものによって行動する。Atmosphereは人をその場に誘い行動に導くCatalystである。

はじめに

　本書が小売・サービス経営を研究する学生，研究者，そして小売の現場に関わる実務家の皆様に貢献できれば幸いである。

　本書の出版にあたって，小売・サービスの経営研究の中で，特に小売業の歴史的研究と未来への道しるべについてご示唆いただいた澤内隆志明治大学名誉教授，そしてサービスおよび消費者行動研究について貴重な時間を割いて多大なご指導をいただいた井上崇通明治大学教授に，深く感謝申し上げたい。また，筆の進行の遅れがちな筆者を長年にわたってご指導，ご支援いただき完成に導いていただいた同友館の神田正哉氏に，この場を借りて感謝申し上げたい。

　最後に，常に傍らで応援し続けてくれた妻・登美子にも感謝しておきたい。

2016年1月

前田　進

［目　次］

序　章
本書の背景・意義・構成

第1節　本書の背景……………………………………………………………2
　　1．我が国小売業の現状とアメリカ小売業の新たな動き　2
　　2．製造業者のマーケティングからの脱出　4
　　3．小売業独自のマーケティングの体系的研究の必要性　4
第2節　本書の意義……………………………………………………………7
　　1．マーケティング研究の新潮流　7
　　2．小売現場（売り場周り）におけるマーケティング研究の重要性　7
　　3．小売業のマーケティングと小売マーケティング　8
　　4．顧客の購買プロセスを支援する小売のオペレーション　9
　　5．情緒的購買の触媒となるアトモスフィア　9
　　6．小売マーケティング・マネジメントの体系化とオペレーションへの展開　10
第3節　小売経営の課題と本書の貢献………………………………………10
　　1．小売経営の課題　10
　　2．本書による貢献　12
第4節　本書の全体構成………………………………………………………14

第1章
小売業のマーケティング研究の変遷と
小売マーケティング・マネジメントの必要性

第1節　歴史に見る小売業経営研究とマーケティング研究の関係性と
　　　　課題………………………………………………………………………21
　　1．小売業の役割　21
　　2．小売の生起と本書で主として取り扱う小売業　22

3．小売業経営とマーケティングの関わり　*22*
　　4．小売業のマーケティング研究の特徴と課題　*28*
　第2節　小売業のマーケティング・マネジメント体系確立の必要性………*34*
　第3節　P. H. Nystrom の小売業経営研究のレビュー …………………*37*
　　1．Nystrom の研究の意義　*37*
　　2．Nystrom の時代と主要な業績　*38*
　　3．Nystrom の五つの著書のレビュー　*41*
　　4．Nystrom の小売経営理論の整理　*54*
　　5．Nystrom の小売経営理論の体系化　*58*
　　6．Nystrom の小売業のマーケティング・マネジメントの体系化への示唆　*59*

第2章
小売業のマーケティング・マネジメントの概念整理と MC サークルによる体系化

　第1節　Nystrom 以降の小売業経営研究の変遷 ……………………………*68*
　　1．1970年代までの小売業経営の発展と研究分野の分化　*68*
　　2．1980年代以降の小売業経営研究の進展　*83*
　　3．日本の小売業経営研究の歴史　*88*
　　4．Nystrom 以降の小売業のマーケティング研究の評価　*94*
　　5．小売業のマーケティング・マネジメントのフレームワークへの
　　　　アプローチ　*98*
　　6．高度化した小売業の現場研究の重要性　*101*
　第2節　小売業のマーケティング・マネジメントの体系としての
　　　　MC サークルの構築……………………………………………………*108*
　　1．小売業マーケティング・マネジメントの概念整理　*108*
　　2．小売企業のマーケティング・マネジメント体系のモデル化
　　　　（MC サークルの構築）　*113*
　　3．MC サークルの構成要素　*116*
　　4．MC サークルの展開の要点　*118*
　第3節　MC サークルの構成要素とその意義……………………………*119*

目　次

　　　1．MC サークルのマーケティング上の意義…市場への対応　*119*
　　　2．MC サークルの構成要素の意義…企業行動と顧客にインパクトを
　　　　与える要素　*121*
　　第4節　MC サークルの基軸となる思想……………………………………　*125*
　　　1．マーケティング・マネジメントが目指す，正しく，力強く，美しい
　　　　経営　*126*
　　　2．正しく，力強く，美しい経営を目指す MC サークルの実践　*130*

第3章

MC サークルにおけるオペレーション・マーケティングの重要性と展開

　　第1節　小売企業のマーケティング・マネジメントの要としての
　　　　　　オペレーション・マーケティングの重要性………………………　*139*
　　第2節　小売企業の特質とマーケティング……………………………………　*141*
　　　1．小売企業の特質　*141*
　　　2．小売業のマーケティングと小売マーケティングの同質性　*143*
　　第3節　小売のマーケティング・マネジメントの要素　*144*
　　　1．小売のオペレーション・マーケティングの要素　*144*
　　　2．小売マーケティングの展開と小売戦略要素　*146*
　　第4節　顧客起点の小売マーケティング………………………………………　*156*
　　第5節　顧客の購買プロセスと心理的プロセス………………………………　*157*

第4章

小売オペレーション・マーケティングを統合する触媒としてのアトモスフィア

　　第1節　小売のオペレーション・マーケティングの触媒としての
　　　　　　アトモスフィア研究の意義…………………………………………　*162*
　　第2節　本書で取り扱うアトモスフィアの範囲………………………………　*165*
　　　1．アトモスフィアの多様性　*165*
　　　2．小売のマーケティング・マネジメントにおけるアトモスフィア　*165*

3．小売経営とアトモスフィア　*168*
　　4．消費者との接触空間におけるアトモスフィア導入の重要性　*169*
第3節　小売業におけるアトモスフィア研究のレビュー……………… *171*
　　1．日本の小売業経営におけるアトモスフィアの研究　*171*
　　2．Nystrom のアトモスフィアの研究　*172*
　　3．Kotler のアトモスフィアの研究　*174*
　　4．Kotler のアトモスフィア研究からの示唆　*181*
　　5．Nystrom, Kotler のアトモスフィア研究の影響　*181*
第4節　アトモスフィアの定義と要素……………………………………… *199*
　　1．Nystrom, Kotler 以降のアトモスフィア研究の課題と研究の方向性　*199*
　　2．小売のマーケティング・マネジメントにおける
　　　アトモスフィアの定義と要素　*200*
第5節　小売のマーケティング・マネジメントへの
　　　アトモスフィアの適応………………………………………… *202*

第5章

MC サークルに沿ったアトモスフェリック・マーケティングの展開

第1節　小売のオペレーション・マーケティングと
　　　アトモスフィアの統合………………………………………… *210*
　　1．本書の基本的主題の整理　*210*
　　2．アトモスフェリック・マーケティング・マネジメントの用語整理　*213*
　　3．アトモスフェリック・マーケティング・マネジメントの定義　*216*
第2節　アトモスフェリック・マーケティングの計画とマネジメント… *216*
第3節　アトモスフェリック・マーケティングの展開法……………… *218*
　　1．小売企業へのマーケティング・マネジメント適用についての概説　*218*
　　2．小売のアトモスフェリック・マーケティング展開図　*220*
第4節　アトモスフェリック・マーケティングの
　　　顧客接触空間への適用………………………………………… *222*
　　1．小売企業の経営理念と小売店舗コンセプト　*222*
　　2．小売企業の経営方針，営業方針　*229*

目 次

　　3．小売企業の経営戦略，店舗戦略　**233**
　　4．小売戦略における消費者の考え方　**235**
　　5．アトモスフィアの小売戦略要素への適用　**246**
　　6．小売企業の店舗イメージの確立　**268**

結　章
本書のまとめと小売マーケティングの課題

　第1節　本書のまとめ……………………………………………………… **276**
　第2節　今後の課題………………………………………………………… **277**

【参考文献】　**281**

［図表目次］

序章　本書の背景・意義・構成
- 表序－1　我が国の商業の推移　*3*
- 図序－1　本書の全体像　*17*

第1章　小売業のマーケティング研究の変遷と小売マーケティング・マネジメントの必要性
- 表1－1　Nystromの主要な功績（業績）と著書　*39*
- 表1－2　*Retail Store Operation*のコンテンツ　*48*
- 表1－3　*Retail Store Operation*の構成　*58*
- 表1－4　Nystromの主著書から見た小売経営論の体系　*59*
- 図1－1　Nystromの小売業のマーケティング・マネジメントの概念図　*60*

第2章　小売業のマーケティング・マネジメントの概念整理とMCサークルによる体系化
- 表2－1　1920〜1940年代の新たな小売思想に関わる主な出版物　*74*
- 図2－1　Lusch, Dunne and Carverの小売戦略計画とオペレーション管理モデル　*97*
- 図2－2　Berman and Evansによる小売業のマーケティング戦略体系図　*109*
- 図2－3　Luschによる小売計画・マネジメントのモデル　*112*
- 図2－4　小売企業のマーケティング・マネジメントの概念図　MCサークル（企業版）　*114*

第3章　MCサークルにおけるオペレーション・マーケティングの重要性と展開
- 図3－1　消費者の購買行動プロセス　*145*
- 表3－1　消費者の買い物行動プロセスへの小売マーケティング要素の適用　*146*
- 図3－2　購買後の消費者行動　*146*
- 表3－2　小売業研究書による小売マーケティング要素　*149*
- 表3－3　小売マーケティング・マネジメントの要素　*155*

表3－4　消費者の購買決定プロセスと小売業のマーケティング活動　*158*

第4章　小売オペレーション・マーケティングを統合する触媒としてのアトモスフィア

　表4－1　アトモスフィアの概念範囲　*166*
　図4－1　アトモスフィアと購買率を結ぶ因果関係連鎖　*179*
　図4－2　アトモスフィアの計画段階　*180*
　図4－3　Luschのイメージスター　*187*
　表4－2　アトモスフィアを構成する要素　*202*

第5章　MCサークルに沿ったアトモスフェリック・マーケティングの展開

　図5－1　小売企業のマーケティング・マネジメントの連続体
　　　　　MCサークル（店舗版）　*221*
　図5－2　小売企業のマーケティング・マネジメントの連続体
　　　　　MCサークル（小売戦略ミックス版）　*222*
　図5－3　Assaelの購買行動類型（consumer decision making）　*250*
　表5－1　専門型小売業の「販売促進」の8大機能と
　　　　　アトモスフィアの表現ポイント　*263*
　表5－2　アトモスフィアと専門店での手段　*264*

序　章
本書の背景・意義・構成

現存する伊勢松阪商人の館
（写真掲載許可：松阪市教育委員会）

序章　本書の背景・意義・構成

第1節　本書の背景

1．我が国小売業の現状とアメリカ小売業の新たな動き

　我が国の小売業は，世界第二の経済大国にまで成長した日本社会の発展を担い，国民の生活，地域の活性化，あるいは国家経済の下支えとして貢献してきた。しかし，表序－1の商業統計に見るように，1982年をピークに小売業の事業所数は減少傾向にあり，とどまるところが見られない。年間販売額も1997年以降減少に転じている。しかし，売り場面積は2007年まで増加していることから，店舗の大型化は最近まで進行していたことがわかる。このように，小売業はこれまで，大規模店舗化の推進とその一方で中小規模店の衰退という現象を示してきたが，2000年前後からは，大型店についても事業所数，売り場面積，年間販売額のすべての数値が減少に転じているのである。

　以上のことを総合して判断すると，我が国の小売業の現状は，店舗の大型化によるスケールメリットが発揮されにくい状況となっている。このことから，規模の大小にかかわらず，小売経営は新たな成長の視点で再検討されなければならない。

　これらをさらに考察すれば，1950年代後期以降，全国に急激な進出を果たした大型店に対して，中小規模小売業の根強い存在感も感じられる。さらには，店舗規模の大型化は，同一グループ，同一企業内での売上を吸収する自社内競合，つまり共食い現象を引き起こしていることは明らかである。このことは，市場拡大の限界と小売業の経営効率の悪化を意味している。国土の狭い我が国においては，店舗拡大の限界は自ずから予測されていることであり，これらの状況を考慮して，大規模小売企業の中には，国際化戦略をとって海外に店舗展開している例もある。

　同様な現象は，アメリカにも見られる。2000年以降の日本への進出，そして2002年以降は新興国市場への拡大が活発化している外資系小売業の動向に加え，世界最大規模の小売企業であり，一貫して店舗の大型化を図ってきたウォ

第1節　本書の背景

表序-1　我が国の商業の推移

年	小売業全体				百貨店，総合スーパー（50人超）			
	事業所数（店）	年間商品販売額（百万円）	売り場面積（㎡）	従業員数（人）	事業所数（店）	年間商品販売額（百万円）	売り場面積（㎡）	従業員数（人）
1972	1,495,510	28,292,696	61,108,675	5,141,377	855	3,085,986	5,028,455	226,799
1974	1,548,184	40,299,895	67,405,931	5,303,378	1,285	5,495,615	7,548,484	303,505
1976	1,614,067	56,029,077	74,973,890	5,579,800	1,547	7,757,309	9,048,520	324,638
1979	1,673,667	73,564,400	85,736,815	5,960,432	1,986	10,490,905	11,281,801	361,480
1982	1,721,465	93,971,191	95,430,071	6,369,426	1,754	12,489,933	12,180,486	377,254
1985	1,628,644	101,718,812	94,506,983	6,328,614	1,827	13,694,070	13,174,388	380,711
1988	1,619,752	114,839,927	102,050,766	6,851,335	1,911	15,700,251	14,296,352	393,686
1991	1,605,583	142,291,133	109,901,497	7,000,226	2,161	19,845,563	16,257,797	438,651
1994	1,499,948	143,325,065	121,623,712	7,384,177	2,267	19,976,263	18,518,394	477,919
1997	1,419,696	147,743,116	128,083,639	7,350,712	2,364	20,626,930	21,188,438	488,996
1999	1,406,884	143,832,551	133,869,296	8,028,558	2,064	18,555,117	20,683,143	488,765
2002	1,300,057	135,109,295	140,619,288	7,972,805	2,030	16,942,007	21,704,601	523,076
2004	1,238,049	133,278,631	144,128,517	7,762,301	1,983	16,408,728	21,663,416	517,327
2007	1,137,859	134,705,448	149,664,906	7,579,363	1,856	15,155,504	20,999,729	495,683
2012	782,862	110,489,863	132,917,692	5,535,790	1,350	10,810,515	17,441,513	318,004
2014	780,719	127,894,888	145,742,034	5,868,417	1,599	11,097,456	19,273,314	333,325

（注）太枠内は，最大値を示す。
出所：経済産業省「商業統計表」（各年）より作成。ただし，2012年のみ総務省「経済センサス活動調査」による。

ルマートも，小型の営業形態「エクスプレス」を開発し，今後，年間最大350店舗をオープンすることを計画している[1]。

　このように，我が国のみならず，店舗の大型化には行き詰まり感がある。これらは，大型店の象徴である食品小売業に限っていえば，大型店の出店・拡大も限界点に来ており，経営効率が悪化し，収益的な成長は期待しにくいことを意味している。

　一方で，見逃がしてならないのは，小売業は消費者の需要と購買行動に依存していることである。大型店は，第二次世界大戦後のような物不足の時代に

あって，急速に需要を満たすには都合の良い営業形態であったが，今日の地域人口の減少による過剰供給の問題と高齢化の進行は，これまで中心的存在であった郊外大型店へのアクセス性についての問題も露呈している。さらに，大型店は近隣の風景と調和しない外観である場合も多く，のどかな田園風景などに対する景観，美観上の問題まで指摘されていることも，小型化を加速させる要因となっていると予想される。

2．製造業者のマーケティングからの脱却

　店舗の大型化による経営効率の悪化などの根本的原因となっているものは，小売業が製造業者の製品を販売するという第二次世界大戦後に導入された流通合理化の担い手としての受け皿的な位置付けから脱却できず，その経営手法に製造業者のマーケティングを適用しているからである。この消費財分野における製品主体のマーケティングでは，効率性，能率性が強調されたために，小売業においてもチェーン店に見るようにオペレーションの標準化，経営均質化の考えが著しく進み，メーカーによる量産品の過剰生産，小売業者の同質的な経営が売り場に過剰在庫を招いている。その結果，現在の小売の現場では，マーケティング戦略は過剰な競争的価格戦略に依存する状況になっている[2]。

　このような過剰な価格競争は，様々な経済社会的な問題，すなわち小売企業の収益率の低下，製造業の製品開発研究費の不足，製品の安全・安心への不信，人間の質的な生活スタイルへの向上意欲の減退，成長意欲・個性化意欲の減退，人間の消費に関わる社会生活での倫理水準の低下などの問題を発生させる可能性がある。このことは，製品主体のマーケティング，つまり製造業者のマーケティングからの脱却の必要性を意味している。

3．小売業独自のマーケティングの体系的研究の必要性

　小売業，中でも小売の現場に見られるこれらの状況は，小売業が製造業の製品を効率よく捌くことを最も重要な役割とする考えから，今もって脱していないことに大きな要因がある。すでに，アメリカで生誕1世紀を超えたマーケ

第1節　本書の背景

ティング研究の長い歴史の中で、小売業のマーケティング・マネジメントの研究は、仕入、在庫、販売、店舗立地、レイアウト、財務的なコストなど、経営内部管理の研究に集中しており、消費者を満足させる視点での研究は十分に進んでいない。消費者満足という視点は、常に求められてきたが、研究はされてこなかった。

　我が国は、1955年のアメリカへの第一次トップ・マネジメント専門視察団の派遣、1956年の第二次マーケティング専門視察団の派遣を契機に、アメリカ起源のマーケティングを導入し、企業経営への貢献はもちろん、我が国の経済社会の発展に大きく寄与した。具体的には、当時の物不足時代を背景に製造業のマーケティングが優先され、量産・量販のマス・マーケティングが主流となった。流通業には、その製品を捌く受け皿として、つまり製造業を起点とした川上から川下への流通の担い手として、大量流通・大量販売の役割が期待された。この製品中心のマス・マーケティングは、高度成長期の大衆消費社会に大いに貢献し、その目的はほぼ達成している。

　しかし、経済活動の中心にマス・マーケティングを主流とした製造業主体のマーケティングを単純に適用してきたことは、既に述べたように、小売業界だけでなく経済社会、さらには地球環境にまで大きな歪みを生じさせている。加えて、1970年代初めの高度経済成長の終焉と、1990年代のバブル経済の崩壊は、消費者を一層慎重にさせ、製品に依存するだけの小売業への求心力は薄らいでいる。このような市場動向に対し、小売業経営の研究においては小売業独自のマーケティングの体系的研究に不足感があり、実務の現場でも独自のマーケティング戦略をもたずに経営をしている。つまり、過去の成功の論理や経験則に依存している感がある。

　1950年代以降の市場の急激な拡大に伴い、マーケティング研究も市場シェアの確保に視点を合わせるようになった。「木を見て、森を見ず」ということわざの示唆によって、マーケティング・マネジメントからマネジリアル・マーケティング、戦略的マーケティングの重要性が指摘され、トップ・マネジメントの企業戦略の研究が主流となっていった。その過程で、情報機器の導入と共

に，小売業の現場の業務は著しく標準化され，情報管理され，マニュアル化され，運営は主としてアルバイト，パート，外注業者，下請け業者，協力企業等に分化，委譲されるようになった。これらの結果，森を見ること，つまり多角経営や新規事業としてのビジネスチャンスを探すことに意識が集中され，現場のマーケティング・マネジメントは置き去りにされてきた感がある。そのため，「森を見すぎて，木が見えなくなり，収益である果実を生み出す源泉となる木の根や幹，枝葉を研究する術を見失っている」という弊害をもたらすことになったのではないだろうか。

このようなマーケティングの研究は，そのまま小売業にも適用されてきた。しかし，小売企業の収益は顧客によってもたらされるのであるから，顧客と企業がおりなす売り場周りの小売のマーケティング・マネジメントと，その視点からのオペレーション・マーケティングの研究が必要である。近年，小売業に関する研究書，実務書は増加している。反面，依然として，小売業研究のほとんどは，製造業の製品を最終消費者に大量，円滑に届けるための所有権の移転に理論が集約されており，小売業者の視点から，あるいはその顧客である消費者の視点からの研究は，理論研究，実務研究ともに極めて乏しく，大学の商学部あるいは商科大学に関しても，小売業を主体とした講座は限られている。

現代の消費者は，物不足の状況にはなく，したがって，日常生活のための商品を充足しなければならない環境にあることは少なく，高度成長期を通じて豊かな生活を実感し，生活の潤いと輝きを実現することに目を向けている。

製造業者のマーケティングは，対象市場を選定し，製品を大量生産することにメリットがある。したがって，収益を実現するには，一つのものを効率よく合理的に大量生産することになる。一方，小売業者が相手とする消費者は，一人が限りなく多様で複雑な欲望をもった，人間としての個人である。この意味では，製品のつくり手と使用する者の欲求は，常に対立している。この中間にある小売企業は，日々両者の欲求の調整にあたらなければならない。

個々の消費者が，愛顧する店舗を選択して，できる限り自分の思い通りにその欲求を満足させる結果として以外に，小売企業の収益は実現できない。その

ため，現代の小売企業は，これまでの製造業に寄り添う経営から，対象とする顧客が商品やサービスを満足して購買することに最も収益の可能性が存在することに気付き，経営の方向を大きく転換しなければならない。そして，そのために，小売企業と顧客の接触空間のオペレーションにまで踏み込んだマーケティング・マネジメント研究が必要である。

第2節　本書の意義

前節の視点から，本書には，以下のテーマに沿った小売のマーケティング研究上の意義があると考える。

1．マーケティング研究の新潮流

1980年代ごろから，マーケティングの分野では，製造業の製品支配から顧客との関係性を重視する研究が始まっている。キーワードを列挙すれば，サービス・マーケティング，リレーションシップ・マーケティング，サービス・エンカウンター，CRM，ワン・トゥ・ワン・マーケティング，メニー・トゥ・メニー・マーケティング，S-Dロジックなどである。これらの研究は，人並み志向の大衆消費時代から個性化志向の消費者を対象とする高度なテイラー・メイド時代の到来さえも想起させる。

これらは，製品に依存しないマーケティング，つまり消費者を販売対象と考える消費者志向から消費者個人の満足を起点とするマーケティングへのシフトを意味しており，消費者との接点を重視し，人間としての消費者と価値を共に創造する現場志向の考え方が，マーケティングの新潮流となってきていることを示している。

2．小売現場（売り場周り）におけるマーケティング研究の重要性

マーケティング研究では，消費者は製造業のマーケティングでも起点といわれてきた。しかし，この視点に立てば，伝統的なマーケティングが主流として

序章 本書の背景・意義・構成

きた，対象顧客を決めて4Psを適用するといった売り手側発想のマーケティングだけでは，現代の小売現場の顧客を満足させることは困難である。小売業が流通の末端にあるという位置付けから逃れて，顧客との直接接点にある，すなわち流通の最先端にあることに重点を置かなければならない。

伝統的なマーケティングにおいて，消費者を満足させるという発想の根幹には，消費者とは製造業が製作した製品を消費する人間であるという捉え方があり，この発想からは，現代の消費者が自ら選択し，消費しないという決断すらする存在であることを推し量ることは困難になってきている。つまり，企業側視点の顧客志向のみでなく，顧客を起点とした顧客の立場，顧客の目線，あるいは顧客の情緒を推し量った小売の現場のオペレーションの研究が重要となっているのである。

一方，P. H. Nystromが指摘するように，企業規模の大小にかかわらず，小売の現場は企業と顧客がおりなす流通の魅惑の交差点にあり，従業員と顧客のやりとりはアートである。すなわち，魅力的である一方で，そのやりとりが多様な結果を生み出す点において，標準化しにくい複雑性がある。また，小売の現場ではオペレーションが業務の大部分を占めている。そのために，Nystromの指摘するように，「小売の原理は比較的少なく簡単である。しかし手法は複雑で数限りなくある[3]」ことになる。しかし，それらを統合する小売のマーケティングの研究は，置き去りにされてきた感がある。

このことにアプローチするのは簡単ではないが，これまでのような企業側に視点のある顧客志向ではなく，異質多元な欲求をもった顧客を理解し，顧客の情緒に沿ったオペレーションを統合的に研究していく顧客起点の姿勢が，小売業のマーケティング研究を進めていく上では大切であると思われる。

3．小売業のマーケティングと小売マーケティング

公的な統計上では，サービス経済化が進行している。しかし，飲食業，サービス業と公的に分類された企業であっても，その存続・成長・発展は，個々の顧客との接点における収益活動を前提として成立しているのであるから，これ

らの企業の収益の源泉は，企業と顧客の接点にある。

そこで，本書では，いわゆる公的な統計上の小売業のみでなく，最終消費者と接点をもつこれらのサービス業の現場も「小売の現場」と捉え，小売活動が営まれるすべての現場のマーケティングとそのマネジメントの研究を対象とする。また，消費者の購買行動は，大別すると，理性的購買（合理的購買）と情緒的購買[4]があるといわれているが，本書では，主として，小売現場における情緒的購買にフォーカスして進めていく。

本書は，小売業をベースに展開しているが，消費者と直接接点をもち，その情緒を刺激して購買（利用）を促進する様々なサービス業の分野に幅広く応用することが可能であり，それらへの貢献も意図している。

4．顧客の購買プロセスを支援する小売のオペレーション

小売の現場は，企業収益の源泉である品揃えと顧客との出会いの場（接触空間）である。消費者は，単に店や商品を探索するだけでなく，その場の環境にも左右されて購買の意思決定をしている。そのため，その演出にあたっては，高額商品はもちろん日常品であっても，消費者の購買意欲を高める雰囲気やムード，つまりアトモスフィアの醸成が重要になる。

また，消費者行動研究においては，購買の心理に基づいた購買プロセスが研究されてきた。したがって，小売の現場，売り場周りのオペレーションと顧客の購買プロセスの統合を図ることが重要である。そして，これらを意識的に管理しうるように研究することが，あるべき小売マーケティング・マネジメント研究や実務に貢献するはずである。

5．情緒的購買の触媒となるアトモスフィア

人間は，感情の動物であるといわれている。したがって，購買行動は消費者（顧客）の情緒と大きく関わっている。この点にフォーカスし，顧客の購買プロセスに沿って，購買を確実に促進していくために，小売現場を顧客の情緒を十分に刺激する空間とし，最終的には購買に結び付け，その結果として顧客か

序章　本書の背景・意義・構成

らの信頼を得るようにアトモスフィアを創造していくことは，重要な研究課題である。

　売り場や顧客との接触空間は，顧客が小売企業によって準備された商品と出会う魅惑の劇場ともいえる。この顧客接点の空間，売り場という舞台では，顧客が店舗に心を動かし，商品・サービスを購入し，信頼し，再来店するようなアトモスフィアの演出が行われることこそが小売のオペレーション・マーケティングに重要であり，そして，その研究は，小売マーケティング・マネジメントの要であるはずである。

6．小売マーケティング・マネジメントの体系化とオペレーションへの展開

　売り場でのオペレーションまでを小売のマーケティング・マネジメントと捉える中で，実務への適用を図っていくために，小売のマーケティング・マネジメントはどのように体系化されるべきか，さらに，顧客との接触空間で，小売のマーケティング・マネジメントのコアであるオペレーションをどのように統合し，その顧客を誘引し，購買と愛顧につなげていくかを研究することは，価格と4Psに過度に依存することのない新たな小売マーケティング・マネジメントの視点となる。また，小売経営の科学的で体系的な研究の進展に貢献することも期待できる。

第3節　小売経営の課題と本書の貢献

1．小売経営の課題

　小売経営の研究においては，製造業にはない小売・サービス業の特性に合わせた売り場周りのマーケティングの研究が必要である。また，常に顧客との接点にあるという位置付けから，顧客の買い物心理や行動に踏み込んだ研究がなされなければならない。これまでのマーケティングの研究には，小売業独自のマーケティングの体系がないことと，顧客満足を引き出す人間の情緒的側面の

研究が不足しているという問題がある。その視点から見ると、以下のような課題が残されており、本書は、これらの研究課題に答えることを目的としている。

（1）小売企業独自のマーケティング・マネジメント

　小売・サービス業の典型である小売業の経営あるいはマーケティングという概念は、多くの学術書、学術論文、さらにはビジネス書に登場しているにもかかわらず、理論的精緻化と現場への適用は、その重要性に比較し、それほど進んでいない。小売業のマーケティング研究は、その長い研究蓄積があるにもかかわらず、いまだに多くの研究領域が手付かずのまま残されている。

　これまでの小売業経営の先行研究では、製造業のマーケティングからの明らかな転用が見られ、その結果として、小売業経営に必要なマーケティング・マネジメントの要素が十分に取り入れられていない。そこで、小売業のマーケティング・マネジメント研究の体系が共通認識されるために、どのような要素を取り入れ、どのように構成すべきかを、原点に戻って研究することが必要である。

（2）顧客満足を引き出す要因

　これまでのマーケティングの研究では、マーケット・セグメンテーションの技術によってターゲットとしての消費者の分類や研究は進んでいるが、小売業に特定し、顧客のどの部分の満足を実現するかについては、十分な研究が進んでいない。特に、顧客の買い物動機として、合理的動機に比べて情緒的動機についての研究は遅れている。

　小売企業の収益は、顧客満足によって引き起こされることを考慮すれば、その顧客の満足を引き出す要因となる人間の情緒的側面と消費行動との関係についての研究が必要である。

（3）顧客との接触空間におけるアトモスフィア

　これまでの消費者行動研究の中で、小売の売り場周りで顧客の情緒的側面に働きかけ購買を促進する売り場オペレーションを何によって統合するかという問題について、その重要な触媒（catalyst）であるアトモスフィアの研究は十

序章　本書の背景・意義・構成

分ではない。

　アトモスフィアは，天体研究，医学，心理学，人間工学，店舗デザイン，音楽，演芸，レジャー施設などの多様な科学分野，技術分野にわたって個別に研究されているが，マーケティングの視点からの統合的な研究は手付かずのまま残されている。顧客満足を引き出すために重要な小売のオペレーションの各要素を，アトモスフィアを触媒として統合し，いかにコントロールしていくかという視点からの研究領域が重要である。

2．本書による貢献

　本書は，従来の小売経営の中でも研究が少ない小売独自のマーケティング・マネジメントの領域にいくつかの貢献をもたらすはずである。まず，これまで少なかった小売独自のマーケティング・マネジメントの体系的研究により，流通の最先端にある小売企業の研究に新たな視角を加え，小売に携わる実務家の実践にも貢献すると思われる。

　また，顧客満足について顧客を起点とする発想で研究することによって，顧客から能動的に発せられる小売現場のあり方が認識される。この認識から，小売企業と顧客との接触空間において，いかにすれば顧客の情緒に訴求するオペレーション・ミックスを実践できるかの理解が深まり，小売の研究者および小売の現場をマネジメントする人々に対して，現場の実務に直接資するオペレーションを全社的，統合的に管理するためのオペレーション・マーケティング・マネジメントの適用に貢献できるものと考えている。

　そこで，それぞれの課題に対して，本書ではどのような分析着眼で研究を行っていくのかについて，簡単に説明したい。

　従来のマーケティング研究は，製造業中心のマーケティングの延長にある。したがって，その中における小売のマーケティング研究の扱いは，現代のマーケティング研究の第一人者とされる P. Kotler においてさえも，主著書である *Marketing Management* の一部に加えているにすぎず，詳細な研究は少ない。

　一方，小売業においても経営の独自の研究は，小売業経営内部，特に学術的

第3節　小売経営の課題と本書の貢献

にはオペレーションの進め方について個別に行われ，実務的には業種別オペレーションの技術的，専門的分野の進め方に焦点が置かれてきた。これらは，企業の規模や理念に関わりなく，合理化，効率化を目的とした工場管理を想定した売り場管理の標準化，マニュアル化を中心としている。このため，経営内部のマネジメントに視点が置かれ，小売経営に影響する外部の研究とそれに呼応する形のマーケティング経営，つまり小売企業のマーケティング・マネジメントの研究が不足している。

そこで，本書では第一に，小売企業の経営研究にマーケティングの研究がどのように取り込まれているかを辿り，そこから小売企業経営がどのようなマーケティング・マネジメントの体系で考えられるべきかを明らかにしていく。それによって，小売マーケティング・マネジメントの研究の独自の領域について，その理論を進展させることが可能になるし，実務家にとっても，独自の分野について幅広い視野から経営を思慮することが可能になると考えている。

さらに，小売企業の存続・成長の源泉である収益は直接，顧客によってもたらされるが，従来の小売企業経営の研究では，顧客満足の重要性が指摘されながらも，対象とする標的顧客を明確にする市場細分化の視点からの研究にとどまっており，その顧客が小売・サービス店をなぜ，どのように選定し，来店し，購買し，企業に収益をもたらすのかについては，十分な研究が進んでいないのが現状である。これについては，実務家やコンサルタントの経験則に依存している部分も少なくない。しかし，企業を儲けさせようと意識して行動する消費者は少ない。したがって，消費者が小売企業あるいは自店にどのような動機をもって来店し，店内でどのような刺激を受けて購買し，さらに再来店するかに焦点を置いた研究が必要である。すでに個々になされている五感を刺激するための研究は，企業の目的や目標を達成すべく統合された活動として実践されてはじめて，マーケティングの成果となる。これらの研究は，消費者行動論の研究でも省かれている感がある。

そこで本書では，顧客満足を引き出す要因，すなわち人間である消費者を自店の顧客にするための情緒的な刺激の視点について触れたいと考えている。そ

序章　本書の背景・意義・構成

の中でも，直接の接触空間において顧客を刺激するアトモスフィアを主な研究対象として取り上げる。これまで，アトモスフィアはいくつかの先行研究に取り上げられているが，各特定分野に限定されたものとなっており，小売の現場を統合する視点での研究はなされていない。そこで，小売の現場のアトモスフィアの研究は，対象顧客に4Psを適合させるといったこれまでのマーケティングとは異なる新たな小売独自のマーケティング・ツールを提供するものと考える。この重要なアトモスフィアを柱として，顧客との接触空間において小売のオペレーションを統合するマーケティングの研究が進めば，小売の現場独自のアトモスフィアを醸成するオペレーションの戦略と管理が明確になり，小売現場のマーケティング・マネジメントの具体的な展開のあり方がより鮮明になると考える。

　以上，本書では，小売のマーケティング・マネジメントの観点から，消費者の情緒的な購買行動に焦点を当て，いかに小売のオペレーション・マーケティングを統合し，小売現場のアトモスフィアを構築するかについて説明する。

第4節　本書の全体構成

　本書は，これまで製造業のマーケティング研究の中で課題であった小売独自のマーケティング・マネジメントの体系化と，小売企業の収益源である顧客の情緒的購買に訴求するアトモスフィアを触媒とするマーケティングについて明らかにする。そして，その中で，Nystromが小売業研究の中で示唆し，Kotler（1973-1974）が提示した4Psにも代わりうるマーケティング・ツールとしてのアトモスフィアについて理論的に考察する。そして，アトモスフィアが単なる店舗のイメージ戦略ではなく，顧客との接触空間あるいは小売現場における小売オペレーションを統合する触媒（catalyst）になりうることについて考察を行い，小売のマーケティング・マネジメント研究の新たな研究領域を切り開くことを目的としている。

　第1章「小売業のマーケティング研究の変遷と小売マーケティング・マネジ

第4節　本書の全体構成

メントの必要性」は，第1節から第3節までの構成となっている。本章では，従来のマーケティング研究の中で，小売業研究の中にマーケティングの思想がいつごろから関わってきているのかを研究すると共に，小売業のマーケティング・マネジメントの必要性を提示する。そして，小売のマーケティング・マネジメント研究の体系化へのアプローチを目的とする。第1節では，歴史に見る小売業経営研究とマーケティング研究の関係性を簡単にレビューし，小売業のマーケティング研究の課題を提示する。第2節では，これまでのマーケティング研究が製造業あるいは製品を中心としたものであったことを指摘し，小売業独自のマーケティング・マネジメント研究とその体系の確立の必要性を提示する。第3節では，小売業独自のマーケティング・マネジメントの体系化のために，小売業経営研究の嚆矢である Nystrom の研究をレビューする。

　第2章「小売業のマーケティング・マネジメントの概念整理と MC サークルによる体系化」は，第1節から第4節までの構成となっている。本章は，第1章を受けて小売企業独自のマーケティング・マネジメント研究の体系化を試みる。第1節では，Nystrom 以降の小売業経営研究の変遷をレビューして，そこから小売企業のマーケティング・マネジメントの構成要素を抽出する。第2節では，小売業のマーケティング・マネジメントの枠組みをモデル化した概念図を MC サークルとして提示する。第3節では，MC サークルの各要素の意義を簡単に説明する。第4節では，MC サークルの基軸となる思想について概説する。

　第3章「MC サークルにおけるオペレーション・マーケティングの重要性と展開」は，第1節から第5節で構成されている。本章は，小売企業の経営におけるオペレーション・マーケティングについて定義し，その重要性を説明する。第2章で小売業のマーケティング・マネジメントの体系モデルとして構築した MC サークルの中でのオペレーション・マーケティングの重要性を説明し，小売企業のトップ・マネジメントのレベルでどのような計画がなされようとも，小売企業の収益は，まさに顧客との接点において実現されることを強調する。つまり，顧客との接触空間で小売企業がいかにオペレーション・マーケ

序章　本書の背景・意義・構成

ティングを展開したかによって収益が左右されることを指摘する。

　第1節では，小売企業が存続・成長・発展していくためのオペレーション・マーケティングを定義して，その重要性を指摘し，MCサークルで示した各要素はどのように機能すべきかについて言及する。第2節では，小売のマーケティング・マネジメントの前提となる小売の特質について整理する。そして，オペレーション・マーケティングレベルにおける小売業のマーケティングとサービス業などの小売マーケティングの同質性について説明する。第3節では，小売のマーケティング・マネジメントは4Psではいいつくせないことを指摘した上で，小売のオペレーション・マーケティングの要素を再整理して提示する。第4節では，小売マーケティングの直接の対象者であり，その研究の重要性を指摘されながら不足感のある顧客満足と顧客起点の小売マーケティングの研究について考察する。第5節では，小売の現場における顧客の購買行動プロセスと心理的プロセスとオペレーション・マーケティングの相関性について言及する。

　第4章「小売オペレーション・マーケティングを統合する触媒としてのアトモスフィア」は，第1節から第5節までの構成となっている。第1節では，小売オペレーション・マーケティングを展開する上での触媒（catalyst）となるアトモスフィア研究の意義を説明し，第2節では，本書で取り扱うアトモスフィアの範囲を限定する。第3節では，その前提として過去のアトモスフィアの研究をレビューする。第4節では，アトモスフィアを定義し，その構成要素を説明する。第5節では，小売現場におけるアトモスフィアの概念について説明する。さらに，顧客との接触空間におけるアトモスフィアの要素とアトモスフィアの小売マーケティング・マネジメントへの適用について，消費者の情緒的購買との関連から考察する。

　第5章「MCサークルに沿ったアトモスフェリック・マーケティングの展開」は，第1節から第4節までの構成となっている。第1節では，第1章から第4章を振り返り，小売のオペレーション・マーケティングとアトモスフィアの統合について簡単に総括する。そして，アトモスフェリック・マーケティン

第4節　本書の全体構成

図序-1　本書の全体像

[序章]
本書の背景・意義・構成

課題1：小売業のマーケティング研究上の位置づけと研究上の不足の確認
[第1章]
小売業のマーケティング研究の変遷と小売マーケティング・マネジメントの必要性

課題2：小売業独自のマーケティング・マネジメントの体系化
[第2章]
小売業のマーケティング・マネジメントの概念整理とMCサークルによる体系化

課題3：小売マーケティング・マネジメントの展開

[第3章]
MCサークルにおけるオペレーション・マーケティングの重要性と展開

[第4章]
小売オペレーション・マーケティングを統合する触媒としてのアトモスフィア

課題4：アトモスフェリック・マーケティングの適用
[第5章]
MCサークルに沿ったアトモスフェリック・マーケティングの展開

[結章]
本書のまとめと今後の課題

グ・マネジメントについて定義する。第2節では，MCサークルに沿ったアトモスフェリック・マーケティングの計画とマネジメントについて説明する。第3節では，アトモスフェリック・マーケティング・マネジメントを具体的に展開する流れを簡単に説明する。その中で，MCサークルの枠組みに沿って，小売のマーケティング戦略要素とアトモスフィアの関係について簡単に説明する。その上で，アトモスフェリック・マーケティング・マネジメントの展開を示すMCサークル（店舗版），MCサークル（小売戦略ミックス版）を提示する。第4節では，MCサークル（店舗版，小売戦略ミックス版）の構成要素別に，アトモスフェリック・マーケティングの顧客接触空間への適用について考察しながら，事例企業を取り上げて検証的に説明する。

　結章「本書のまとめと今後の課題」では，第5章までに展開された本書の成果のまとめを行う。

1　一般社団法人日本ボランタリーチェーン協会「月刊ボランタリーチェーン」Vol.49, 2011年7月号，14～17ページ。
2　日経MJ（流通新聞）編「日経MJトレンド情報源（2010年版）」日本経済新聞社，2009年10月，22～36ページ。
3　Nystrom, Paul H. (1932), *Fashion Merchandising*, New York, The Ronald Press Co., Preface iv.
4　清水晶『新・消費者志向のマーケティング』同文館，1973年，153～167ページ。

第 1 章

小売業のマーケティング研究の変遷と小売マーケティング・マネジメントの必要性

日本の商いの原型を築いた近江商人の行商旅姿
(写真:滋賀大学経済学部附属史料館蔵,近江商人博物館提供)

昭和期の行商形態

第1章　小売業のマーケティング研究の変遷と小売マーケティング・マネジメントの必要性

　本書は，小売企業独自のマーケティング・マネジメントの体系化を図り，小売企業の直接の収益源である売り場周りにおけるオペレーション・マーケティングを，顧客の情緒的購買行動を刺激するアトモスフィアの視点から考察することを目的としている。

　小売業のマーケティング・マネジメントとは，三つの概念を統合した言葉である。すなわち，「小売業」と「マーケティング」と「マネジメント」である。これらは，それぞれが独立した研究分野でもあるが，本書では小売業のマーケティング・マネジメントを，小売企業のマーケティング技術を武器とした経営（マネジメント）と捉えることとする。したがって，その前提として，（小売）企業に影響した社会経済の動向やそこから生まれたマーケティングの考え方と，小売業およびその経営の動向について整理しておく必要がある。

　そこで本章では，これらの研究の前段階として，簡単に社会経済動向と小売業研究の歴史を辿り，その中にマーケティング研究がいつごろから関わり，小売業経営にマーケティング研究の成果をどのように取り入れてきたかについて振り返る。その作業を通じて，小売業独自のマーケティング・マネジメントの必要性を提示していきたい。

　第1節では，小売業経営研究とマーケティング研究の変遷を簡単にレビューして，小売業経営研究の中にマーケティング研究の成果がどのように取り入れられているかについて考察する。第2節では，これまでのマーケティング研究が製造業あるいは製品を対象としたマーケティングが中心であることを指摘し，小売業のマーケティング・マネジメント研究のための体系の必要性を提示する。第3節では，小売業マーケティング・マネジメント研究の体系化を図るために，小売業経営の古典とされる Nystrom の主要著書のレビューを行い，その示唆と課題を指摘する。

第1節 歴史に見る小売業経営研究とマーケティング研究の関係性と課題

1．小売業の役割[1]

　小売業は，流通活動の最先端に位置し，消費者と直接関わって彼らの生活の需要を充足するという購買代理人としての役割と，製造業者，卸売業者の製品の販売代理人としての役割をもっている。

　AMA（American Marketing Association）は，小売業者（retailer）を，「主たる業務を，最終消費者に直接販売する商業者（商人），時には代理人である」（1960年）と定義している。また，P. D. Bennet（1988）[2]は，小売業者とは，「主として最終消費者への販売に従事する中間商人であり，小売業者は多数の場所で営業できる」と述べている。これらは，小売業者のみならず，現在の製造業者や卸売業者などのインターネット販売をも含む幅広い定義である。また，J. B. Mason and M. L. Mayer（1988）[3]は，「商品やサービスの最終消費者への販売に含まれるあらゆる活動から成り立っている」と，最終消費者へのサービスの販売も含んで定義付けている。R. Varley and M. Rafiq（2004），B. Berman and J. R. Evans（2007）も同様な定義をしている[4]。これらの定義は，後に取り上げるNystromによる小売業者の定義，「小売業は，消費者に商品を届ける流通の最終段階にある」をほぼ踏襲しているといえるだろう。

　これらに共通していえることは，マーケティングにおける小売業の初期の役割とされた流通の最終段階にあって，商品・サービスを最終消費者に届ける機能を強調している点である。しかし本書では，現代の「小売業は流通活動の最先端に位置し，消費者との接点にあり，消費者の欲求を高いレベルで充足することによって存続・成長し，発展する経営形態である」と定義し，その視点から論考を進めていく。

第1章　小売業のマーケティング研究の変遷と小売マーケティング・マネジメントの必要性

2．小売の生起と本書で主として取り扱う小売業[5]

　小売（retail），あるいは小売業（retailing）の生起した時代は，20世紀初頭から出現したマーケティングよりはるかに古代である。その歴史は，人間社会における初期の原始交易，地中海世界を中心に活動した古代交易，商業都市を活動の場とした中世の商人活動，ルネサンスを境とした近世の商業活動，産業革命以降の近代の商業活動の時代に分けられる。Nystrom（1930）は，小売取引の発展段階を，先史時代のインディアンの取引の時代，交易所の時代，よろず屋商店（general merchandise store）の時代，単一ラインの独立専門店の生起と発展の時代，デパートメントストア，メールオーダー・ハウス，チェーン・ストアのような大資本の大規模小売業者の成長の時代の五つに分類して説明している[6]。

　日本においても同様であり，原始交易の時代，行商や市などの平安時代，鎌倉時代，室町時代の上代・中世の時代，楽市，楽座の見られた中世・近世の時代，近江商人，伊勢商人などを輩出した江戸期商人の時代，企業家の出現した近代，会社企業の発展した現代に分類することができる。これらは，国々や地域の文化や歴史の個別性を考慮すれば，さらに詳細に分類されるだろう。

　しかし，本書で取り扱う小売業という呼称は，あくまで近代の産業を分類する上での事業所（establishment）の分類呼称である。つまり，企業（enterprise）や会社（company）などのような事業体（institute）を分類する概念としては取り扱わない。事業所とは，各種産業活動が実際に行われている現場である。小売業の場合は通常，店舗（shop, store）である。

3．小売業経営とマーケティングの関わり[7]

　小売マーケティングを考察するために，小売業とマーケティングの関係について吟味しておかなければならない。

　前述したように，小売商人は人間社会が形成されていく中で原始交易の時代より存在し，小売業の研究はマーケティング研究が出現する以前から存在している。近代的小売業が出現したのは，アメリカでは大規模小売業者であったデ

第1節　歴史に見る小売業経営研究とマーケティング研究の関係性と課題

パートメントストア，メールオーダー・ハウス，チェーン・ストアが出現してからであり，日本では三重県の伊勢松阪商人であった三井呉服店が伝統的な呉服店から近代的な百貨店への営業形態の転換を目指して「デパートメントストア宣言」を発表した1904年以降である。この時期に，大手呉服店の白木屋，松坂屋，大丸，高島屋がこぞって百貨店化した。

　一方で，アメリカにおける初期の小売の研究は，小売業の古典を著したNystrom をはじめ，経済学者による経済学の研究の延長にあった。20世紀の初頭に，A. W. Shaw 等の研究によってマーケティングの考え方が出現してから[8]，小売業は当時の産業の代表であった製造業者の製品を流通機構の中で最終消費者に提供する機能として位置付けられた。そのため，小売業経営の研究は，与えられた流通機能を効率よく遂行するための小売分野のマーケティング研究として行われてきた。

　そうした中で，小売業の実務的研究者であった Nystrom が，小売業研究の古典とされる *Economics of Retailing*（1915，1919，1930）を発表して以降，小売業研究は，小売業の会計，店舗立地，商圏，統計的な市場の測定の方法，商品の大まかな分類，消費者の購買力の測定など，詳細な技術研究に挑んでいる。その結果として，1920年代から1970年代までのアメリカの繁栄と高度経済成長を背景として拡大した大衆消費社会，小売業の成長戦略としての大規模化，チェーン・ストア化などを支援する形で，P. D. Converse の "New Laws of Retail Gravitations"（1949），M. P. McNair の *The Evolution of Retail Institutions in the United States*（1958），S. C. Hollander の *Explorations in Retailing*（1959），B. J. Kane Jr. の *A Systematic Guide to Supermarket Location Analysis*（1966），E. P. Cox and L. G. Erickson の *Retail Decentralization*（1967），Hollander の *Multinational Retailing*（1970）などの著書が出版された。

　日本でも，1955年（昭和30年），財団法人日本生産性本部（当時）が創設され，第一次トップ・マネジメント視察団がアメリカに派遣された。翌1956年には，生産性本部の斡旋によって改めて第一次マーケティング視察団が組まれ，

第1章　小売業のマーケティング研究の変遷と小売マーケティング・マネジメントの必要性

先進国アメリカのマーケティングを視察し，1957年に「マーケティング専門視察団報告書」をまとめ，マーケティングの実態を報告した。以来，アメリカのマス・プロダクション，マス・マーケティングが定着し，第二次世界大戦後の大量生産時代にふさわしい大量流通のパイプをメーカーが敷設するという形で流通革命がスタートした。小売業においても，アメリカを視察し，豊かなアメリカの生活に憧憬を抱く庶民の大衆消費に応えるべくスーパーマーケットが出現し，大規模化，チェーン・ストア化が研究された。この結果，1953年（昭和28年）にすでに，東京・青山に開店していた高級スーパーマーケット・紀ノ国屋に対して，今日，大をなしている日本型の総合スーパーが登場し，高度成長期初期の1955年（昭和30年）から終焉の1970年代初め（昭和40年代後半）にかけて急成長を遂げた。

これらを積極的に支援する形で，経営コンサルタント達がチェーン・ストアの実務を理論化し，アメリカを視察した経営者と共に，ローコスト，分業化と専門化，集中と分散，大量仕入・大量販売を実践し，規模の利益の確保と価格の安さを実現した。この間，メーカーと総合スーパーの衝突，大規模小売店法の問題が，地方の小売業者や流通業者を巻き込んで展開された。

このように，初期の小売業は，アメリカにおいても日本においても，製造業の生産した製品を効率的に流通させるための役割が前提になっており，高度成長期を通じて，日本の小売業は比較的順調に成長・発展した。しかし，商業統計に見るように，1980年代に大転換期を迎えることになった。

本格的な郊外型ショッピングセンターとされる玉川高島屋ショッピングセンター開業（1969年）からほぼ10年を経て，小売・サービス複合型ショッピングセンター・ららぽーと船橋ができ（1981年），1980年代以降は相次ぎ全国に大型ショッピングセンターが出現した。これと並行するように，小売業の集中する地方の商店街には，空き店舗が目立つようになったのである。

その後も，百貨店や価格志向の営業形態であるディスカウント・ストアなども巻き込んだ大型化や価格競争が熾烈化して開廃業が続き，大規模小売業者の間では撤退や吸収合併が繰り返され，競争環境は一層厳しくなっていった。

第1節　歴史に見る小売業経営研究とマーケティング研究の関係性と課題

　1990年代以降は経済のグローバル化が進み，2000年の大型店規制緩和を契機に，異業種・異業態間の競争に加え，海外資本の流通業者，製造小売業者の日本市場への進出が相次いで，競争環境を一層激化させた。

　1990年代初めの日本で起こったバブル経済の崩壊以降，市場は顕著な飽和状態にあり，街には商品が溢れ，インターネットを使った新たな小売販売までもが増加傾向にあり，その一部では消費者も流通に参加している。そのような中で，経済成長率の低下と少子高齢化などを原因として購買力が低下し，小売業の経営は，かつての地域の顔見知りに必要なものを必要なだけ提供しているだけで成り立っていた商店経営とは質を異にするものとなっていった。

　生産現場では生産技術はさらに高度になり，省力化され，日常品，量産商品などにおいては，製造の現場に人間が不在の状況さえある。製造業者の製品差別化は，非常に困難を極めている。小売業者の品揃えの差別化も困難になり，従来のように，製造業の傘下に入りメーカー商品に依存しているだけでは，小売業の活路は見い出せない状況になった。販売現場では，大量生産されたものを大量販売する目的で構成された流通業のシステムである大型店，チェーン店も過剰な状況にあり，その運営方法である標準化システムは経営の同質性を強め，差異化が図りにくく，競争力も低下し，低価格競争が過熱している状況にある。

　したがって，現代の小売業の経営は，よりきめ細かい視点をもって，自立的に行っていくことが要請される。つまり，拡大のマーケティングである「大売業」の視点のみでなく，消費者個々人に深く関わって販売することを目的とした本来の「小売業」の売り場のマーケティングが必要である。なぜなら，小売企業と顧客の接触空間が小売の現場であり，そこが小売企業の収益を左右するからである。にもかかわらず，その研究が置き去りにされている感がある。

　その視点から小売業研究の歴史をさかのぼると，小売業のマーケティング研究の出発点は，Nystrom 以前でも以降でもないことがわかる。Nystrom 以前は，小売業が定式化されず，販売活動や内部の経営管理の研究が中心であり，小売業のマーケティングを指摘したのは，Nystrom が発端であった。Nys-

第1章　小売業のマーケティング研究の変遷と小売マーケティング・マネジメントの必要性

trom は，大学の研究者と実務家の視点で小売の売り場のマーケティングを生涯を通じて研究し，古典的な大著に集約している。したがって，小売業の売り場のマーケティングの基本体系はそこから拾い出せるはずである。実際に，それ以降の小売業経営の研究は，完成度の高い Nystrom の研究の枠組みを踏襲し，内部管理の専門化や技術の細分化が進んでいる。

小売業の顧客との接点である売り場のオペレーションは，その過程で高度に標準化され，マニュアル化され，現在に至るまでアメリカで開発された4Ps マーケティングが小売業に適用されてきたのである。しかし，第二次世界大戦後の物不足時代において，流通の近代化によって国民の需要を迅速に満たすという小売業の役割はすでに十分果たされており，そのためのマーケティング研究は十二分に行われてきている。

マーケティングは4Ps で簡略化され，研究を深めてきた。その一方で，製造業主体のマーケティングである4Ps 中心のマーケティングから抜け出せなくなっている。しかし，物不足時代に見られた市場拡大期の規模の経済性が収益につながるという考え方は，もはや神話に近くなっている。これらについて，1980年代頃からはマーケティング研究者からの批判もあり，2000年代には S. L. Vargo and R. F. Lusch[9]の研究を起点として，製品支配の4Ps マーケティングに代わるサービス支配の見方が新たに提示されている。このことは，製造業の製品に依存し，製造業のマーケティングをそのまま小売業経営に適用するにはいくつかの疑問があること，そして顧客への接近の必要性があることを意味している。

小売業経営研究の歴史を辿ると，Nystrom の研究以降は，時代の要請に合わせて散発的な技術的研究が進行し，小売の経営，売り場研究として統合されず，商品管理，店舗管理，接客，広告，立地など，各研究分野が専門化していった。これらはまさに Nystrom が指摘するように，小売業の理論は比較的少なく簡単であるが，手法は複雑で，数限りなくある[10]ことを意味している。それらを包括する形で，小売経営を統合するマーケティングも，効率的技術として研究が進んだ。

第1節　歴史に見る小売業経営研究とマーケティング研究の関係性と課題

　しかし，今日の小売業は，単に製品流通の一機能を果たすだけでは，収益は満たされない状況にある。小売業が企業として存続・成長・発展していくには，顧客にもっと寄り添った小売業独自のマーケティングが必要である。近年，数は少ないが，小売業のマーケティング研究も見られるようになってきた。しかし，それらの研究の枠組みは，Nystromの古典的枠組みを踏まえてはいるものの，個人的で，定型のフレームワークとしての共通認識はされないままにある。

　企業経営の視点から考えれば，マーケティングは企業目的を果たすための技術，手段，あるいは戦略的な武器と考えられる。マーケティングは経営環境と企業経営の統合にあると，J. A. Howard（1957）は指摘している。より具体的には，E. J. McCarthy（1960）の指摘したように，標的顧客（市場）に4Psを適合させていくことである。そして，市場の拡大につれて，E. J. Kelley and W. Lazer（1958, 1967）の指摘するように，トップ・マネジメントのマネジリアル・マーケティングが必要になってきたのである。1980年代に入ると，多角化した複数事業を市場に適合し，統合的にマネジメントするための戦略的マーケティングが提示された。さらに，Kotler（1967）は，マーケットの統制不可能要因と企業のマーケティング・ミックスの適合を指摘し，一貫してマーケティング・マネジメントを説いてきた[11]のである。

　マーケティングは，不思議な研究分野である。実務家がマーケティング学者になり，経済学者がそれを取り入れマーケティング学者となり，Kotlerのように経営学者がそれを取り入れマーケティング学者となっている。このことは，マーケティングが，企業経営の実務の重要な手段であることを意味している。

　一方，マーケティングは，まさに外部の市場に経営主体を適合させるという意味で，環境適応学の要素をもっている。したがって，Kotlerの指摘したように，その技術は収益を目的とする企業経営のみならず，非営利団体にも応用でき，人間の社会的活動すべてに適用しうる特徴さえもっている。

　環境が変われば，主体もそれに適応して何らかの行動を変革させることにな

27

る。しかも、現代においては、人間の行動を取り巻く環境は速いスピードで変化している。そのため、主に経営学で研究されてきた中長期、あるいは短期の計画をもってしても、その変化のスピードには間に合わないのである。特に、小売業の売り場では、季節のおりなす変化は当然ながら、日々、あるいは時間ごと、あるいは瞬間の状況、その場の雰囲気で環境が変わるのが常である。それらが小売業経営の収益、あるいは結果として存続・成長・発展に関わるとなれば、製造業のように需要調査、製品計画、製品開発といった長期的で総合的なマーケティングに依存するだけでは小売業の現場の問題は解決しないことになる。時代の変化に合わせ、AMAのマーケティングの定義が何度も変化してきていることが、小売のマーケティングと環境との関わり方を最もよく証明している。

4．小売業のマーケティング研究の特徴と課題

以上の視点から小売業の研究を振り返り、小売業のマーケティング研究を吟味してみると、次のような四つの特徴と課題が抽出できる。

（1）共通認識された小売業のマーケティング体系の欠如

①日本の小売業あるいは小売のマーケティングとタイトルされた著書の中に、小売のマーケティング・マネジメントの体系とすべきものは見つけにくく、それらは、アメリカの企業（製造業）マーケティングの枠組みを基礎としながら、それぞれの著者の研究のテーマに焦点が合わされている。

②論文については、タイトルに純粋に、「retail marketing」、あるいは、「marketing of retailing」と示された論文は少ないが、その中でも、小売業のマーケティングに関する総論の研究は、現時点でも数少ない。

③我が国の「小売業のマーケティング」と題した図書は、Nystromの研究の柱に沿っているが、ここにも共通認識されたマーケティングの体系は示されていない。

④Nystrom以降の1950年代以後、新たに発表された小売業の研究には、依然として小売企業の経営内部の組織的な活動に主眼が置かれて、顧客志向や市

第1節　歴史に見る小売業経営研究とマーケティング研究の関係性と課題

場志向を大切とはしながらも，どのように小売の現場で処理するかはマニュアルの範囲を超えてはいない。さらに，その後のマーケティング研究は，むしろ製造業志向のマーケティングを中心に展開され，小売企業のマーケティングの研究は，Kotler にいたっても代表的著書の数ページを割いている程度である。Nystrom がやることはたくさんあると指摘した小売業の手法を考察する上で，小売マーケティング・マネジメントの研究には今なお不足感がある。

⑤マーケティング研究は，内部の経営の改善や近代化に目を向けていた小売業のマネジメントに，企業の外にある外部環境に目を向けさせる大きな役割を果たし，その結果として，戦略的アプローチが導入されたが，今なお共通認識された体系はない。

⑥小売業の研究は，消費者に製品を届けるための商品的・制度的・機能的・システム的研究が主である。中でも，マーケティング機能を効果的かつ効率的に遂行する技術的研究が中心になっており，それらは大手小売企業に取り入れられ，大手小売企業はその後，チェーン・システムによる経営拡大を成し遂げ，現代では製造業者や流通を支配する小売企業も出現しており，実務と研究にギャップが存在する。

⑦実務的には，商品別アプローチ，つまり業種的研究がなされてきた。そのため，小売業の研究は，いきなり演繹的に4Psに切り込んでいるものが大半である。

⑧小売業のテキストの中に，小売会計や財務についても示されているが，それらがどのレベルのどの企業を対象としているかは不明確である。例えば，財務的に標準指標を明らかにしても，数値的な比較に終始して，それらがどの規模のどのレベルの小売企業の経営者を対象としているか，それが企業のどの目的を達成するために，なぜ，誰がやるべきなのかは明らかではなく，課題は山積みである。

⑨小売企業経営は，商品を仕入れて売るだけでは，製造業者の製品開発力に依存していることになる。これらの段階では，「消費者」との呼称が示すよう

第1章　小売業のマーケティング研究の変遷と小売マーケティング・マネジメントの必要性

に，製品は消費者によって買われるものと想定されている。しかし，消費者が自店の顧客になるという保証はなく，ますます便利になるインターネット・ビジネスにも小売店舗販売は対応しにくい。少なくとも，製造業者の製品を無計画に揃えるだけでなく，小売企業が自立的に自己業務を推進していく指針となる研究に不足感がある。

⑩ 小売業，あるいは小売のマーケティング・マネジメントを体系的に捉えた研究には研究者によってぶれがあり，いまだにテキストと依拠する体系化もなされていない。日本の小売業者は，チェーン・ストアの加盟店も含め，その中の99%以上は中小の小売企業である。さらに，大手小売チェーンに加入していても，小売の現場そのものは小規模である。それらの店舗マネジャーが依拠するテキストとなりうる小売のマーケティング・マネジメントの体系は未開発である。

⑪ 小売業経営は，顧客の情緒的判断によって影響される。これまで，日本は多民族で構成されるアメリカ流の文化を前提としたマーケティングに依存してきたが，単一民族に近い民族で構成されている日本独自の視点からの小売マーケティングについての研究も必要である。1990年代，日本的経営の文化が企業経営の模範となった[12]ように，日本から発信する小売マーケティング・マネジメントの考え方，あり方，進め方も研究されなければならない。

（2）Nystromに準じた小売業経営研究の枠組み

① 古代にさかのぼることも可能と思われる小売業の歴史の中で，小売業経営を重要な問題として取り上げ，その時をもって小売マーケティングの問題が出現したと明らかにされたのは1930年代である。つまり，Nystromが自らの*Fashion Merchandising*の序で「次の著書は，この長年にわたって，筆者（Nystrom）がマーチャンダイジングの問題の研究の間に，折々出版してきた一連のマーケティングの著書（*Economics of Retailing, Economic Principles of Consumption, Economics of Fashion, Fashion Merchandising*）の一つである」と自ら明言した1932年をもって，小売業マーケティングの問題が重要性をもって認識された時期と考えるのが妥当である。

第1節　歴史に見る小売業経営研究とマーケティング研究の関係性と課題

② 小売業経営のテキストは，技術的側面からの研究を中心に，研究者が時代の要請に合わせた課題を独自に取り上げていると判断できる。それらは，時代の要請から，単独店のマーケティング・マネジメント，多角化小売業の戦略的マーケティング，多角化した事業や機能，企業間を統合する統合的マーケティングなどに組み換えられてきた。しかし，企業収益の源泉である顧客との接触空間における統制可能なマネジメントの範囲は，1950年代以降，マーケティングの枠組みとして提唱された Howard の製品，価格，広告，人的販売およびマーケティング・チャネルをはじめ，McCarthy の4Ps，Kotler のマーケティング・ミックスに代表され，それらは，Nystrom の初期のマーケティング・マネジメントの体系の範囲内にある。つまり，それらの研究軸の原型が，小売業のマーケティングの柱を構築した Nystrom の研究の柱と一致している。

③ R. Bartels（1976）が指摘するように，Nystrom の研究以降，狭い範囲の専門的な研究は進んだが，Nystrom の研究の柱となる構成に新たに付加されるものはほとんどなかった。このことは，Nystrom の研究の完成度を物語っている。そして，これらの研究も，流通機構の担い手としての制度的研究から小売分野のマーケティング研究の一部に進化したものとして，Converse や Bartels は捉えている。しかも，Nystrom 個人も，これまでの自身の5大著書による研究は，一連のマーケティングの研究であると明言したのである。その意味で，少なくとも Nystrom とその後の小売の研究は初期のマーケティング研究の発展に貢献し，それは1950年代以降体系化された Howard，McCarthy，Kelley，Kotler らのマーケティング研究の原型となっている。

④ さらに，日本の小売研究においては，Nystrom の研究枠組みを基準としつつ，次のような特徴が見られる。
・日本における1950年以降の小売の研究は，業種別，営業形態別研究，特に成長経済市場に合わせたナショナルチェーン店の拡大戦略，しかも実務的なものに集中している。

・日本の小売業研究や支援は，民間のコンサルタント会社や商業支援団体に依存されている。それらは，小売業のマーケティング思想というより，小売店舗，商業集積，チェーン店との競争のための技術が中心である。

（3）現場のオペレーションに踏み込んだ小売マーケティング研究の欠如

①近年の小売業経営の研究は，総じていえば，業種研究，多店舗展開を目指すチェーン店研究，技術研究の延長にあった。しかし，総合的に述べられるものは少なく，その研究の対象とする小売企業の店舗規模や企業水準がどこにあるのかが不明確で，中小規模の小売企業であるのか，チェーン企業の全体戦略であるのかは著述者の経験と意思のままにあり，小売技術は述べられても，普遍的な科学的思想は不明確であった。特に，経営理念に基づき，顧客起点で発想され，オペレーションにまで統合された小売マーケティング・マネジメントについての総合的な研究は極めて少ない。

②2004年以降，マーケティングの世界に新たな提示をしたStephen L. Vargo and Robert F. Luschの研究では，企業と顧客の関係はますます重要な課題になってきたことが指摘されている。この企業と顧客の関係が，流通の中で，あるいは経済社会の中で最も顕著に見られるのは，小売の現場，つまり顧客との接触空間である。モノの需要を調査あるいは予測し，比較的長期間で製作して市場の需要に応える製造業者のマーケティングと異なり，小売業のマーケティングでは，売り場で絶えず変化し続ける顧客の意識や行動を捉えることはもちろん，日々の経営に影響する気候，自然現象，地球環境まで考慮する必要がある。したがって，グローバルな視点で捉え，その変化に瞬時に対応するマーケティングが小売業に求められるが，その視点の研究が遅れている。

③すべての小売企業では，小売の現場に収益源があり，そこは顧客との接触空間である。したがって，実務家を納得させ，現代の複雑化，多様化した消費者の欲求を十分に満足させるために，企業全体のシステムの中で小売現場がどのようなマーケティング活動を行って企業目的を達成していくかの視点を明らかにしなければならない。

第1節　歴史に見る小売業経営研究とマーケティング研究の関係性と課題

④小売マーケティング・マネジメント研究の目的である小売企業の存続・成長・発展を目的とした考え方と，それを実現する現場の科学的研究が不足している。

（4）顧客起点のマーケティングの不足

①小売業は，マーケティング・システムを構成するマーケティング研究の一領域として，商品的，制度的，技術的に捉えられてきた。しかし，企業経営に市場志向，顧客志向，顧客起点の研究が強調されているということは，これまで研究そのものが売り手側の技術的研究に終始していたことを意味している。

②顧客起点のマーケティングの重要性が実務的にも指摘されながら，その研究は遅れている。

　以上を要約してみると，小売業研究の古典といわれ，小売業経営を体系化し，5大著書によってマーケティングの体系をまとめたNystromの研究以後，小売業のマーケティング研究は，いわゆる技術の詳細な研究に多くの発展を見た。それらの中には，N. A. Brisco等に代表される学生向きのテキストにまとめたものも見られる[13]が，それらは実務の面からは浅い研究にならざるを得なかった。さらに，小売業のマーケティングと銘打っても，その体系は著者によってまちまちであった。しかし，意図したかしなかったかにかかわらず，それらの研究は，Nystromの構築した構成の中に分類されるのであり，Nystromの小売マーケティングの研究がいかに信頼性が高く，奥深いものであったかがうかがわれる。

　何より，小売マーケティングを研究する上で，その初期の古典的な役割を果たしたNystromの研究が片隅に追いやられていることが，小売独自の研究を不確かなものにしている。ConverseやBartelsは，20世紀初めからの企業研究は，経営内部の研究だけでなく企業の環境変化にも着目することが重要だという考えから，Nystromの研究はマーケティング研究の一領域を構成していると捉えており，Nystrom個人も自身のそれまでの研究は一連のマーケティング研究であると明言した。それにもかかわらず，小売業の研究では，理論的

33

な部分は Nystrom の研究に依拠しながら，実務的，技術的な部分は個々の小売業の研究者に依存し，それらの段階で専門化，細分化されてしまった。このことが，Nystrom の原型が霧の中に消えてしまった原因の一つであったと考えるのが妥当ではないだろうか。

特に，前述のように，第二次世界大戦後の日本生産性本部による「マーケティング専門視察団」報告を契機として，アメリカのマーケティング論（マーケティング管理論）が輸入された。さらに，マーケティングを商業や商品流通一般と区別して，その実態を「製造企業による垂直的な市場掌握活動」に限定して使用することを主張すべきでないにしても，実務的にはマーケティング，マーチャンダイジング，流通という語の使用に確固たる標準がなかったのは事実である[14]。

このようにして，我が国でも，第二次世界大戦後，当時の物不足を補うため製造業を中心に置いてマーケティング研究が進んだのは事実であり，その後今日までマーケティング研究は製品，製造業が主流であり，小売業独自のマーケティング・マネジメントの研究を遅らせたことは，当然の成り行きであったといえよう。

第2節　小売業のマーケティング・マネジメント体系確立の必要性

第2節では，これまでのマーケティング研究が，製造業あるいは製品を中心としていたことを指摘し，小売業のマーケティング・マネジメントの必要性を提示する。

前節で見たように，つぶさに研究をさかのぼってみると，次のようなことが明らかである。
① Nystrom の小売業のマーケティング研究でその体系がほぼ完結されている。
② 初期のマーケティングの実務的研究者として，Nystrom の研究が現代のマーケティングの体系の要素である4Ps の構築に大きく貢献している。

第2節 小売業のマーケティング・マネジメント体系確立の必要性

③マーケティング研究は，初期においては単一事業企業のミドル・マネジメントのオペレーション活動を対象にその統合を図るマーケティング・マネジメントから始まり，その後，単一事業企業のトップ・マネジメントのための企業レベルの経営諸機能の統合を対象としたマネジリアル・マーケティングが盛んになり，やがて市場の成長と共に，多角化した複数事業に向けて限られた経営資源を配分し，市場機会をとらえ企業収益を確保する企業・事業レベルの戦略的マーケティングが注目され，その後に，企業内および企業間関係の統合，つまり拡大しすぎた複合事業を統合するためのコーポレート・マーケティングが提唱された。

④つまり，4Psの技術であろうと事業であろうと，バラバラでなく，収益を目的としてマネジメント上で統一を図る必要性が認識されるようになった。

⑤このような中で，市場の縮小傾向と限界市場の状況から，市場志向，つまり競争と顧客がクローズアップされてきた。

⑥その結果，顧客をマーケティングの対象，つまり企業が製品（商品）を販売するターゲットとして見るのでなく，顧客起点，あるいは顧客と価値を共に創造するという考え方が提唱されてきた。

⑦しかしながら，マーケティング研究は製造業のマーケティングが中心であり，小売業独自のマーケティングが表に立った総合的に共通認識された研究が今なお不足している。

⑧小売業のマーケティングの中心は，オペレーションである。オペレーションにタッチしなければ，小売主体のマーケティングは完成されない。

⑨しかし，Nystromが主張するように，小売のオペレーションは多様である。

⑩この多様な小売オペレーションの要素は，現代では大手小売業を中心にマニュアル的に研究され，専門化，細分化されて，オペレーションの多くは協力企業，関係企業，外注企業，さらにはパートタイマーに依存している。そのことが小売企業としての競争上の特徴を出しにくくし，顧客の需要に柔軟，迅速に対応することを困難にしている。しかも，それらの活動は，標準化されても収益をあげるための小売のマーケティングの考え方や技術として

第1章　小売業のマーケティング研究の変遷と小売マーケティング・マネジメントの必要性

必ずしも統合されていない。

⑪したがって，小売独自のマーケティング・マネジメントの研究が薄く，その研究が必要である。

⑫小売のマーケティングは，顧客との接点で実現される。現代の顧客の多くは，十分に必需品を満たした存在であり，情緒的な部分に立ち入らなければ，企業収益を実現できる関係を構築しにくい。

⑬その収益をあげるために，企業と顧客との接触空間で小売企業がいかに対処するかという視点からの研究が必要である。

⑭したがって，顧客との接触空間におけるオペレーションを統一する考え方と要素を，4Psを超えて考察しなくてはならない。

　以上のような観点から，製造業のマーケティングに依存せず，小売業関係者が共通認識しやすい小売業独自のマーケティング・マネジメントの体系確立が必要である。

　C. Grönroos（2007）が指摘するように，製造業の生産性の概念は，物理的製品の製造のために開発されてきた。したがって，個々の顧客は生産プロセスに参加しないことが前提となっている[15]。しかし，サービス業や小売業のような小売の現場では，一定品質の商品を大量生産することによって生産性や収益性が向上する製造業と異なり，顧客のもつ多種多様な欲望に対応してこそ収益が得られる。つまり，収益は小売の現場でどのように顧客に接触し，顧客がそれを認識したかに依存している。さらに，顧客との接触空間において企業が顧客にどのようにオペレーションを遂行したかによっても，収益性は大きく左右されることになる。

　そこで，以上のマーケティング研究と小売業経営の考察を踏まえ，次節で，小売マーケティング・マネジメントを研究するためのよりどころとなる小売マーケティング・マネジメントの体系化を目指して，Nystromの学説を概念図に整理する。

第3節　P. H. Nystrom の小売業経営研究のレビュー

　第3節では，小売業経営研究の嚆矢とされ，実務的マーケティング研究の先駆者とされる Nystrom の研究をレビューし，小売マーケティング・マネジメントの体系構築へのアプローチを試みる。

1．Nystrom の研究の意義

　日本の小売業は，1950年代半ば以降，戦後復興と物不足を背景に，主として製造業のマス・プロダクションによる商品の捌け口としての機能に意識が集中され，小売業独自のマーケティングという側面には十分に目が向けられなかった。しかし，戦略の均質化や生産技術の進化による商品のコモディティ化，激しい競争，そして一層個性化し，複雑化する消費が顕著な現代では，小売業は製造業の製品中心のマーケティングに依存することなく，小売業独自のマーケティング技術を開発

P. H. Nystrom
(From Wikimedia Commons, the free media repository)

し，消費者に向けたオペレーションの一層の高度化を図ることが要請される。
　小売業の現状を見れば，既に一部の小売業が，サプライ・チェーンを通じ生産・流通の主導権を握っている。地域に目を向ければ，我が国に本格的にスーパーマーケットが出現した1950年代以降，大規模商業施設の激しい出店攻勢を受けたにもかかわらず，全国の中小規模店は，地域商店街や中心市街地に根を張り，依然として健闘している。しかし，市場の激しい変化の中で，商店数が50万軒も減少したという事実からは，小規模店舗の厳しい現状が容易に見てと

れる[16]。一方，スーパーマーケット，コンビニエンス・ストアをはじめとしたチェーン店，あるいは百貨店の各部門なども，個々の売り場では中小規模店と同様，オペレーションを中心に展開されている。したがって，小売業が変化する消費者の意識や行動を迅速に捉え，激化する一方の競争に柔軟に対応し，顧客に競争優位な魅力を提供し続けていくためには，顧客との接点である売り場のオペレーションを中心とした自己革新的な小売業独自のマーケティング・マネジメントの体系化が図られ，共通認識されなければならない。

　本書において取り上げた Nystrom は，20世紀初期のマーケティング研究の先駆者の中でも最も優れた研究者の一人といわれている[17]。Nystrom は，自ら小売研究協会やマーチャンダイジング企業連合の理事等の経験から売り場のオペレーションを包括的に研究し，多くの学生やその後のマーケティング研究者，実務家に多大な影響を与えた。中でも，小売業のバイブルと称された *Economics of Retailing* は1145ページにわたる大著で，膨大かつ精緻な分析から小売業独自の問題，制度や技術が整理されており，その後の研究には比肩するものがない。

　本節は，これらの Nystrom の代表的な四つの著書に *Retail Store Operation* を加え，小売業経営の観点から全体を俯瞰し，各著書の主張や示唆の位置付けを行い，Nystrom の小売経営理論の全体像を明らかにすることが狙いである。そしてさらに，この Nystrom の小売経営理論体系に則って，次章以降で小売マーケティング・マネジメントのフレームワークへアプローチしたい。

2．Nystrom の時代と主要な業績[18]

　Nystrom は，小売業研究の第一人者として，また初期の実務的マーケティングのパイオニア，さらには初期の消費経済の研究者として高い評価を受けている。その業績は，表1-1に示した通りである。

　1878年生まれの Nystrom が主として活躍した時代は，ウィスコンシン大学の准教授となった1913年からコロンビア大学を退官する1950年までと推定される。この20世紀初頭は，マーケティングの萌芽期と位置付けられ，ウィスコン

第3節　P. H. Nystrom の小売業経営研究のレビュー

表1-1　Nystrom の主要な功績（業績）と著書

年次（年齢）	Nystrom の業績	著　書
1878年	ウィスコンシン州にて生誕。	
1909年(31)	ウィスコンシン大学学士。	
1910年(32)	ウィスコンシン大学修士。	
1913年(35)	ウィスコンシン大学の政治経済学准教授に就任。	『小売販売と店舗管理』（Retail Selling and Store Management, New York, D. Appleton and Co.）
1914年(36)	博士号を受ける。	
1915年(37)		『小売業の経済学（第1版）』（The Economics of Retailing, New York, The Ronald Press Co.）
1917年(39)		『テキスタイル』（Textiles, New York, D. Appleton and Co.）
		『小売業の店舗管理』（Retail Store Management, New York, The Ronald Press Co.）
1919年(41)		『小売業の経済学（第2版）』（The Economics of Retailing, 2nded. New York, The Ronald Press Co.）
1920年(42)	ミネソタ大学准教授に就任。小売調査協会理事。	
1921年(43)	1927年まで一時教職を離れ、アソシエイティッド・マーチャンダイジング社理事。	
1926年(48)	コロンビア大学で教鞭をとる。	
1928年(50)	学界に戻る（コロンビア大学）。バラエティストア協会会長を兼務。	『ファッションの経済学』（Economics of Fashion, New York, The Ronald Press Co.）
1929年(51)		『消費の経済原理』（Economic principles of Consumption, New York, The Ronald Press Co.）
1930年(52)		『小売業の経済学（増補版）』（Economics of Retailing, two volumes, New York, The Ronald Press Co.）
1932年(54)		『ファッション・マーチャンダイジング』（Fashion Merchandising, New York, The Ronald Press Co.）
1934年(56)	アメリカ・マーケティング・ソサイエティ（AMAの前身）会長。	
1937年(59)		『小売のストア・オペレーション』（Retail Store Operation, New York, The Ronald Press Co.）
1948年(70)		『マーケティング・ハンドブック』監修（Marketing Handbook, New York, The Ronald Press Co.）
1950年(72)	コロンビア大学を退職。	

第1章　小売業のマーケティング研究の変遷と小売マーケティング・マネジメントの必要性

| その他の経歴 | ニューヨーク・セールス・マネージャー・クラブ議長，インターナショナル・マガジン社営業マネジャー，アメリカ・ラバー社市場調査部長。 |

出所：Duncan, Delbert J., "Biography on Paul H. Nystrom", *The Journal of Marketing* vol.XXI, No.4 (Apr.,1957), pp.393-394, Bartels, Robert, "Influences on the Development of Marketing Thought 1900-1923", *The Journal of Marketing* vol.XVI, (Jul., 1951), pp.4-7, Bartels, Robert, *The History of Marketing Thought*, 2nd ed., Columbus, Ohio, Grid Inc., 1976, P・D・コンバース，梶原勝美訳『マーケティング学説史概論』白桃書房，1985年より筆者が作成。

シン大学とハーバード大学を中心に，初期のマーケティング研究者が多数大学に籍を置いた時代である。Nystrom の *Economics of Retailing* と同じ年に，ハーバード大学で Shaw が *Some Problems in Market Distribution* (1915) を出版している。また，F. W. Taylor の *Principles of Scientific Management* (1911)[19]や E. Mayo 等が1927年から5年間行ったホーソン工場での実験[20]など，製造業であれ小売業であれ，現場に焦点が当てられ，現場のオペレーションの効率，能率に関心が向けられた時代であった。当時の生産や販売の現場では，効率，能率が経営の中心課題であり，この考え方が小売業にも波及し，その中心に Nystrom がいたといえるであろう。

　Nystrom の活躍した時代は，第一次世界大戦（1914〜1918年），世界的大不況（1929〜1933年），第二次世界大戦（1939〜1945年）と続く社会経済の大混乱期である。1910年代，アメリカで既製服の量産化が始まった時には，Nystrom はウィスコンシン大学の学生で，マス・マーチャンダイジング時代の幕開けにマーケティング学者として出発した。1915年には，後に小売業経営の古典と称される *Economics of Retailing* の第1版を著し，1917年には，働く女性の増加などに伴い需要が増大する繊維業界の動向や市場等について *Textiles* を著し，1929年の世界大不況時には，ファッションをつくるのは製造業者ではなく消費者であるとして，消費と消費者を研究し，*Economic Principles of Consumption* を著した。また，典型的な量販型の小売形態であるスーパーマーケットが出現し拡大していった1930年頃，Nystrom はマーチャンダイジングの分野で急激に重要性が増していたファッションについて *Economics of Fash-*

第3節　P. H. Nystrom の小売業経営研究のレビュー

ion（1928）を著し，人間の高度な欲求を満たすファッションの正体についてまとめ，その原理に基づいて，技術編として *Fashion Merchandising*（1932）を出版している。1937年には，自らの小売業界での実務的経験から，小売店舗のオペレーションとマネジメントをマーケティング機能の視点からまとめた *Retail Store Operation* を上梓した。

　Nystrom は，この一連の著作によって明らかにした自らの研究成果を，小売業のマーケティングという概念で明確に示し，マス・マーケティングが全盛期を迎える前夜にその活動を終えているのである。この間 Nystrom は，著作活動のみでなく多くの行政機関，研究機関に貢献し，アメリカ・マーケティング・ソサイエティ（American Marketing Society，1937年 AMA を結成）の会長（1934年），アメリカン・マーケティング・ジャーナルの編集者（1935～1936年）など，初期のマーケティング分野のリーダーとして Shaw と比肩され，大いに活躍した。

　以下，Nystrom の研究内容と小売業経営への示唆について，代表的な五つの著書[21]を簡単にレビューして明らかにしたい。

3．Nystrom の五つの著書のレビュー[22]
(1) *Economics of Retailing* の研究内容と小売業経営への示唆

　本著は，小売業という研究対象を経済学者の視点から，つまり必ずしもマーケティングの立場からでなく研究，発表されたものである。しかし，その内容は，経済学の分野にとどまらず，当時の社会学，心理学，建築学，会計学，文化人類学，統計学にまで大胆に踏み込んで研究された内容となっている。これが意味するのは，当時の社会科学の分野にマーケティングという概念が確立されていなかったことに他ならず，Nystrom の研究対象がいかにユニークなものであったかがうかがえる。

　1930年に増補版として出版された *Economics of Retailing* は全2巻の大作であるが，各巻の序において，Nystrom は，本著の目的を次のように明らかにしている。すなわち，第1巻では実践的な視点を貫き，実務の観察と体験を合

体させ、小売制度、小売業の起源と成長、今日の商品流通機構の動向や意義について取り扱い[23]、第2巻では小売業の基本的なオペレーションの解説と批判的分析を行い、実務の視点からアプローチをしたと述べた上で、小売業務の評価に適用する基準は利益の成果であるとし、小売業経営の目的として利益の重要性を強調している[24]。

　小売業のマーケティングは現場の理論であり、現場業務の視点に立って構築されなければならない。しかし、小売業の現場は消費者に密着しており、日々刻々と変化する環境にあるため、そこに普遍的理論を構築することは困難な道である。こうした壁を乗り越え、失敗（倒産）しない経営のための小売業のマーケティング理論の構築に心血を注いだ Nystrom の功績は、特に同時代を生きた多くの研究者に計り知れない影響を与えている。Converse（1959）が指摘した「Nystrom の理論と提案が、どれほど受け入れられたかは別としても、彼は流通に関する豊かな学識を示し、流通の関心を高め、流通研究の進展に大きな役割を果たした[25]」という評価が、このことをよく示している。

　本著で Nystrom は、流通プロセスの最先端に位置する小売業者は、消費者と直接接触し、消費者の満足や感動を直接体験する魅惑の交差点に位置しているとした上で、そこでは商品を提供するサービスや店舗環境またはその雰囲気（atmosphere）まで考慮する必要性があることを強調し、自らの小売業界での実務の経験と観察から、小売業の経営理論と技術を現場に携わる幹部と研究者に示唆している[26]。

（2）*Economic Principles of Consumption* の研究内容と小売業経営への示唆

　本著では、小売経営に関わる要素として、消費者と消費について詳細に分析している。

　小売経営の直接の対象は消費者である。したがって、小売業の存続・成長・発展は消費者の購買に依存しており、消費者行動、つまり買い物への意識と行動こそが、その研究の核である。消費者研究の重要性について、Nystrom は本著で具体的に、「消費と消費者の需要は、すべての経済と事業構造の根本的な基礎を構成する。消費の進む方向に、事業は進む。消費者需要は、聡明な生

第3節　P. H. Nystromの小売業経営研究のレビュー

産とマーチャンダイジングの指針である。いかなる産業にとってもその成長は，消費者需要に向けての努力の正しい相関関係に依存している。消費者が何を，なぜ欲望するのかという基本的な事実に対する認識が，企業の経営幹部の最重要事項であることは明らかである」[27]と，製造業の視点も考慮して指摘している。

　Nystrom が，本著の執筆に当たって採用した参考文献には，多くの隣接科学の研究書が含まれており，消費者と消費に関する意識と行動研究がいかに複雑で困難を極める作業であったかがうかがわれる。また，ウィスコンシン大学の後輩である産業心理学者の A. H. Maslow が1954年に著した『欲求のヒエラルキーと自己実現の概念』[28]には，発表年から判断して，本著の消費と欲望と動機の研究が何らかの影響を与えたといってよいであろう。

　本著の研究は，二つの意義をもっている。その一つは，消費の研究において，20世紀初頭に始まった消費経済学と称する一群の研究と，50年後に実を結びマーケティングの独立分野となった「消費者行動論」の初期における消費経済研究の代表的著作である[29]ことである。もう一つは，Nystrom が小売業経営の研究，マーケティングの実務的研究に「消費者の視点」を取り込んだことである。

　小売業は流通の最先端に位置し，最終消費者である顧客と直接的に接している。そのため，小売業者は常に多様な欲望や個性をもつ顧客一つひとつの欲求に応えるという非効率な状況の中で生産性を上げていかなければならない。したがって，消費者を選定し，その消費者に合わせて多様で柔軟な営業形態を構築し，消費行動に機敏に対応していくことが必要である。そこで，Nystrom は消費者の欲望を分類し，それが次々と高みに昇っていくことを示した[30]。しかも，この欲望は人間の本能といえるほど激しいとしている。このことから，Nystrom は小売業の消費者研究において，人間の欲望に着目して購買動機を刺激することの可能性についても示唆している。

　Nystrom が本著執筆の資料としたのは，消費の経済学，消費の事業の進化関係，富と所得，人口，生活費と生活水準の研究，商品とサービス，健康およ

第1章　小売業のマーケティング研究の変遷と小売マーケティング・マネジメントの必要性

び維持，レジャー，指標と測定などの項目に分類される多様な文献であり，その範囲の広さが消費と消費者の研究の難しさを物語っている。Nystrom はこうした研究を通じ，小売業が対象とする消費者研究の重要性，複雑性を明確にし，その研究の必要性を示唆したといえる。

（3）*Economics of Fashion* の研究内容と小売業経営への示唆

　スーパーマーケットなどの量販店の出現を前に，Nystrom は，小売業のファッション・ニーズの研究と品揃えの重要性について，本著と *Fashion Merchandising* の二著書で研究している。本著では，*Economic Principles of Consumption* の中で，消費者の欲求に続いて研究されたベーシック・ニーズを充足した消費者のファッション・ニーズに焦点を当てている。

　本著の序で，Nystrom は，商品がすべての他の性質を有したとしても，もしそこにファッションがなければ，それらは受け入れられないとし，ファッションの原理は，テキスタイル，アパレル，家具分野等の例のみでなく，自動車，化粧品，宝飾品などあらゆる商品分野に実務的に妥当で普遍的に適用しうると指摘している。

　ファッション・ニーズは消費者の基本的欲求の裏に隠れ，すべての人が制約・抑制や慣習・節度を超えて，時にはそれらを破壊したり，自らの健康を害する危険を冒しても手に入れようとする強い欲求である。Nystrom は，人間がファッション・ニーズを充足することによって高水準の心の満足を得ることができると指摘し，ファッションの理解とファッションの予測が小売業経営の重要な視点であることを本著によって示唆しているのである。Nystrom は，ベーシック・ニーズと異なりファッション・ニーズにはサイクルが存在し，そのマネジメントを誤ると大きな機会損失や過剰在庫が発生し，企業の目的である純利益に大きな損失を与えることを強調している。

　ファッション・ニーズに影響を与えるものは，支配的なイベントであり，思想であり，社会的グループである。そして，ファッションは，純粋に自己のためのみに存在することは稀であり，集団の中で作用すると指摘している[31]。さらに，小売業経営において，ファッションとは何であり，どのように作用する

第3節　P. H. Nystromの小売業経営研究のレビュー

かを見出し，次にファッションの原因は何であり，その動向に影響する要因は何か，現代社会のファッションは何であるかを明らかにして，そこからファッション・トレンドを判断し，次のファッションを客観的な情報によって実務的に予測することが重要であると強調している。

このように，Nystromは，消費の最大の力としてファッションを取り上げ，自身の小売業界での20年に及ぶ実務に裏付けられた研究の成果と隣接分野の208の文献から，本著の目的である「あらゆる商品分野に実務的に応用しうるファッションの原理と，できる限り幅広く実務に応用できるファッションの原理」[32]を並み外れた創造力とエネルギーをもって研究し，小売の実務家達に示唆している。

（4）Fashion Merchandising の研究内容と小売業経営への示唆

本著の序でNystromは，購買力のあるところには必ずファッションへの関心があり，消費者の選択は相当な程度までファッションによって支配され影響を受けるとし，消費者は生産者ではないが，ファッションをつくると述べている。そのため，我々は今，新たな欲求や新しい需要を創造するよりも，むしろ消費者の欲望にもっと近いものを生産し提供することに努力することが事業の進展や成功につながり，利益をもたらすマーチャンダイジングは，消費者の欲求の正確な特性と継続的に続く変化，この二つの予測と測定の仕方から始まると主張している。そして，ファッションが何であり，どこに向かうかを発見することが，ファッション・マーチャンダイジングの基本的な第一ステップであるとし，生産あるいは仕入手法，販売計画，販売促進，広告，そして実際の販売の手法を順に具体的に提言することが，本著の目的であるとしている。

Nystromは，本著の各章において，現場担当者のセンスの重要性を指摘している。さらに，ファッション・マーチャンダイジングの職業に関わる人間の問題，バイヤーの適性や年齢，販売員のファッション性，専門商品系列に合わせた販売員のタイプ，外見，人格にまで指摘は及んでいる。また，機械的システムではつくれない人間関係の重要性を強調している。最も顧客を喜ばせ，売上に貢献する販売技術，小売の販売手順の要素について詳述し，マーチャンダ

イジング・プロセスは販売前の段階にすぎず,優れたマーチャンダイジングは販売のための科学的,組織的手段であり,その本質的な意味は優れた販売にこそあると強調している。

さらに Nystrom は,事業方針なき事業は海図なき航海を意味すると,利益を生み出す事業方針の重要性について強調している。しかし,特売方針などは,幸せの錯覚のための薬中毒であると,安易な競争的価格戦略の問題点を指摘している。

また,競争については,現在の競争システムの下では,成功とは競争者に先んじることにあり,ファッション・マーチャンダイジングの分野における差異的優位な方向を提示することにあると指摘している。Nystrom は,競争は商業の原動力であり,顧客に対するサービスの姿勢と顧客の願望を維持するように事業活動を方向付けると,商業における競争の価値を指摘している。そして,競争の問題を乗り越える術として,優れた商品やサービスの提供による競争優位,店と商品への信頼性を築く暖簾,名声という防波堤などを提唱している[33]。

Nystrom は,生産のオペレーションに比べて,仕入販売に関するマーチャンダイジングの科学的管理は遅れていると指摘して,小売店舗のマーチャンダイジングの枠組みを示している。それは,顧客の欲求の正確な推測からスタートする。小売業にとって重要なファッション・マーチャンダイジングのオペレーションとして,好立地,適正で魅力的な店舗,適正な商品の選定と仕入,販売とタイムリーな提案,商品の広告と陳列,販売員の売り方の訓練,実際販売と配送,返品と割引への対応などを行い,在庫コストを制限し純利益を拡大する優れた仕入と販売の重要性を示唆している。

本著の最も注目する点は,その序において *Economics of Retailing*, *Economics of Fashion*, *Economic Principles of Consumption*, *Fashion Merchandising* の四つの著作を Nystrom 自身が一連のマーケティングの研究書と位置付けていることである。

第3節　P. H. Nystromの小売業経営研究のレビュー

(5) *Retail Store Operation* に見る研究内容

本著は，これまでの著書が一連のマーケティング研究であったと言明した後，最初の大著である *Economics of Retailing* を補正ないしは補強するために，タイトルを *Retail Store Operation* と改めて著述したものである。しかし本著は，*Economics of Retailing*（第 2 巻）の単なる改訂版ではなく，結果としてではあるが，小売業と顧客の接触空間である小売のストア・オペレーションについてマーケティングの視点から詳細に研究したものである。

本著は，前出の四つの著書を集大成し，整理，発展させ，Nystrom の小売経営理論の全体像を明らかにする上で重要性をもっており，本書の重要な部分を占める著書であることから，本節でその内容を概説するとともに，研究の枠組みと主張点についても考察しておきたい。

(a) *Retail Store Operation* の序に見る本著の目的

Nystrom 自ら，序において，本著の目的を次のように明らかにしている。

「本著は，マーチャンダイジング，広告と陳列，販売促進，人的な業務，建物の管理，販売，サービス，小売の会計，クレジットと回収などの小売店舗の仕事の主要なラインを記し，検討する。本著は小売店の管理責任者やマネジメントの準備をしたい人のために書いたものである。この目的は，小売のストア・オペレーションに必要な基本的な知識を示すことである[34]」。

このように，本著の目的は，ミドル・マネジメントやトップ・マネジメントを目指す人のために小売のストア・オペレーションの基本的知識を提供することにある。

(b) 本著の構成と各章の概要

本著の構成と各章のコンテンツを，表 1 - 2 に示した。

本著の構成は，その内容から大きく三つに分類できる。第一分類は，主として第 1 章であり，「現代小売業の果たす役割」について書かれた部分である。第二分類は，第 2 章から第22章にわたって，「小売のストア・オペレーションの基本要件」が詳細に検討されている。そして，最後の第三分類は，第23章の「小売のマネジメント」について書かれた部分である。

第1章 小売業のマーケティング研究の変遷と小売マーケティング・マネジメントの必要性

表1-2　*Retail Store Operation* のコンテンツ

[第一分類] 現代小売業の果たす役割	頁
第 1 章　現代小売業と必要条件（Modern Retailing and its Requirement）	p.3
[第二分類] 小売のストア・オペレーションの基本要件	
第 2 章　マーチャンダイジング（Merchandising）	p.23
第 3 章　マーチャンダイジングの補助（Aids to Merchandising）	p.41
第 4 章　仕入（Buying）	p.80
第 5 章　仕入手順（Buying Routine）	p.121
第 6 章　小売価格と価格設定（Retail Prices and Price Making）	p.133
第 7 章　小売広告（Retail Advertising）	p.155
第 8 章　小売の販売促進（Retail Sales Promotion）	p.191
第 9 章　店舗とサービスのマネジメント（Store Building and Service Management）	p.212
第10章　要員（Personnel）	p.226
第11章　小売店の従業員サービス（Retail Store Employment Service）	p.258
第12章　小売のトレーニング（Training for Retailing）	p.293
第13章　小売店の給与手当（Salaries and Wages in Retail Store）	p.319
第14章　従業員の福利厚生（Employees' Welfare）	p.351
第15章　小売の販売と販売技術（Retail Selling and Salesmanship）	p.386
第16章　小売店サービス（Retail Store Service）	p.405
第17章　小売店舗立地（Retail Store Location）	p.442
第18章　小売店舗とレイアウト（The Retail Store Building and its Layout）	p.466
第19章　店舗レイアウトと什器・備品（Store Layout and Equipment）	p.494
第20章　小売会計とコントロール（Retail Accounting and Control）	p.522
第21章　小売会計とコントロール（続）（Retail Accounting and Control—Continued—）	p.549
第22章　売掛金と与信管理（Accounts Receivable and Credit Management）	p.575
[第三分類] 小売のマネジメント	
第23章　小売マネジメント（Retail Management）	p.617

出所：Nystrom, P. H., *Retail Store Operation*, New York, The Ronald Press co., 1937 より作成。

　第一分類では，第1章全体で，*Economics of Retailing*（1930年）第2巻の第1章でも紹介された流通プロセスにおける小売業の事業領域と小売業経営の成功の必要条件が示されている。この必要条件は，*Economics of Retailing* で

第3節　P. H. Nystromの小売業経営研究のレビュー

は七つの必要条件と称され，立地，売り場，マーチャンダイジング，顧客へのサービス，顧客との良好な関係，価格，販売促進があげられている。

　Nystromは *Economics of Retailing* の第1巻で，これらの必要条件を消費者が満足するように適正に提供し，当時出現し，急成長していたデパートメントストア，メールオーダー・ハウス，チェーン・ストアなどとの競争の中で，この必要条件をイノベーションしていくことが小売経営の失敗を防ぎ，成長，成功に導くことを示唆していた。そして，同著第2巻全体では，それらを中心に，小売のストア・オペレーションを担う従業員と組織的活動および会計を加えて，要件を詳細に紹介した。

　Retail Store Operation では，この七つの必要条件をさらに詳述している。つまり，本著は，『小売業の経済学』第2巻の改訂版の意味を有しているのである。しかし，前述したように，本著は単なる改訂版ではない。

　最も注意すべきことは，*Fashion Merchandising* の序で紹介したように，Nystromが当時急速に脚光を浴びてきたマーケティングの用語で，次のように小売業の役割を明確にしたことである。すなわち，本著の第1章でNystromは，「すべての事業は人間の満足を目的としている。すべての人間は日常的に商品を享受している。マーケティングは生産者から消費者に届ける商品の流通に関わる部門である。消費者に商品を届けるのに必要な所有の交換を実現するのは，マーケティングの特有の機能である。マーケティング活動は商品の交換を促進する。小売業はマーケティングの最終段階，流通チャネルの最終段階にあり，最終消費者に販売し，商品を届けるために必要なサービスをする役割を果たす。多くの小売ビジネスは，小売店舗（リテイル・ストア）を通じて行われる。本著は，小売のストア・オペレーションを主題とする[35]」と，改めて小売業のマーケティング活動における位置付けを明らかにしている。

　小売のストア・オペレーションの必要条件について，本著では九つの基本的要件にまとめ直している。すなわち，正しいマーチャンダイジング，上手な広告，効果的な販売，望ましい人事管理，立地，店舗とレイアウトと設備，店舗維持管理，会計情報管理，十分な資金管理に再分類し，さらに小売の組織につ

第1章　小売業のマーケティング研究の変遷と小売マーケティング・マネジメントの必要性

いて説明している。このように，Nystromのこれまでの四つの主著を小売業のマーケティングの視点から統括したことに本著の意義がある。

第二分類は本著の基幹をなす部分で，小売のストア・オペレーションを具体的に示しているところである。その内容をストア・オペレーション機能で分類すると，①マーチャンダイジング（第2～6章），②広告（第7～9章），③販売（第15～16章），④人事管理（第10～14章），⑤立地と店舗（第17章），⑥店舗レイアウトと設備（第18～19章），⑦会計情報管理（第20～21章），⑧資金管理（第22章）の八つに分けることができる。

第二分類でのオペレーション機能について，順を追って説明していく。

①オペレーション機能；マーチャンダイジングについて

　第2章「マーチャンダイジング」で，「マーチャンダイジングは今日的な意味として，マーケティング機関の内部の問題，マネジメントの問題に関わっている」として，小売のマーチャンダイジングを，「純利益が得られるように，人々が欲しい商品を，欲しい時，求められる品質，快く支払われる価格で提供することである」と定義し，現代に通ずるマーケティング機能を遂行する用語として明確にしているのである。さらに，このマーチャンダイジングによる利益は同業種，異業種間の激化する競争の中で，顧客の愛顧を得るための本質的な努力にあるとして，小売業者が自由競争の中で正当な利益を得る唯一の方法は，有利に商品を買い，より効果的に販売し，利益を管理することであると，マーチャンダイジングの目的を示している。加えて，競争はマーチャンダイジングの慎重さを強いるビジネスの命であると，競争の意義についても指摘している。

　第3章では，「マーチャンダイジングの補助」として，マーチャンダイジングを推進する上での適正な販売と純利益獲得のための在庫準備や在庫投資について，第4章では，「仕入」について，良き仕入は販売が半分完了していることを意味しているとして，仕入は顧客が求める価格で，店に純利益をもたらす商品の選択であるとしている。そして，計画的な仕入の重要性について指摘している。第5章は，「仕入手順」で，最寄品あるいは必需品，買

回品別の仕入，発注手順について述べている。第6章は，「小売価格と価格設定」で，小売の利益を確保するための仕入と正しい価格設定をするためのオペレーションの費用とその管理について説明している。また，小売価格の決定要因を示し，価格が影響する店の評判と信用の重要性を強調する一方で，価格低下の要因となる過剰仕入を戒めている。

②オペレーション機能；広告について

第7章は，「小売広告」で，店と商品を潜在的顧客に知らせ来店させるための小売の広告について述べている。その視点から，小売店の最も有用な広告形式として，通行客の足を止めて店内に誘導する店舗とウインドー陳列についての重要性を強調している。第8章は，「小売の販売促進」で，販売促進を売上の維持と増加に関わる活動のすべてと定義している。消費者の刺激，特売の活気の中で，アトモスフィアの効果を指摘して，特売についてのリスクにも言及している。

第9章は，「店舗とサービスのマネジメント」で，効果的でスムーズなストア・オペレーションのための店舗の物理的な要件とその中での必要なサービスについて述べている。ここでは，店舗マネジメントは製造業の工場マネジメントと同様であるが，工場よりマニュアル・オペレーションの割合が多いと指摘している。そして，工場における時間研究と動作研究を含め，トレーニング制度，生産増加のインセンティブとその他の科学的管理の原理が，ある程度までの店舗マネジメントに応用できると指摘している。

③オペレーション機能；人事管理について

第10章の「要員」で，確立された小売店にとっては，よく選定された商品，効果的な広告と共に，店の顧客に正しく貢献し，販売できる働き手としてのスタッフが基本になると指摘している。また，小売のストア・オペレーションの最重要費用は給与賃金であり，小売店の全費用の5割を占めると，人事マネジメントの経済的な側面を示している。さらに，小売店の従業員数，営業時間，女性比率，仕事の多様性，季節や時間・週間・地域間での繁閑と人員過剰時間・人員不足時間，離職率の問題など，小売店固有の従業員

第1章　小売業のマーケティング研究の変遷と小売マーケティング・マネジメントの必要性

問題の複雑性を指摘している。第11章「小売店の従業員サービス」では，科学的な従業員サービスのための職務分析，採用の方法，資格などについて示し，第12章「小売のトレーニング」では，生産性と効率を上げる従業員サービスの改善について述べている。その中で，小売店に必要なマネジメントの講座として，経済学，マーケティング，心理学，社会学，会計学，統計学などの基礎科学の習得の重要性を指摘している。

第13章「小売店の給与手当」では，給与手当は小売店の大きな経費であり，最大のロスが横たわっている一方で，ストア・オペレーション改善の最大の機会であるとし，第14章「従業員の福利厚生」では，従業員の労働環境の重要性についても指摘している。

④オペレーション機能；販売について

第15章では，「小売の販売と販売技術」として，販売員は消費者にとって店の代表であると同時に奉仕者であり，店の提供する商品を通じて顧客に満足を提供する優れたアーティストであり，商品知識のエキスパートでなければならないとして，顧客が店舗に入店してからの販売員の仕事と販売技術を示している。第16章「小売店サービス」では，提供サービスの種類が何であるかによって小売店が分類できることと，小売店に関する様々なサービスについて述べている。

⑤オペレーション機能；立地と店舗について

第17章では，「小売店舗立地」として，良い立地の基本と，立地の小売経営に影響する要因について述べている。

⑥オペレーション機能；店舗レイアウトと什器・備品について

第18章「小売店舗とレイアウト」では，小売店舗とその目的達成のために必要な物理的，経済的な要件について説明している。店舗は製造業者の機械と同様であり，誤った方向に向かうと資本の減少になると指摘して，店舗はその中で行われる事業の理想と特性を表現すべきであり，取り扱う商品の種類と事業の特性との調和が重要であると指摘している。また，店舗は最高の有用性と効率性と美を結び付けるべきであり，商品を損傷と損失から守るス

第3節　P. H. Nystromの小売業経営研究のレビュー

ペースであると同時に，よく計画された店舗は費用を最小化し，顧客への販売の時間の無駄をなくすと強調している。また，小売店舗も販売商品と同様，ファッションに従うと指摘している。この中で，小売店舗の基本的な要件を示し，これらの視点から，店頭図面から構造，材質に至るまで，店舗機能を高めるための詳細な説明がなされている。さらに，照明効果のアトモスフェアにまで触れている。

第19章の「店舗レイアウトと什器・備品」では，小売店舗はうまくデザインし，構成すれば，他の機会と同様，最高に機能する販売機会になると指摘し，店舗計画とデザインの目的は，販売と利益の可能性だけでなく顧客の満足を引き出す空間づくりにもなると，その重要性を強調している。顧客の利便性から，最寄品，必需品と買回品の商品部門別のレイアウト，業種別レイアウトなどをふんだんな図面によって前章同様，具体的に説明している。それに加え，その中で使用する什器・備品についても示している。

⑦オペレーション機能；会計情報管理について

第20章と第21章で，会計は必要な記録を提供するだけでなく，ビジネスの効果基準も提供するとして，小売店の利益管理のための小売会計メソッドについて，現在も使われている簿記システムにまで詳細に言及している。

⑧オペレーション機能；資金管理について

第22章では，「売掛金と与信管理」として，小売業の販売を増進していく大きな要因である小売クレジット販売とその回収方法について示し，小売経営の維持，成長の源泉となる資金について述べている。

第三分類では，オペレーション機能のすべてを効率的，能率的に実現するためのマネジメントについて第23章「小売マネジメント」を設け，小売のストア・オペレーションをマネジメントする経営幹部の業務について述べている。小売マネジメントにおける経営幹部の役割の重要性を指摘し，小売店の経営幹部はオーナー，顧客，従業員，立地地域，競合に責任があると，業務上の責任範囲を示している。この責任を果たすための技術は，計画，実行，成果の管理であるとして，管理の技術や管理方法について述べている。ま

た，経営幹部の基本的資質についても指摘している。

(c) 本著における小売業経営への示唆

前項に示したように，Nystromは本著において，いつの時代にも小売業が経営の目標である利益方針を達成するには，競争優位に立ち，どのような商品にも存在する消費者のファッション・ニーズを的確に捉え，売り場のオペレーションに展開し，それを優れた活動的組織でマネジメントしていくことが重要であると強調している。したがって，本著で23章にわたって述べられているマーケティングの機能を果たすべく，小売業のマーチャンダイジングの理論と技術を実践していくことが，小売企業の存続・成長・発展のための視座となるはずである。実務と大学教育に深く関わったNystromの理論に基づいた技術は，四つの著書をマーケティングの視点から統合した本著をもって，最も実務に即した小売業経営の理論体系を構築しているといえるであろう。

4．Nystromの小売経営理論の整理

(1) Nystromの小売経営理論における五つの著書の位置付け

ここでは，以上の五つの大著の中で，Nystromが主張し，現代小売経営へ重要な示唆を与えた考え方を整理し，小売経営理論のフレームワークの概念にアプローチしていきたい。

Nystromの活躍した時代は，二つの世界大戦に挟まれた戦後の混乱と経済・社会の大成長期，そして世界的な大不況という大変革期である。この間，Nystrom自身も，経済学の研究者からマーケティングの研究者として斬新な発想をもって活動し，アメリカ社会で公私共に重要な役割を果たしている。この中で書かれた小売経営の各著作は，その時代の要請に応えて増補され，あるいは書名を変えて出現している。これらを総括すれば，一つひとつの著書では見えなかったNystromの小売経営理論の全体像が見えてくるはずである。

そこで，本節では，この五つの著書がそれぞれ理論全体のどの部分にどのように位置付けられるか，いいかえれば，どのような部品として理論構築に貢献したかを検討し，Nystromの小売経営理論の体系を明らかにしていくことに

する。そこでまず，Nystrom の小売経営理論における各著書の位置付けを考察する。

（2）*Economics of Retailing* の位置付け

本著2巻のうち第1巻は，商品流通における小売業の位置を明確にし，小売業の直接的な対象者である消費者を研究し，当時は依拠する資料もない中で可能な限りの歴史を辿り，時代に要請され出現した小売業の営業形態を紹介している。また，こうして小売業の起源と成長を示すと共に，小売経営の失敗率をデータに基づいて述べ，小売経営成功の原理を示している。

一方，第2巻は，成功する小売経営に必要なオペレーションは何かを示している。そして，成功する小売経営のための基本要件を，①利益を出すための小売会計と管理，②収益に関わる小売店舗の立地，③顧客と商品の出会う場である小売店舗とインテリア，④運営に携わる従業員，⑤顧客の欲求に適合する適正なマーチャンダイジング，⑥顧客に関わる販売員と販売技術，⑦顧客が快く支払ってくれる価格，⑧商品と店を告知し，来店と購買を促進する広告と販売促進，⑨顧客の満足度と利便性を高めるサービスの九つに集約し，これらのオペレーションの効果を測定する方法を示している。

本著では，これらの小売の理論と技術を現場に関わる幹部と研究者に示唆しており，その理論と技術のすべては，Nystrom の実務経験を通して提示されている。そして，本著2巻を通じて最も評価すべき点は，「小売業の古典」と称されるように，小売業の経営理論とオペレーションを初めて包括的に研究したことである。しかも，彼の提唱する小売経営のための基本要件は，マーケティングの4Ps を既に包含している。

（3）*Economic Principles of Consumption* の位置付け

本著は，前著 *Economics of Retailing* で，第1巻の初め（第2章）に取り上げた「消費者」の消費と行動を詳細に研究した著書である。Nystrom は，前著の第2巻で指摘した小売経営の目的となる利益の源泉である消費と消費者についての認識を強調すると共に，後にマーケティングから分離独立して研究されるほど重要である消費者の意識と行動をテーマとして詳述している。

第1章　小売業のマーケティング研究の変遷と小売マーケティング・マネジメントの必要性

本著での研究は，消費者はどのような意識でどのように行動するのか，その中のどの消費者を自店の対象顧客として選択し，どのように刺激をすれば購買につながり，愛顧客となるのかなど，小売業にとっての消費者の重要性とその捉え方を初めて明確に示した点で，大きな役割を果たしている。

（4）*Economics of Fashion* の位置付け

本著は，*Economic Principles of Consumption* の別巻と位置付けられる。ファッションの研究は Nystrom の小売研究の中でも中心となる部分であり，ユニークな視点でファッションと消費の関わりを述べている。ここでは，*Economic Principles of Consumption* で研究された多様な消費者の欲望の中から，大衆消費時代を迎え，ベーシック・ニーズの次に高まる欲求として，ファッション・ニーズに焦点を当てている。なぜなら，購買力のあるところには必ずファッション・ニーズがあり，ファッションは人間のあらゆる慣習・節度や制約・抑制を超え，ある時にはそれらを破壊する。そして，自己のためだけでなく，人間行動を支配する社会的要因ともなるからである。Nystrom は，不況期にも発揮されるこのファッションの支配力を，小売理論の重要な要素として位置付けている。

このように本著は，小売経営理論にファッションの概念を初めて取り入れた点で重要性をもっている。そして，ファッション・ニーズこそが本著のテーマであり，本書の研究の柱であるアトモスフェリック・マーケティングが対象とすべき消費者の情緒的買い物動機に深く関わっている。

（5）*Fashion Merchandising* の位置付け

本著は，*Economics of Fashion* を原理とした小売経営の実務的な技術編として位置付けられている。ここでの技術は，ファッションを取り扱う小売業の経営幹部に対して，*Economics of Retailing* の第2巻で示されたオペレーションを基礎として，ファッション商品に関する技術について，特に仕入，広告，販売に集約して述べている。ファッション消費においては当然，ファッション・トレンドを予測した仕入力が必要であり，広告にもファッション性が必要であり，販売方法や販売員にもファッション性が要請される。本著ではこの

「ファッション」の視点を重視した商品政策について述べている。さらに同様の視点から立地，店舗，陳列の詳細なオペレーションについては，五つ目の著書 Retail Store Operation で詳細に示している。

本著の特徴は，ファッション・マーチャンダイジングにおける利益方針（第13章）の強調は当然ながら，それを実現するために，消費者以外に新たに1章を設けて，はじめて「競争」の概念（第2章）を説明していることである。Economics of Retailing を著した1915年前後には，Taylor（1911）に刺激を受け，小売店舗内の科学的管理の原理を追究した Nystrom が，ここに来て店舗の外（経営を取り巻く外部の環境）に目を向けて，同業種間，異業態間との競争優位に立つ経営が重要であることを示唆しているのである。つまり，小売経営は消費者の欲求，とりわけ今日的なファッション・ニーズに加え，競争環境を意識してオペレーションを実践していくことが重要であると指摘している。このことは，1980年代の M. E. Porter の Competitive Strategy（1980）等の研究につながっていくが，まさに，現代のマーケティングの二つの重要課題がNystrom によって既に明言されていたことになる。Nystrom が本著の序に，「本著は，これまでの全3著書を含む，一連のマーケティング研究である」と書き加えたことが，それを最もよく示している。

本著は，小売マーケティングの視点から消費者の高度な欲求であるファッション・ニーズと競争に関わる技術を網羅的に説明している点で，重要な役割を果たしている。

（6）Retail Store Operation の位置付け

本著は，アメリカのマーケティング界で重要な位置にいた Nystrom が，マーケティングの視点をもって Economics of Retailing の第2巻を中心にこれまでの四つの著書を含めて再考し，小売経営の理論を体系的に捉え直した内容となっている。本著の各章は，表1-3のように，小売業の機能，小売経営成功への基本的要件，小売経営組織とマネジメントという三つの内容から構成されている。

本著は，マーケティング活動に果たす小売業の機能を明確にし，その経営方

第1章 小売業のマーケティング研究の変遷と小売マーケティング・マネジメントの必要性

表1-3　*Retail Store Operation* の構成

(1) 現代小売業の果たすべき機能（第1章）
①生産者から消費者へ商品を流通させるためのすべての活動（マーケティング活動） ②流通の最終段階のマーケティングに携わる機関としての機能
(2) 基本的要件（第2章〜22章）
①適正なマーチャンダイジング（第2章〜6章） ②クレバーな広告：看板・陳列・チラシ・広告・DM他（第7〜9章） ③良き人事管理（第10〜14章） ④効果的な販売（第15〜16章） ⑤好立地と適正な建物（第17〜18章） ⑥店舗レイアウトと設備（第19章） ⑦会計情報管理（第20〜21章） ⑧資金管理（第22章）
(3) 良き活動組織と優れたマネジメント（第23章）
①役割分担と専門化 ②人選・訓練・管理 ③欠員の補充 ④特定個人に依存しすぎないオペレーションの有機的統一

出所：筆者作成。

針（利益志向）と経営戦略（顧客と競争対策）の視点から *Economics of Retailing* のオペレーションに関わる部分を再整理した点で、重要な意味をもっている。

5．Nystrom の小売経営理論の体系化

前項で考察したように、五つの著作は、それぞれ多面的で特徴あるテーマをもっているが、一連の考え方で統一されており、Nystrom の小売経営理論の重要な部分を構成している。表1-4は、筆者が本節で総整理した五つの著書を俯瞰する中で浮かび上がってきた Nystrom の小売経営理論を全体像として集約したものである。

この経営理論は、マーケティング機能を果たす小売業の役割①を明らかにした上で、経営方針、つまり企業の目的としての利益方針②、それを実現するために消費者の買い物行動と近代的ニーズを捉え、競争にない魅力を展開するた

第3節　P. H. Nystromの小売業経営研究のレビュー

表1−4　Nystromの主著書から見た小売経営理論の体系

Nystromの小売経営理論			❶小売業の経済学	❷消費の経済原理	❸ファッションの経済学	❹ファッション・マーチャンダイジング	❺小売のストア・オペレーション
①		現代小売業の果たすべき機能	○	—	—	—	—
②		経営方針	—	○	—	○	—
③	経営戦略	消費者の買い物行動とファッション・ニーズ	○	○	○	○	—
④		競争	—	—	—	—	—
⑤	オペレーション	①マーチャンダイジング	○	—	○	○	○
⑥		②販売促進：看板・陳列・チラシ・広告・DM他	○	—	—	○	○
⑦		③効果的な販売	○	—	—	○	○
⑧		④人事管理	○	—	—	—	○
⑨		⑤立地と建物	○	—	—	—	○
⑩		⑥店舗レイアウトと設備	○	—	—	—	○
⑪		⑦会計情報管理	○	—	—	—	○
⑫		⑧資金管理	○	—	—	—	○
⑬		組織とマネジメント	—	—	—	—	○

出所：❶から❺の番号で示したNystromの五つの著書に関する過去の拙稿を総整理し，筆者が作成した。

めの経営戦略③④，それを具体化するストア・オペレーション⑤〜⑫およびその遂行チームとしての組織とマネジメント⑬の五つの要素で体系的に構成されている。表1−4ではさらに，❶〜❺の五つの著書が，部品としてNystromの小売理論体系のどの部分に貢献しているかについて一覧化した。各著書がこの理論と関わる部分について，○印を記して整理し，Nystromの小売経営理論の体系化にアプローチしている。

6．Nystromの小売業のマーケティング・マネジメントの体系化への示唆

前項で整理したNystromの小売経営理論は，経営外部の環境変化に企業内部のオペレーション要素の適正な組み合わせで対応して小売経営を成功に導く

第1章　小売業のマーケティング研究の変遷と小売マーケティング・マネジメントの必要性

図1-1　Nystromの小売業のマーケティング・マネジメントの概念図

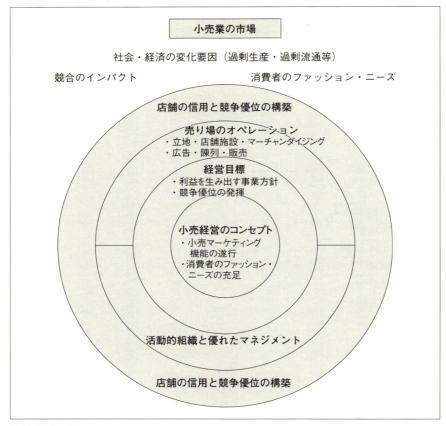

出所：筆者作成。

考え方であり，現代にも通じる小売業のマーケティング・マネジメントの体系として，図1-1のように概念化できるであろう。図中の円を囲む外側の部分は小売業を取り巻く市場環境（外部環境）を表しており，同心円は市場環境に対処していく小売業が，コンセプトを中心として信用を得て競争優位を発揮していくために具体的な小売オペレーションを展開していく流れを示している。

Nystromが指摘してきたように，小売市場は常に社会・経済の激しい変化

第3節　P. H. Nystromの小売業経営研究のレビュー

の中にある。近代の市場は，過剰生産，過剰流通によって常に激しい競争を強いられている。この競争に勝ち残っていくことは，現代に通じる小売業経営の課題である。そこで，現代の小売業経営においては，ベーシック・ニーズだけでなく，消費者の高度な欲求水準であるファッション・ニーズの充足と競争優位を実現することを経営コンセプトあるいは経営目標としなければならない。したがって，小売業のストア・オペレーションの目標（経営方針）は，単なる売上増のみでなく，利益を前提として競争優位を確保することである。これらの考え方は，後のマーケティング研究の中で，市場志向の研究などに引き継がれている[36]。その実現のために，小売業経営は，それぞれの営業形態や対象顧客を前提として売り場のオペレーション要素を組み合わせ，それらを適正にマネジメントする活動的な組織の形成を図っていかなければならない。このことによって自店の信用力を高め競争優位を実現していくことが，小売業のマーケティング・マネジメントである。このNystromの一連の小売経営の理論をもとに，小売業のマーケティング・マネジメントを整理，体系化したものが図1-1なのである。

*Economics of Retailing*から出発したNystromの研究は，時代の変遷の中で小売業の成長と共に深さを増していった。当時のマーケティング界の要請に応じ，自らも望んでマーケティング研究の主導者となったNystromが，5番目の著書としてそれまでの四つの著作に新たなマーケティングの思想を盛り込み，1937年に*Retail Store Operation*として出版したと推測できるであろう。

小売業独自のマーケティング・マネジメントの視点を確立させたNystromの著書と考え方は，現代の小売経営に通じる普遍の理論としての目新しさをもっていると指摘できよう。

Nystromが意識していたか否かにかかわらず，*Retail Store Operation*の構成から，Nystromの生涯にわたる研究は，さまざまな問題提起をしながら現代に通じる小売業のマーケティング・マネジメントの理論の枠組みを提供している。

一つの製品を均質，大量に生産するための機械的な合理化，効率化が求めら

れる製造業のマーケティング・マネジメントのオペレーションとは異なり，小売業のマーケティング・マネジメントは，消費者との接点である売り場のオペレーションが中心である。消費者は一人ひとりが多様で複雑で多元化した欲望をもち，時代や自身の成長過程，あるいは所属する社会的集団の中で影響を受け，その欲求を頻繁に変える。小売業の売り場は，そのような消費者との間で難解な人間模様をおりなす場でもある。しかも，その顧客に接する従業員もまた，多様な性質をもった人間である。Nystromは，この人間を対象とした人間の仕事である小売業のストア・オペレーションをヒューマン・ワークと呼び，特別の眼力で時代の変化を察知しながら，類まれな情熱とエネルギーをもって研究と実践に挑み続けたのである。

　Nystromは，小売のマーケティング・マネジメントにおいて，消費者ニーズ，中でもファッションに関わるニーズの重要性について力説している。それをとらえるために消費者の購買慣習や所属グループに着目し，所得層ごとの購買行動の違いなどについて詳細に研究している。しかし，小売の売り場やその周りでどのようにオペレーションを組み合わせて顧客を誘引し，購買につなげる魅力的な店舗を構成していくかへの考察は積み残されている。

　Nystromの小売経営理論が最終的に整理されている *Retail Store Operation* は，小売業の売り場にほぼ限定した小売業経営内部のオペレーションの集大成ともいえる著書である。しかし今日，日常的に変化する競争状況や一層個性化する消費者，インターネットの普及による社会経済のグローバル化などへの対応を求められる小売業の経営に十分応える内容ではないかもしれない。現代の一層高度で複雑になった消費者行動と多様化する激しい競争社会の中，今後の小売経営にとっては，小売業のマーケティング・マネジメント要素を組み合わせてファッション・ニーズをとらえ，売り場周りに顧客の購買意識を刺激し愛顧を増進するアトモスフィアを醸成していくことが課題になるであろう。

　そこで，次章以降では，Nystromが研究した消費者との直接の接点である売り場のオペレーションを中心に，消費者のファッション・ニーズに応え購買意欲を刺激するアトモスフィアを前提としたマーケティング要素とその組み合

第3節　P. H. Nystromの小売業経営研究のレビュー

わせの追究を目的として，小売業のマーケティング・マネジメントの概念図の確立とそれを構成する各要素の詳細な研究を行うこととする。

1　本項の内容については，主に次の文献に依拠している。
・澤内隆志「日本の小売業者の現状とその将来への若干の考察」『明大商学論叢』第82巻第1号，明治大学商学研究所，2000年。
・AMA（1960），*Marketing Definitions:A Glossary of Marketing Terms, AMA*：日本マーケティング協会訳『マーケティング定義集』日本マーケティング協会，1963年。
・Bennet, Peter D.（1988），*Dictionary of Marketing Terms*, American Marketing Association, p.173.
・Mason, J. Barry and Morris L.Mayer（1988），*Retailing*, 3rded., Plano, Texas, Business Publications, Richard D Irwin.
2　Bennet（1988），*op.cit.*, p.173. 本書でBennetは，小売業者を次のように定義している。"Merchant middlemen who is engaged primarily in selling to ultimate consumers. One retailer may operate a number of establishments."
3　Mason, J. Barry and Morris L. Mayer（1988），*op.cit.*, p.35.
4　Varley, Rosemary and Mohammed Rafiq（2004），*Principles of Retail Management*, New York, Palgrave Macmillan, p.4 および Berman, Barry and Joel R. Evans（2007），*Retail Management :A Strategic Approach*, N. J. Pearson Education, Inc., p.4 を参照されたい。
5　本項の小売業経営とマーケティングの関わりについては，主に次の文献に依拠している。
・林周二『現代の商学』有斐閣，1999年，第3章，第4章。
6　Nystrom, Paul Henry（1930），*Economics of Retailing*, Vol.Ⅰ, N.Y., The Ronald Press Company, p.70.
7　小売業経営とマーケティングの関わりについては，主に以下の文献や資料に依拠している。
・Converse, Paul D.（1959），*The Beginning of Marketing Thought in the United States：With Reminiscences of Some of the Pioneer Marketing Scholars*, Bureau of Business Research, The University of Texas：梶原勝美，村崎英彦，三浦俊彦共訳『マーケティング学説史概論』白桃書房，1985年。
・Bartels, Robert（1976），*The History of Marketing Thought*, 2nded., Grid Publishing, Inc.：山中豊国訳『マーケティング理論の発展』ミネルヴァ書房，1979年。
・石原武政，矢作敏行編『日本の流通100年』有斐閣，2004年，176～180ページ。
・日経流通新聞編『流通現代史』日本経済新聞社，1993年。
8　"マーケティング"という用語は，A.W.Shawが"Some Problems in Market Distribution"（1915）に用いたのが最初であるとされている。
9　Stephen L. Vargo and Robert F. Luschは2004年の"Evolving to a New Dominant Logic for Marketing"をはじめとして，マーケティングの新たな視点として，一連のサービシィーズ・マーケティング，リレーションシップ・マーケティングの研究から，さらに企業と消費者との関係を価値の共創者という概念で捉えるサービス・ドミナント・ロジックという新たな枠組みを提唱している。

第1章　小売業のマーケティング研究の変遷と小売マーケティング・マネジメントの必要性

10　Nystrom（1932）, *Fashion Merchandising*, N.Y., The Ronald Press Company, preface iv.
11　Kotler, Philip（1967）, *Marketing Management: Analysis, Plan, Implementation and Control*, Prentice-Hall：稲川和男他共訳『マーケティング・マネジメント』鹿島出版会, 1971年, 39ページ。村松（2009）もKotlerのマーケティング・マネジメントの一貫性を指摘している。
12　村松潤一『コーポレート・マーケティング―市場創造と企業システムの構築―』同文舘出版, 2009年, 178～186ページ。
13　Narris A. Briscoは, ニューヨーク大学小売学部学部長時代の1920年代から1950年代に, 以下の一連の『小売叢書』（The Retailing Series, Published by N.Y., Prentice-Hall, Inc.）の出版にあたって指導し, 調査に基づく新しい小売管理の手法について科学的に研究し, 小売思想に大きな影響を与えたとBartelsは指摘している。
・Fri, James L.（1925）, *Merchandising, Planning and Control*（マーチャンダイジング, 計画・管理）
・Brisco, N. A. and W. Wingate（1925）, *Retail Buying*（小売仕入）
・Brisco, N. A.（1927）, *Principles of Retailing, Retail Credit Procedure*（小売業の諸原理, 小売信用の方法）
・Lyans, C. K. and N. A. Brisco（1934）, *Retail Accounting*（小売会計）
・Brisco（1935）, *Retailing*（小売業）
・Wingate, John W. and N. A. Brisco（1937）, *Buying for Retail Stores*（小売商店の仕入）
・Robinson, O. P. and N. A. Brisco（1938）, *Retail Store Organization and Management*（小売店の組織と管理）
・Wingate and Brisco（1938）, *Elements of Retail Merchandising*（マーチャンダイジングの諸要素）
・Robinson, O. P.（1940）, *Retail Personnel Relations*（小売の人事関係）
・Brisco, N. A., G. Griffith and O. P. Robinson（1941）, *Store Salesmanship*（商店の販売技術）
・Brisco, N. A. and Leon Arnowitt（1942）, *Introduction to Modern Retailing*, （近代的小売業概論）
・Brisco, N. A. and R. W. Severa（1942）, *Retail Credit*（小売の信用）
・Wingate, John W., Elmer O. Schaller and I. Gordenthal（1944）, *Problems in Retail Merchandising*（小売マーチャンダイジングの諸問題）
・Wingate, John W., E. O. Schaller（1950）, *Techniques in Retail Merchandising*（小売マーチャンダイジングの技術）
14　薄井和夫『アメリカマーケティング史研究』大月書店, 1999年, 2～5ページ。薄井は, AMAの前進の一つであるNAMT（全国マーケティング教職者協会）が1931年に組織され, 1935年にマーケティング用語が定義された背景を説明している。
15　Grönroos, Christian（2007）, *Service Management and Marketing: Customner Management in Service Competition*, 3rded., John Wiley & Sons, Ltd., pp.237-238.
16　2014年版商業統計（速報, 経済産業省）によれば, 全国の小売店舗数は1982年の172万店をピークに減少傾向にあり, 現在78万店（従業員4人以下, 約48万店）, 年間販売額127,894,888百万円, 1店当たり販売額163,816千円である。ちなみに, 1962年に出版された

第3節　P. H. Nystromの小売業経営研究のレビュー

『流通革命』（林周二著，中公新書）には，当時の零細な小売店舗数は130万店との記述が残されている。
17　Converse (1959), *op.cit.*, pp.50-55：邦訳（1985），前掲書81〜89ページ。
18　Nystromの時代と主要な業績については，主として次の文献に依拠している。
　・Bartels (1976), *The History of Marketing Thought*, 2nd ed., Columbus, Ohio, Grid Publishing Inc.：山中豊国訳『マーケティング理論の発展』ミネルヴァ書房，1979年。
　・Duncan, Delbert J. (1957), "Biography on Paul H. Nystrom", *The Journal of Marketing* vol. Apr., XXI, No.4, pp.393-394.
19　Taylor, Frederick W. (1911), *Principles of Scientific Management*. Taylorは，製造業における生産工程を動作研究と課業（task）に分解することによって，科学的な大量生産方式を示した。批判も多くあるが，現代に通ずる生産管理手法の発見とされる。
20　ホーソン実験（Hawthorne Experiments）：ハーバードグループによるホーソン工場での実験。Elton Mayo (1880-1948) がFritz J. Roethlisberger (1898-1974) と共に，1927年から1932年の5年間，シカゴのウェスターンエレクトリック社で，産業と人間の労働に関する実験を行った。その研究結果は，その後の行動科学の端緒となったといわれている。
21　大学の公開講座で使用された *Retail Selling and Store Management*（ウィスコンシン大学，D. Appleton and Company, 1913）および *Retail Store Management*（ラ・サール大学，The Ronald Press Co., 1917）は，*Economics of Retailing*（1930）に，同じくウィスコンシン大学の公開講座のテキスト Textiles（D. Appleton and Company, 1917）は，*Economics of Fashion*（1928）に，それぞれその内容が包含されているため，Nystromの小売のマーケティング思想に関する代表的な著書から除いた。
22　ここでいうNystromの五つの著書とは，以下のとおりである。
　・Nystrom, Paul H. (1915, 1919, 1930), *Economics of Retailing*, N.Y., The Ronald Press Company.
　・Nystrom (1928), *Economics of Fashion*, N.Y., The Ronald Press Company.
　・Nystrom (1929), *Economic Principles of Consumption*, N.Y., The Ronald Press Company.
　・Nystrom (1932), *Fashion Merchandising*, N.Y., The Ronald Press Company.
　・Nystrom (1937), *Retail Store Operation*, N.Y., The Ronald Press Company.
　また，過去に研究論集や学会発表を通じて発表してきた一連のNystrom研究は，本書の一部を構成するものである。これまでのNystrom研究については，以下の拙稿を参照していただきたい。「ポール・H・ナイストロムの小売業研究に関する一考察」『明治大学商学研究論集』第30号，2009年2月，253〜273ページ，「ポール・H・ナイストロムの消費と消費者研究に関する一考察」『明治大学商学研究論集』第31号，2009年9月，161〜183ページ，「ポール・H・ナイストロムのファッションの経済学に関する一考察」『明治大学商学研究論集』第32号，2010年2月，185〜205ページ，「ポール・H・ナイストロムのファッション・マーチャンダイジングに関する一考察」『明治大学商学研究論集』第33号，2010年9月，113〜132ページ，「ポール・H・ナイストロムの現代小売業経営への示唆―小売業のマーケティング・マネジメントの体系化を中心として―」『日本経営診断学会第43回全国大会予稿集』140〜144ページ。
23　Nystrom (1930), *op.cit.*, Vol. I, preface iii-v.

第1章　小売業のマーケティング研究の変遷と小売マーケティング・マネジメントの必要性

24　Nystrom (1930), *op.cit.*, Vol.Ⅱ, preface ⅲ.
25　Converse (1959), *op.cit.*, p.55：邦訳 (1985)，前掲書，89ページ。
26　Nystrom は *Economics of Retailing* 第1版（1915）と第2版（1919）の序で次のように詳細を指摘している。
　1915年の初版の序；「本著は小売流通を主題とした実際の資料，建設的な考えの提供を目的としている。本著は，小売店でなす仕事の特別なあるいは専門的な理論と主張はほとんどない。本著の目的は，小売業のあり方，進め方について幅広いラインで示すことである。授業形式の知識はできるだけ少なくし，すでに小売の現場で情熱を持って考えている人々と，研究者に役立つようにした」
　1919年の第2版の序；「第1版の評価を受けて，見直し，新しい章と，新しい出来事を加え最新化した。小売業の仕事の標準化として評価してくれた第1版の評者の期待に応えるようにした」
27　Nystrom (1929), *op.cit.*, Preface ⅲ.
28　Maslow, Abraham H. (1954), *Motivation and Personality*, Harper & Row, Publishers, Inc.：小口忠彦訳『人間性の心理学』産能大学出版部，1987年。なお，訳本は1970年の第2版である。
29　長屋有二『消費経済論』同文舘，1949年，18ページ。
30　Nystrom は，欲望にかかわるキーワードについて，本著で次のように使い分けている。demands（需要），needs（必需品，ニーズ），wants（欲望），desire（願望），hunger（渇望），wishes（願い，願望，希望），feeling（感情），emotion（強い感情，感動，情緒）
31　Nystrom (1928), *op.cit.*, chapter Ⅳ, p.83.
32　Nystrom (1928), *op.cit.*, preface v.
33　Nystrom (1932), *Fashion Merchandising* における以下の内容については，各該当ページを示したので参照されたい。
　本著の目的；Preface ⅲ-ⅳ，ファッション・マーチャンダイジングの職業に関わる人間の問題；p.5，バイヤーの適性や年齢；pp.154-157，販売員のタイプ等；pp.185-188，優れたマーチャンダイジングとは；pp.193-194，事業方針の意義；p.195，特定方針について；p.209，競争の問題について；p.15, pp.24-25，小売店舗のマーチャンダイジングの枠組みについて；pp.6-7.
34　Nystrom (1937), *op.cit.*, preface ⅲ.
35　Nystrom (1937), *op.cit.*, pp.3-6.
36　マーケティング・コンセプトとしての市場志向について，Narver and Slater は，顧客に対して優れた価値を創造し，持続的競争優位を獲得することで企業を駆り立てる行動を生み出す企業文化であるとし，Kohli and Jaworski は経営哲学的でなく，実践的で行動を重視した視点で捉えている。Narver, John C. and Stanley F. Slater (1990), "The Effect of a Market Orientation on Business Profitability," *Journal of Marketing*, Vol.54, October, pp.20-35, Kohli, Ajay K. and Bernard J. Jaworski (1990), "Market Orientation : The Construct, Research Propositions, and Managerial Implications," *Journal of Marketing*, Vol.54, No.2, April, pp.1-18.

第2章

小売業のマーケティング・マネジメントの概念整理とMCサークルによる体系化

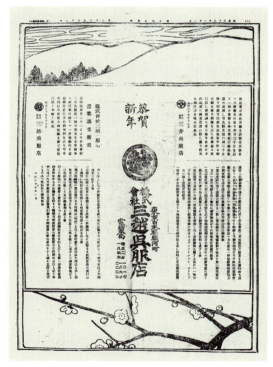

日本の近代百貨店の誕生
三越呉服店のデパートメントストア宣言(1904年)
(所蔵元:株式会社三越伊勢丹,「デパートメント宣言」広告画像)

第2章 小売業のマーケティング・マネジメントの概念整理と MC サークルによる体系化

　Nystrom 以降，小売業経営の研究は商業研究，流通研究，マーケティング研究の中に織り込まれ，その発展の中で専門化と分化が進行した。しかし，高度化した小売の現場，さらには顧客との接触空間と顧客を起点とした小売マーケティング・マネジメントの研究は積み残されたままである。

　そこで本章では，前章で示した Nystrom の小売業のマーケティング・マネジメントの体系と近年までの諸研究を考慮し，今日における小売業のマーケティング・マネジメントの体系化を試みる。

　第1節では，Nystrom 以降の小売業経営研究の変遷を辿り，そこからマーケティング・マネジメントの体系の原型を整理し，さらに研究の進む中で精緻化された小売業のマーケティング・マネジメントを構成する要素を抽出する。第2節では，小売マーケティング・マネジメントの枠組みをモデル化した概念図を MC サークルとして提示する。第3節では，MC サークルの各要素の意義を簡単に説明する。第4節では，MC サークルの基軸となる思想について説明する。

第1節　Nystrom 以降の小売業経営研究の変遷

1．1970年代までの小売業経営の発展と研究分野の分化[1]

　小売のマーケティング・マネジメントのありようを研究する上で，できる限り小売業の研究の歴史をさかのぼることは重要である。なぜなら，マーケティングが出現した20世紀の初頭以前から（批判を恐れずにいえば，有史以来），小売業は綿々と人間社会の中に息づいてきたからである[2]。これが，マーケティングのような始まりが明確な研究に比べて小売業の研究が薄くならざるを得ない理由の一つである。

　さらなる理由は，1800年代から1914年にかけてのイギリス，ドイツ，カナダにおける小売システムの歴史的発展を研究した J. Benson and G. Shaw（1992）が指摘するように，多くの歴史研究は，製造業者や社会構造の変化，人口の変化という最も成果のあがりそうな研究領域を扱って，小売業の歴史はまったく

第1節　Nystrom以降の小売業経営研究の変遷

無視されてきたという事実に帰せられるかもしれない[3]。このことはまた，小売業が，少なくとも1959年当時に存在していた形態では大学で研究するに値しない分野[4]とされる状況であったことにも起因しているだろう。

また，書物の理論水準を求めて，論文集より統合的なテキストによって一般的な統一性を成就したHollander (1959) が，研究者は理論をつくり上げ，苦心して分析の基礎となる理論的枠組みを明らかにするが，ビジネスマンは利用する（だけである）[5]と指摘しているように，実務サイドからのフィードバックが期待できないことから，理論と実務の統一された研究がなされなかったことにも起因しているかもしれない。

加えて，すでにNystrom (1932) が指摘していたように，「小売業の理論は比較的簡単であるが実践することは一杯ある」ことも，小売業独自のマーケティングのテキストとなりうる研究を遅れさせた原因の一つかもしれない。しかも，第二次世界大戦後の大衆消費に合わせた新しい営業形態の進出は激しく多様であり，それをテキストとして理論化することは困難で，具体的な対応は実務家のコンサルタントに依存せざるを得なかったともいえる。この事実は，現代の日本の大学においても，小売業のマーケティングを単独で講座に取り入れている大学が少ないことを見れば明らかである。

そこでここでは，マーケティング学説史で著名なConverce (1959) とBartels (1976) の小売業分野のマーケティング研究に依拠して小売業経営研究の歴史を振り返り，小売マーケティング・マネジメントにつながる研究の足跡を確認することとする。

小売業の経営は，社会や経済の動向，特に生産と消費に関わる動向の影響を受けている。小売業のマーケティング・マネジメントを端的に捉えれば，社会や経済が主導する市場に小売業が戦略的に適合していくプロセスである[6]。つまり，マーケティングという優れた技術を基盤とした経営の理論は，時代と環境に影響を受けているのである。また，時代とは経済発展の段階であり，社会活動，特に人間行動はその時代の経済やそれを生み出す技術水準に常に影響されているということでもある。

第2章 小売業のマーケティング・マネジメントの概念整理とMCサークルによる体系化

　この人間行動の基本は，国家・民族・地域特有の文化や風土，あるいは個人の生活水準，教育水準，所属団体によって規制される慣習などから影響を受けている。これらは個別性をもちながら消費者の購買行動に影響し，企業活動の方向性を大きく決定付ける要因，つまり企業戦略に大きく影響する。

　こうした生活水準の向上，消費者需要の変化などの直接的な市場環境，ミクロの経営環境は，産業面における工業化の進展，都市人口の増加，あるいはビジネスに影響を与える法律や技術の変化，さらには自然環境など，多くのマクロ環境要因を反映して起こっているはずである。

　そこで本節では，小売企業に影響した①1970年代までの市場拡大時代と，②1980年以降の社会・経済の変革の時代に分類して，年代別の主な動向を対比しながら，主として Nystrom 以降，どのように小売業経営あるいは小売マーケティングに関わる研究が進行したかを簡単にレビューする。

　マーケティングの概念が成立したのは20世紀初頭とされているが，マネジメントの視点から体系化されたのは第二次世界大戦後である[7]。マーケティング研究においては，製品を媒体とした市場活動が理論化された第二次世界大戦後の1950年代以降に起源を求めるものが多い。しかし，小売業経営研究においては，1950年代までを一括して初期のマーケティングと片付けるには重要な問題が潜んでいる。なぜなら，マーケティングという用語が確立される以前から，本書の主たる対象である小売業あるいは小売の歴史は綿々と受け継がれてきているからである。

　Converse（1959）と Bartels（1976）は，マーケティングの初期の歴史を正確，詳細にまとめている。そこで，まず Converse によって明らかにされた1900年以前の研究をレビューし，小売思想について最も権威と影響力のある著書として Bartels が選定した1925年から1960年代の著書と小売業経営関連の諸著作として小売業の研究者達が選定している著書を小売業の動向と共に吟味してみる。

（1）Converse, Bartels による1970年代までの小売業研究のレビュー

　Nystrom 以前の主として小売業経営に特化した研究として，Converse

第 1 節　Nystrom 以降の小売業経営研究の変遷

(1959), Bartels (1976) は，小売業の発展の段階について，大きく三つをあげている。すなわち1852年の Bon Marche 設立以降の百貨店の繁栄，1872年の Aaron Montgomery Ward 設立以降の通信販売業の繁栄，1902年の J. C. Penny 出現以降のチェーン・ストアの繁栄，1910年代の百貨店，バラエティ・ストアの急成長である。この間の小売業研究では，F. H. Hunt の *Lives of American Merchants* (1858), S. H. Terry の *The Retailer's Manual or How to Keep a Store* (1869), W. D. Scott の *The Psychology of Advertisings* (1908), P. T. Cherington の *Advertising as a Business Force* (1913), W. Sammons の *How to Run a Retail Business at Greater Profit* (1915) など技術的分野の研究が見られたが，小売業経営について体系的にまとめられたものは見られなかった。

Converse (1959) によれば，Nystrom が *Economics of Retailing* を書いた1915年以降は，A. W. Douglas が *Merchandising* (1918) で仕入決定の基礎資料として売上記録，在庫記録，在庫記録情報の利用の仕方，*Relation of Weather and Business* (1918) で気温の経営への影響を研究した。他にも，C. S. Duncan の *Commercial Reseach* (1919), J. G. Frederick の *Modern Sales Management* (1919), D. E. Beebe の *Retail Credit and Collections* (1919) などがあるが，いずれも Nystrom の提示する小売経営の枠組みの中での技術的研究に限られていた。当時は，製造業の消費財を最終消費者にまで流通する意味での卸売，小売という視点が一般的であり，その流れを円滑に進める上での技術的な側面が研究されたといってよいであろう。その中で，小売業経営全体のマーケティング総論の視点から述べたのは Nystrom が最初であり，先駆的業績であった。

Bartels (1976) によれば，Nystrom の研究のもととなっている *Retail Selling and Store Manaement* (1913)[8]の出版から，1976年の *The History of Marketing Thought* 出版までに100冊以上の書物があると指摘している。その時期に小売思想への初期の貢献者として際立ったのは，ニューヨーク大学，コロンビア大学，ハーバード・ビジネス・スクールであり，主として技術的な性格の

第2章　小売業のマーケティング・マネジメントの概念整理とMCサークルによる体系化

ものである。つまり、経済的諸側面より制度的な運営の機能や技術に注目が集まった。これは、デパートメント・ストア、メールオーダー・ハウスおよびチェーン・ストアの発展による一般小売商の高率な倒産により、誰でも小売商を"営む"ことができるという幻想が追い払われる時期であったからである。

　Bartels も、小売思想の最初の概念と発展への大きい名誉は Nystrom に帰せられると指摘している。Nystrom は、そもそも小売思想の目的は小売企業が流通の一端としてどうあるべきかを示すことだけではないとして、小売の経営にかかる考え方、進め方を示した。それは、Nystrom の小売業の現場での経験に基づくものでもある。

　Bartels は、小売思想は Nystrom を通じて結果として二つの方向に発展したと指摘している。その一つは制度的な方向であり、他は技術的な方向である。制度的には、小売業を流通システムにおける一つの構成要素とみなす方向である。小売業のこの制度的研究に示された情報量は膨大なものであり、Nystrom の *Economics of Retailing* の2巻のうち第1巻の内容に集約されているが、この Nystrom の制度的分野の研究が最初から完全な型で提示されたために、他の著者はこの制度的分野については簡単にしか取り扱わなかった。このことは、その後の小売業の総合的研究が Nystrom によって完成されたことを意味している。

　Bartels は、Nystrom はマーケティング思想の貢献者の中で高位に列される一人であり、単独執筆者としては最も優れた人であると評価している。したがって、小売業のマーケティングの研究は Nystrom 以降に進んだというのが適切であると判断される。そして、このような理由によって、Nystrom 以降の小売業のマーケティングの研究は、小売業のマーケティング経営、つまり小売業のマーケティング・マネジメントよりも、オペレーション技術を中心に研究が進んだといえるのである。

　1913年の Nystrom の最初の出版に続いて、数人が商店管理、購入（仕入）および販売活動に関する著作によって小売思想に貢献した。これらのことは、Converse によっても紹介されている。第一次世界大戦後、アメリカは大衆消

第1節　Nystrom以降の小売業経営研究の変遷

費時代を迎え，大量生産，大量流通，大量消費を基盤とする大量消費文化が定着した。特に，大規模小売商人が営業諸問題の体系的研究に急速に転じた影響によって，1924年以降小売思想の研究が進み，科学的管理の諸原理が小売商に適用され，機能的研究という科学的方法が小売業に適用可能な運営諸原理の知識の増大に貢献した。このように，1920年代は小売分野の領域におけるマーケティングの重要な思想形成の時代であった。その中心的人物が，Nystromであったのである。

　Bartelsは，こうした動きの後，商人と学者（主として，ニューヨークのビジネスマンと教師）がニューヨーク大学小売学部（学部長 Noris A. Brisco）の指導，後援のもとに執筆し，1925年から1950年にかけて出版された15冊の著書を，小売思想において最も権威と影響力のある小売叢書（the retailing series）として紹介している[9]。ニューヨーク大学の貢献以外にも，小売業の進歩と小売思想の発展段階において諸思想が現れた。これらについては，小売業マニュアル，小売仕入，小売販売活動，小売信用，小売会計，組織と人事，小売業の諸原理として小売業の問題別に分類して紹介している。これらの内容を，以下に簡単に紹介してみる。

　1929年の大恐慌により，商店の倒産が続出した[10]。1935年には，小売思想の発展に新しい転機が生じ，C. W. Barker and I. D. Anderson の *Principles of Retailing* が出版されたが，事実あるいは概念のいずれの見地からも新しいものは付加できず，Nystrom, McNair, Robinson, Brisco および Wingate などの2次的出典に依存し，小売思想が成熟した平原状態にあったことを示している。つまり，Nystrom以降の小売業経営の研究は成熟傾向にあったのであり，Nystromの枠を超えた研究が見られなかった。

　新鮮な諸思考が待たれていたこの時期に小売業研究にある程度貢献したのは，D. J. Duncan and C .F. Philips である。Duncan and Philips は，小売業の著作に関心を向ける前にマーケティング総論の分野で名声を得た研究者であり，教師であり，著述家でもあった。そのため，小売業のみに完全に専念していた人々よりも接近の間口が広く，その目的は単に店をいかに営業するかとい

第2章 小売業のマーケティング・マネジメントの概念整理とMCサークルによる体系化

表2-1 1920～1940年代の新たな小売思想に関わる主な出版物

小売の問題	主な出版図書
小売マニュアル	W. W. Charters『小売販売員のための商品マニュアル』（1924-1925），L. Hahn and P. White『商人のマニュアル』（1924）などが出版された。
小売の仕入	仕入担当者に焦点を合わせたJ. L. Fri『仕入担当者マニュアル』（1930），仕入を広範囲に論述したN. A. Brisco and J. W. Wingate『小売仕入』（1925）および『小売商店のための仕入』（1937）がある。
小売販売活動	「仕入に成功した商品は，半分売れている」という格言に同意するあまり，小売業関係者が関心をもたなかった販売機能について，セールスマンシップ以上のものを加味して将来のセールスマンに示した専門的な著書として，R. Leigh『小売業の要素』（1936），H. H. Maynard等の『小売マーケティングとマーチャンダイジング』（1938）がある。
小売信用	1920年代を通じたデパートメントストアの割賦信用販売による販売拡大によって，D. E. Beebe『小売売掛と回収』（1919），F. W. Walter『小売の売掛金勘定』（1922），J. T. Bartlett and C. M. Reed『小売売掛の実務』（1928），Brisco『小売信用の手続き』（1929）など小売の顧客への与信，掛売りに関する実務的な研究がなされた。
小売会計	1920年代に急速に発展した小売思想の小局面の一つとして，商店の記録や会計について，E. A. Fliene『マーチャンダイジングからもっと利益を得る』（1925），Fri『マーチャンダイジング―計画・統制―』（1925），M. P. McNair『小売の在庫の手法』（1925），H. B. Wess『商品管理』（1925），Fliene『モデル・ストック・プラン』（1930），Wingateグループによる『小売マーチャンダイジングの問題』（1931），C. K. Lyans and N. A. Brisco『小売会計』（1934）など，1925年から1935年にかけて小売の仕入と収益，そしてそのための在庫管理についての手法が多数紹介されている。
組織と人事	小売組織の最初の包括的研究は，P. M. Mazur『現代小売業に適用される組織諸原理』（1927）である。また，Wessは『小売業の利潤諸原理』（1931）で24の健全な営業の原理を示した。この二人の研究などを組み入れて，組織を仕事，人，場所および設備の間の諸関係システムと捉えて表現したのが，小売叢書におけるO. P. Robinson and N. A. Brisco『小売店の組織とマネジメント』（1938），Robinson『小売の人事関係』（1940）などである。

（注）テキストのテーマを明確にするため，文献タイトルを和訳して表記した。
出所：Bartels, *Robert, The History of Marketing Thought*, 2nd ed., Columbus, Ohio, Grid Publishing, Inc., 1976；山中豊国訳『マーケティング理論の発展』ミネルヴァ書房，1979年，144～154ページより筆者が作成。

うより，中小規模の商店を小売業の全体像の中に入れ，小売業の成功に必要な諸条件を示そうと試みている[11]。

この Duncan and Philips の *Retailing: Principles of Methods*（1941）[12]は，第

第1節 Nystrom 以降の小売業経営研究の変遷

2版（1947），第3版（1951），第4版（1955），第5版（1959），第6版（1963），第7版（1967）と重版され，第8版（1972）ではS. C. Hollander を加えて，第9版（1977），第10版（1983）ではさらにRonald Savitt を加えて重版され，その内容は，小売の立地，店舗，組織，仕入，販売促進，会計，サービスと管理に小売環境，小売機会を含み，時代に合わせ小売人事問題や小売企業に対する政府統制の問題などを含んできている。これらは，見解の変化としてNystrom の商店滅亡の議論を小売企業における機会の議論に置き換えた点もあり，小売業経営の技術的手段以上のマーケティング・システムや全体的ビジネス環境における小売企業の適応というマーケティング・マネジメントの視点を含んでいる[13]。つまり，Duncan and Philips によって小売業経営の研究にマーケティングの思想が明確に導入されたのである。

その研究の範囲は，第10版においても，①小売業の変遷（小売業と小売業者），小売マネジメントと職業，②小売店舗（店舗立地，店舗建築・設備・備品，インテリア・レイアウト），③小売の組織（小売企業の構造，小売の人事管理），④マーチャンダイジング管理（商品計画と予算，仕入，在庫管理，価格設定），⑤販売促進と顧客サービス（広告・陳列，非人的販売，人的販売，顧客サービス，小売信用販売と回収），⑥会計管理，⑦セキュリティとマネジメント統制で構成されている。これらの構成を見ても，Nystrom の研究の枠組みを基礎としてマーケティングの視点から研究されていることがわかり，1970年代まで評価され続けていったといえる。

20世紀中葉における小売思想を拡大したもう一つの例は，P. L. Brown and W. R. Davidson の著作 *Retailing Principles and Practices*（1953）[14]である。Brown and Davidson は，小売企業を商店と他の商店，供給者，商店の販売市場など制度的な諸関係の中で捉えるべきものと考えた。さらに，情報効用を創造する小売企業の諸概念，小売企業による付加価値の諸概念を導入したのも特徴である。本著の構成は，①消費者と小売業の構造，②主な要件と適切な業務施設の計画（組織と金融の法的形式，店舗立地，建築と設備，レイアウト），③業務組織と人事，④商品管理，⑤価格設定，⑥商品仕入と検品，⑦販売促進

第2章　小売業のマーケティング・マネジメントの概念整理とMCサークルによる体系化

と顧客サービス，⑧小売の会計と経費管理となっており，Nystrom の研究枠内にある。本著第1章の参考文献でも Nystrom を紹介しており，*Economics of Retailing* が小売業の文献に主要な貢献をしたこと，内容に小売機関の包括的な話や起源と発展に関する分析を含んでいることを強調している点からも，Nystrom の研究枠組みが理由をもって継承されていることが明らかである。

　特に，本著の序の中の多数の文献の引用に謝辞を述べている段で，Anderson, Barker, Brisco, Duncun, McNair, Philips, Robinson, Wingate などの当時の小売業の研究者の名を列挙する中で，特に Nystrom を最初にあげて「原稿の草案を注意深く，ご苦労をして完全に読んで，完成に向けて数多くのコメントとご提案をいただいた Paul H. Nystrom 教授に深く恩義がある」と述べている。このことは，Brown and Davidson と Nystrom の関係の深さを示すだけでなく，Nystrom がこれらの研究者に深い影響と具体的な示唆とを与えていること，したがって，Nystrom の小売業研究が当時の研究者に浸透していることを明示することにもなっている。

　第二次世界大戦後の1950年代からの高度経済成長で，1960年代のアメリカ経済は繁栄を極めた。この間，小売業にとっては，個人所得の増大と強い消費性向によってビジネスチャンスが増大した。居住の郊外化現象が進行し，消費者はモータリゼーションの進展で行動範囲を広め，ワンストップ・ショッピング志向が高まった。Nystrom が予想した以上にショッピングセンターが栄え，セルフ・サービス方式が普及し，大手小売業は耐久消費財のディスカウント・ストアを開発，展開し始めた。これらに対抗する形で，ボランタリー・チェーン，コーペラティブ・チェーンが食品・衣料品分野に拡大した。サービス・フランチャイズ・システムがあらゆる事業分野に拡大し，1960年代になるとさらに価格志向のホームセンター，スーパーストア，ボックス・ストアなど，量販と価格志向の多様な営業形態が次々に出現した[15]。

　Nystrom の小売業の研究とその指導を受けて継承した Brown and Davidson（1953）の研究を前提として，これらの市場の変化に応える形で，次のような小売の著書や論文が発表された。J. W. Wingate and A. Corbin の *Chang-*

第1節　Nystrom以降の小売業経営研究の変遷

ing Patterns in Retailing: Reading on Current Trends（1956），R. J. Nelson の *The Selection of Retail Location*（1958），McNair の "Significant Trend and Developments in the Postwar Period"（1958），Hollander の *Explorations in Retailing*（1959），D. L. Huff の "A Probabilistic Analysis of Shopping Center Trade Areas"（1963），Huff の "Defining and Estimating a Trading Area"（1966），D. L. Gentry and D.L.Shawver の *Fundamentals of Managerial Marketing*（1964），D. J. Dalrymple の *Merchandising Decision Models for Department Stores*（1966），B. J. Kane Jr. の *A Systematic Guide to Supermarket Location Analysis*（1966），E. P. Cox and L. G. Erickson の *Retail Decentralization*（1967），D. J. Dalymple and D. L. Thompson の *Retailing: An Economic View*（1969）などである。

　これらは，主として大規模小売企業のトップ・マネジメントのための新事業開発や新たな小売営業形態の解明，営業形態別の小売対策，立地分析，商圏分析法，それに伴う出店や競争戦略およびそのための収益管理などをテーマにするものであった。その中でも，1960年代に刊行されたI. Ansoff の *Corporate Strategy*（1965），G. E. Miracle の "Product Characteristics and Marketing Strategy"（1965），W. R. Davidson and A. F. Doody の *Retailing Management*, 3rded.（1966）[16] などにおいては，アメリカの経済的繁栄に立脚した拡大市場に向けたトップ・マネジメントの視点からのマーケティング戦略の考え方が小売業に導入されており，小売企業は組織内部の近代化や合理化だけではなく，経営環境である市場のビジネスチャンスと成長戦略に目を向け始めていったことがわかる。

（2）1970年代までの小売研究の小括

　以上のように，Converse と Bartels の研究に沿って1970年までの小売業の研究成果をレビューしてみると，Nystrom の研究した小売業経営の体系（後に小売業の分野のマーケティングの研究とされる枠組み）の中にあることが明らかである。

　Nystrom の *Economics of Retailing*（1915）が出版され，小売思想が概念化

され，マーケティング分野における小売分野の思想形成がなされた後の1920年代，1930年代は産業的成長期であり，アメリカ繁栄の時代であった。百貨店，バラエティ・ストアが急成長して繁栄し，チェーン・ストアも規模を拡大し，ショッピングセンターが出現した。当然，流通コストは増大したが，割賦販売制度が導入され消費者の購買を助けた。1930年代は大不況と共に始まったが，低マージン，低単価，大量販売をうたうスーパーマーケットが出現し，市民生活を救った。

スーパーマーケットは，NystromやShawが中小小売業の立場から拡大を懸念したチェーン・ストアをはるかに超える勢いで成長し，小売業は革新されたのである。この間，小売業の思想はそれらの状況を支援する専門的なもの，技術的なものに専念された。小売業経営に関する研究そのものが，革新的な小売業の営業形態の出現を懸命に追いかけた時代であったと見ることができるだろう。

このような中で，Nystromはエネルギッシュに活動し，1919年には*Economics of Retailing*, 2^{nd}ed. を出版し小売業経営の原理に基づいた実践の重要性を示唆した。その後約10年間，実務の世界を体験しながら，1928年には*Economics of Fashion*を著し，大衆消費の基本となっているベーシック・ニーズとは対極にあるファッション・ニーズを充足させるための経済学を発表している。このファッション・ニーズについては，製造業と小売業の経営の視点，特に小売業の視点から研究している。さらに，翌1929年には*Economic Principles of Consumption*を著し，革新的に進化する小売業の経営の基本に消費者が起点にあることを，前著*Economics of Fashion*と共に訴えたのである。さらに翌1930年，*Economics of Retailing*を2巻に増補，次いで，*Fashion Merchandising*を出版した。これは，営業上の諸問題を引き起こす大規模小売業の拡大の中で行われた。過剰に進むマス・マーチャンダイジングへの強い危機感の表れでもあり，その対象であるベーシック・ニーズの対極にある人間としての消費者の強いニーズに応える方法の研究と実践が重要であったことを示唆していたと考えられる。

第1節 Nystrom 以降の小売業経営研究の変遷

　市場の拡大の中で，企業視点の売り手発想に基づき短期的な効率化を進める製造業のマーケティングとは異なり，消費者を起点とした人間の生活に潤いと輝きを与える小売業のマーケティング経営，つまりマーケティング・マネジメントの考え方，進め方へのメッセージであったと理解できる。Nystrom はこのことを証明するように，当時定着しつつあったマーケティングを取り上げ，*Fashion Merchandising* の序の中で，自らの四つの著書が，「一連のマーケティングの研究であった」と明言したのである。そして，小売業のマーケティング・マネジメントの集大成ともいえる *Retail Store Operation* を1937年に出版し，小売業のマーケティング研究を実質的に終えている。

　Nystrom が活躍した後の1940年代は第二次世界大戦の変革期で，コンビニエンス・ストアという営業形態が出現し繁栄した時代であった。小売業の研究は専門的，技術的なものに限定されたが，このころになって，マーケティングの研究者でもあった Duncan and Phillips（1941）が Nystrom の研究を整理し，マーケティングの視点を入れて提示した。さらに，N. A. Brisco and L. Arnowitt（1942）は，「小売業シリーズ」で科学的アプローチにより資料を収集，分類して概念化し，小売業経営のテキストとなる研究にまとめている。これは，依然として一般的な実務の訴求ではあったが，権威ある思想としての影響力をもって小売業のオペレーションの考え方を普及させたのである。70歳を迎えた Nystrom は，この1948年に *Marketing Handbook* を後輩の研究者達と共にまとめて，マーケティング研究の将来に貢献した。

　1950年からの経済成長による市場拡大の中で，小売業研究にも成長のためのマーケティング戦略の考え方が導入された。しかし，戦後の急激な成長，大不況，規模を拡大する小売業の経営形態の出現とそれを支援する物流の機械化，電子的情報処理の急速な進展は，市場余力のある大手小売業の規模の経済の発展に大いに貢献したが，Nystrom が提唱した中小規模の小売業が活路を見出す方策は提示されなかった。大衆消費時代を生きる消費者は，大規模小売業，百貨店，スーパーマーケット，ディスカウント・ストア，ボックス・ストア，ホームセンター等々の営業形態にこだわらず，自身の購買の利便性を支援する

第2章 小売業のマーケティング・マネジメントの概念整理とMCサークルによる体系化

売り場を選んで購買していったのである。当時はあまりに速い小売業の環境変化に，小売業を統一する研究，つまり原理と実践の基礎理論については，Nystromの完成度の高い基本的研究に依拠して進めていくしかなかったともいえるだろう。

そのようにして，1920年代から1970年代までの研究は，Nystromの一連の小売業のマーケティングの著書からの枠組みを基礎にして，時代を象徴する社会経済の変化，つまり市場の変化に合わせてその内容の精緻化が進められていった。

次に，Converse (1959)，Bartels (1976, 1988) が取り上げていない文献も含め，筆者が収集した小売業研究の文献と小売業や小売マーケティングの研究者が取り上げている総論的な著書から，細分化され専門化された技術分野の研究について年代別に一覧し，Nystromの研究の影響と小売業へのマーケティングの導入について，簡単にレビューしてみる。

(a) 1920年代

D. K. David の *Retail Store Management Problems* (1922)[17]では，Nystrom の *Economics of Retailing* とその前提書である *Retail Selling and Store Management* および *Retail Store Management* と *Textiles* の各著書から引用している。

W. S. Hayward and P. White の *Chain Stores* (1928)[18]は，チェーン・ストアを説明する項で，Nystromがチェーン・ストアと独立店のマネジメントを比較する部分を引用している。

(b) 1930年代

E. A. Godley and A.Kaylin の *Control of Retail Store Operations* (1930)[19]は，Nystromの編集する「マーチャンダイジングと流通シリーズ」として出版されている。

C. W. Barker and I. D. Anderson の *Principles of Retailing* (1935)[20]は Nystrom の研究した枠組みで展開されており，Nystromの引用が13ページにわたっている。

80

第1節　Nystrom 以降の小売業経営研究の変遷

(c) 1940年代

O. P. Robinson and K. B. Hass の *How to Establish and Operate a Retail Store*（1946）[21]では Nystrom の引用はないが，本著の構成は Nystrom の研究枠組みに従っている。小売業の機会の章を設けて，マーケティングの視点を捉えているのが特徴である。

(d) 1950年代

J. W. Wingate and E. O. Schaller の *Techniques of Retail Merchandising*（1950）[22]は，1933年に出版された *Retail Merchandise Control* および1938年の *Elements of Retail Merchandising* を引き継いで刷新された学生のためのテキストであるが，本著に Nystrom の紹介はなく，小売業の商品管理の技術全般を述べている。

1951年に初版が出され，1951年，1960年，1966年，1975年に改訂された W. R. Davidson, A. F. Doody and D. J. Sweeney の *Retailing Management*, 4thed.（1975）[23]には Nystrom の引用は見られないが，戦略の視点が取り入れられている。本著を構成する七つの研究枠組みは，Davidson が指導を受けた Nystrom の研究枠組みの範囲である。

Wingate and Corbin は，*Changing Patterns in Retailing: Reading on Current Trends*（1956）[24]で変化する市場に応じた小売業の経営形態の変化を述べている。デパートメント・ストア，チェーン・ストア，スーパーマーケット，メールオーダー・ハウス，ディスカウント・ハウス，ファーマーズ・マーケット，消費者生活協同組合，訪問販売，中小店と大型店の営業形態と新たに進出しているショッピングセンター，自動販売機などの新営業形態を取り上げ，Nystrom の枠組みから小売業の営業形態の新たな変化を示唆している。本著に Nystrom の引用はない。

F. M. Jones の *Retail Merchandising*（1957）[25]は，マーチャンダイジングの専門書であるが，Nystrom の *Economics of Retailing*, *Marketing Handbook* を引用している。

(e) 1960年代

R. R. Gist の *Retailing: Concepts and Decisions* (1968)[26] は，4ページにわたって Nystrom の著書を引用している。小売業の意思決定の背景で変化する環境を概観し，それらを Nystrom の枠組みの中で分析している。マーケティングの戦略的な発想が導入されている。

Dalrymple and Thompson の *Retailing : An Economic View* (1969)[27] は，Hollander (1959) を基礎に発展させた形で構成されている。大学レベルの小売業の講座に不足している内容を補う形で，人的販売，広告，仕入など Nystrom の枠組みと異なる経済的分析の視点から研究している。ここでは，Nystrom の引用は見られない。

D. J. Rachman の *Retail Strategy Structure: A Management Approach* (1969)[28] は，Nystrom に次いで小売思想を展開した Wingate の示唆を得たとしている。本著は，Nystrom の研究枠組みを統制要素と非統制要素に分類して，マーケティングの発想を導入していることが特徴である。

(f) 1970年代

Gist の *Basic Retailing, Text and Cases* (1971)[29] では，小売環境の新しい変化が加えられているが，その構成は Nystrom の枠組みが基礎になっている。本著は Gist 自身が序で示しているように，彼の *Retailing: Concepts and Decisions* (1968) の簡約版になっている。しかし，情報時代を反映して，コンピュータとマネジメント情報システムの基本的な考え方と38のケースが追加されている。Nystrom の *Economics of Fashion* を「仕入の意思決定」の説明に引用している。

G. Pintel and J. Diamond の *Retailing* 5thed. (1991)[30] は，1971年，1977年，1983年，1987年の改訂を経た後の大改訂版であるが，Nystrom の引用は見られない。小売知識として，フランチャイジング，顧客の維持と愛顧，ビジュアル・マーチャンダイジング (VMD)，コンピュータの視点が時代の変化を反映して付け加えられているが，本著のフレームワークは，Nystrom の研究の範囲を拡大したものではない。

第1節　Nystrom 以降の小売業経営研究の変遷

　J. W. Wingate, E. O. Schaller and F. L. Miller の *Retail Merchandise Management* (1972)[31] と J. W. Wingate, E. O. Schaller and R. W. Bell の *Problems in Retail Merchandising*, 6th ed. (1973)[32] は，1944年からの小売業の商品管理に関する専門的なテキストである。したがって，Nystrom は引用されていない。

　D. L. James, B. J. Walker and M. J. Etzel の *Retailing Today: An Introduction* (1975)[33] は，近年の小売業の展望とオペレーション計画，消費者分析と立地，レイアウト，組織の意思決定，商品管理，価格，販売促進，財務と情報管理に分類して，Nystrom の枠組みで書かれている。特別なトピックスとして，コンシューマリズムの影響，フランチャイジング，サービスを取り上げている。Nystrom の引用表示は見られない。

　R. A. Marquardt, J. C. Makens and Roe の *Retail Management: Satisfaction of Consumer Needs*, 2nd ed. (1979)[34] は，引用文献の限られた実務書である。Nystrom の紹介はないが Nystrom の研究枠組みが継承されており，新たに小売業の事業機会，アトモスフィア，小売業のサービスが追加され，マーケティングやサービスの部分が強調されている。

　以上のように，Converse (1959) と Bartels (1976, 1988) の選書以外の研究でも Nystrom の引用を明確にしている著書が多く，Nystrom を引用していない著書の場合も，総合的な研究書の枠組みは明確に Nystrom を踏襲していることがわかる。

2．1980年代以降の小売業経営研究の進展[35]

　次に，1980年代以降の小売業経営研究がどのように進み，小売マーケティング・マネジメントにどう接近していったのか，アメリカ小売業研究を中心として簡単にレビューしてみる。

　1970年代は，二度の石油ショックにより高度成長が終焉し，転換期を迎えた。これ以降，市場は変革の時代に入っていく。多角化された事業への資源の効率的配分が検討され，収益を考慮する考え方が企業に浸透し始めた。このような中で，経済の牽引力としてサービスの割合が高くなった。

第2章 小売業のマーケティング・マネジメントの概念整理とMCサークルによる体系化

　小売業の経営環境では，ダイレクト・マーケティング（直販），ハイパーマーケットの出現，ウェアハウス（低コスト・商品集約的アプローチの小売機関）の出現，スーパーマーケットの過剰店舗状況の加速，ディスカウント・ストアの成熟が顕著となった[36]。

　1970年代には，活発化した消費者運動からスーパーマーケットのコンシューマリズムへの取組みの促進が見られたが，小売業経営研究が大きく進展することはなかった。これに対して，1980年代は市場飽和とゼロサム経済の中で，アメリカの産業や企業の国際競争力が低下し，日本の産業・企業がキャッチアップした時代であった。

　アメリカ小売業界では，ディスカウント・ストアが低成長の局面に突入する一方で，ウォルマートが急成長した[37]。さらに，パワー・リテイリング（パワー・センター）が成長する中で，小売業のアップスケール化[38]も進行した。このように，1980年代に入って小売業界は市場変化に適合した企業戦略，つまりマーケティングなくして経営を維持することが難しい時代となったのである。

　このような中で，小売業研究では企業外部に目を向けたB. Berman and J. R. Evansの*Retail Management: A Strategic Approach*が1979年に初版，1983年に再版され，その後1995年，1998年，2001年，2004年，2007年と版を重ねて愛読された。さらに，R. D. Blackwell and W. W. Talarzykの"Life-style Retailing: Competitive Strategies for the 1980s"（1983），D. Knee and D. Waltersの*Strategy in Retailing: Theory and Application*（1985）および"Competing Successfully in a Dynamic World"（1985）など，小売業の競争戦略を示唆する著書や論文が次々に発表された。小売業界の現状が厳しさを増す中，M. E. Porter（1985）の競争戦略論の影響を受けて，小売業経営の研究領域では，拡大しにくい市場を背景とした競争戦略の研究が勢いを増してきたものと思われる。

　同時に，Nystromが強調して指摘してきた小売業の消費者研究の中から，W. R. Darden and R. F. Luschの*Patronage Behavior and Retail Management*

第1節　Nystrom 以降の小売業経営研究の変遷

(1983) も出現した。顧客の研究が積極的に行われるようになったこの時期，日本ではこれらに先んじて，清水晶が『消費者志向のマーケティング』を1964年から1973年まで9版を重ねて研究している。

Lusch の *Management of Retail Enterprises* (1982)[39] は，Nystrom (1913-1948)，Duncan and Philips (1941)，Brisco (1942) に次ぐ現代の小売業研究の基本的な著書である。Lusch (1982) はその序で，これまで小売業のマネジメントで良い仕事をするためのテキストは存在したが，小売業のマネジメントのプロセスを説明するものがなかったため，本著は両方の目標を達成するように示したとしている。その内容は，①小売業計画とマネジメントの概観，②小売業の戦略的計画とマネジメント，③経営計画とマネジメント，④オペレーション計画とマネジメント，⑤事例に分類され，計画，実践，管理で再構成されている。つまり，ここでは Nystrom の研究枠組みが経営学の視点であるマネジメント・サイクルのプロセスで再構築されている。

1980年代で特筆すべきことは，B. Rosenbloom の *Retail Marketing* (1981)，D. Walter and D. White の *Retail Marketing Management* (1987)，W. G. Meyer, E. E. Harris, D. P. Kohns and J. R. Stone の *Retail Marketing*, 8th ed. (1988)，A. C. Samli の *Retail Marketing Strategy* (1989) など，小売業のマーケティング研究をタイトルに入れたものが出現したことである。

Rosenbloom (1981) はその序で，伝統的な小売業のテキストと異なるという意味で *Retail Marketing* という言葉をタイトルに入れたと述べている。また，小売業の競争環境が激化しているのに対してその基本的テキストは製造業の視点から書かれているため，取り残されているものを取り上げたと本著の目的を示している。さらに，小売業の明日を担う若いマネジャーを対象にしたとも述べている。本著はその内容を，①小売マーケティング戦略，②小売ターゲット・マーケット，③小売マーケティング・ミックスの開発，④小売マーケティングの評価の四つに区分し，Duncan and Hollander (1977)，McCarthy (1960) の1978年版，Kotler (1967) 3rd ed. 等を参考として，Rosenbloom 独自の切り口で紹介している。また，Kotler (1973-1974) のアトモスフィアの内

第2章 小売業のマーケティング・マネジメントの概念整理とMCサークルによる体系化

容を拡張して導入している。したがって、本著は伝統的マーケティングを小売業のマーケティングに応用したテキストである。

　Walter and White（1987）は、サービス産業の成長と激化する競争を背景に顧客志向を重視している。そして、ターゲット顧客に対する全体戦略の重要性を指摘し、製造業とは異なるマーケティング・アプローチが小売業のマネジメント分野に適用されるべきであると指摘している。この視点から、本著では小売のマーケティング・マネジメントを定義し、理論と実践面から検討している。その背景として、Porter（1985）の競争戦略を取り上げている。そして、Davidson and Doody（1966）や自著でもある Knee and Walter（1985）を取り上げ、独自のマーケティング・マネジメントの枠組みで紹介している。

　Meyer, Harris, Kohns and Stone の *Retail Marketing*（1988）は、その序で示しているように、Meyer等が1938年から版を重ねた *Retailing : Principles and Practice* を時代の変化に合わせて従業員、マネジャーおよび企業家、学生向けに編集し直した内容となっている。ここでは、時代を受けてサービス・リテイラー、無店舗小売業、非営利のサービス企業も含め、Meyer等の独自の切り口で構成している。

　Samli（1989）は、日常のオペレーションでなく、効果的な小売マーケティング戦略の開発を基礎概念としている。そして、戦略開発の段階を戦略計画、戦略の実施、戦略の統制に分け、戦略マネジメント・サイクルに沿って独自のフレームワークで展開している。

　これらはいずれも、成熟市場における競争戦略と顧客志向を中心的な内容とし、小売業独自のマーケティングに目を向け始めているところに共通性がある。1980年代のマーケティング研究は、サービス業に端を発し、サービスに関する研究が進み、小売業やサービス業の小売の現場が事例として取り上げられたが、小売業独自の分野では、十分に共通認識されるフレームワークが構築されなかったのである。

　1990年代は、アメリカの経済も安定したが市場は停滞し、顧客との関係性構築の必要性が指摘された。このような中で、A. Ghosh の *Retail Management*

第1節　Nystrom以降の小売業経営研究の変遷

(1990)[40] は，基本の構成枠は Nystrom のものを中心としているが，むしろ戦略や計画の発想から述べられている。これらは，マーケティングの考え方の流れで，Nystrom からの従来の小売業の経営の構成を読み替えている面で斬新である。また，アトモスフィアに触れているなど，新視点が取り入れられているのが特徴である。本著には，Nystrom の引用は見られない。

　M. Morgenstein and H. Strongin の *Modern Retailing : Management Principles and Practices*, 3rded. (1992)[41] は，現代的な小売業のテキストである。しかし，その構成はまさに Nystrom の研究の枠組みが継承されている。プロモーションを消費者とのコミュニケーションの視点で捉えている点と意思決定の項に起業とフランチャイジングが加えられた点に特徴がある。

　小売業研究の中では，P. J. McGoldrick の *Retail Marketing* (1990)[42]，R. F. Lusch, P. M. Dunne and R. Gebhardt の *Retail Marketing* (1993)[43]，M. H. B. McDonald and C. C. S. Tideman の *Retail Marketing Plans: How to Prepare Them, How to Use Them* (1993)[44] など，小売業のマーケティングと明確にタイトルに織り込まれた研究がさらに進んだ。

　McGoldrick (1990) は，パート1「小売マーケティング戦略」，パート2「小売マーケティング・ミックス」で構成されており，製造業のマーケティングにはない小売のマーケティングを目指したテキストである。Nystrom の枠組みをパート2の柱として，引用も見られる。McDonald and Tideman (1993) では Nystrom の引用はなく，構成は Nystrom の枠組みではないが，小売業のマーケティング計画の進め方を明確にしたテキストである。

　R. F. Lusch, P. M. Dunne and J. R. Carver の *Introduction To Retailing*, 7thed. (2011)[45] は，現代の最も新しい小売業の研究書の一つである。1982年の Lusch の単独著書と同様，すでに Nystrom の著書の引用は見られないが，Nystrom の小売業研究の枠組みに従って，小売業の新しい形態と法的，倫理的行動を加えて，マーケティングとオペレーション・マネジメントの視点で統合している。具体的には，パート1「小売業の戦略的計画とオペレーション・マネジメント」をスタートとして，パート2「小売業の環境」が示され，マー

ケティングの視点が導入されている。その中に消費者と競合，サプライ・チェーンのマネジメントの視点が付加され，パート3「市場の選択と立地分析」，パート4「小売オペレーションのマネジメント」，パート5「小売管理」と続く構成である。本著は，現代の小売業のマーケティング・マネジメントを考察する上で小売業の実践的マネジメントとマーケティングの視点をつなぐモデル的な著書となっている。

　以上のように，1980年以降の小売業研究では，競争戦略，戦略的アプローチ，小売業のマーケティングなどの言葉をタイトルに含んだ著書が出版されたが，Berman and Evans や Lusch のように小売業経営の実務に詳しい研究者の著書が版を重ねて出版されており，小売業は依然として経営内部の管理という実務的視点の研究が中心となっている。これらの小売業経営の著書は，総じて Nystrom が初期の研究で提示した経営内部のマネジメントに重点を置いて進化しているが，個別的であり，共通した小売のマーケティング・マネジメントの体系は未完成である。

3．日本の小売業経営研究の歴史

　次に，日本の小売業の経営に関する研究をレビューする。

(a) 清水正巳の商店経営研究

　日本の小売業，特に商店経営研究の第一人者は，清水正巳である。清水は，月刊誌『商店界』[46]の主幹・顧問として第一次世界大戦後に起こった日本の商業界の革新運動に参加し，日本の中小小売店の経営革新を促し，経験に依存しない科学的な経営を説いた商業経営コンサルタントの草分けでもある[47]。

　清水は遅れていた日本の商店経営の近代化を図るべく，欧米，特にアメリカの商店経営の先進モデルを導入した先導者であった[48]。清水は，『商店経営』の序の中で，Dale Carnegie を引用して「いかなる学問も実地に即して研究されたものでなくてはならない。実地に立脚しないものは学問ではない」と強調し，実学としての研究の重要性を指摘している。その視点から本著は，商店経営の範囲内において，一切の経営形態や店舗形態を網羅して，その実際の面か

第1節　Nystrom 以降の小売業経営研究の変遷

ら説き起こして経営の原則をつかみ取るように詳述している。

　清水は特に小売業の営業形態を示し，Nystrom の研究の枠組みと同様の枠組みによって，小売業の位置選定，小売店の店舗設計，小売店の設備および装飾，小売業の販売計画，小売業の仕入方策，小売業の商品管理，売買の決定と改正，顧客心理と販売術，陳列窓と広告術，販売員の訓練，資金の調達と運用，経費の計算と統制について詳述している。そして，これらと同様な方法で卸売業についても論じている。つまり，卸売業も小売業同様の流通機能を果たす業態として，その経営のあり方，進め方を示しているのである。特に清水は，Nystrom が見解を示せなかった小売業経営の原則および組織について，独自の見解を示して発展させている点が特徴である。

　清水は，中小小売業，商店の経営近代化をコンサルタントの視点で実践した実務的研究者である。著書も『陳列窓背景図案』(1915)，『商店の管理及び経営』(1921)，『米国の商店と日本の商店』(1921)，『デパートメントストアとマーケット対抗策』(1924)，『販売術とサーヴィス』(1930)，『アメリカ式商店経営』(1947)，『商店経営』(1951)，『百貨店経営』(1951)，『お客の心理と応対の仕方』(1955) など100冊に及んでいるが，マーケティングの視点からではなく，Nystrom をはじめとしたアメリカの商店経営理論や技術を詳細に紹介することによって，商店の質的向上と経営の近代化に最も貢献した。

　この小売業の営業形態別の経営原則は，長男・清水晶の『小売業の形態と経営原則』(1972)[49]の大著となって完成された。清水正已の業績を継いで，小売業経営についての理論的フレームワークの確立に尽力した[50]長男・清水晶との共著である『商店経営（store management）』(1951) には，1916年以降1949年までの Nystrom の著書を含むアメリカの商店経営に関わる理論と技術の主要文献目録が25ページにわたって掲載されている。

　清水の研究は，小売マーケティング・マネジメントの視点ではなく，商品，仕入，広告，簿記，販売，流通，卸売業や小売業などの内部経営の技術論がその著書で広範に示されており，その研究の深さが示されている。

(b) 清水晶の小売業の経営研究

清水晶は父・正巳の業績を継承し、企業としての小売業の研究と実務に貢献した。明治大学商学部では実践力のある学生を育成し、駿河台コンサルティングの研究所を通じて全国の地域や中小企業、団体の指導に尽力した。著書も流通、小売業、消費者研究、マーケティング、商店経営、営業戦略、マーチャンダイジング、商店会計、販売促進、店舗の理論、専門店経営、百貨店経営、経営診断に関するものを多数残した。代表的な小売業の著書である『専門店経営学』[51]では、専門店の概念と経営基盤を述べた後、店舗立地、店舗陳列、商品管理、販売、売価、サービス、財務の各政策と従業員管理といった Nystrom の研究枠組みで示されている。晶は小売業に多くの関心を示し、マーケティングの考え方を大学に導入した。これらの研究は小売業研究にとどまらず、明治大学商学部に商業経営論、マーケティング戦略論、消費者行動論、広告論、商品論、流通論等の特殊研究として継承されている。特にその小売業経営に関する研究は、徳永の『商店経営入門』(1967)、『経営診断入門』(1967)、『ショッピングセンターの理論』(1971) に示された小売の理論と実務、同じく『戦略的商品管理』(1978)、『流通マン入門、再入門』(1980) 等の小売業研究、また小売業の専門技術の分野として、澤内『演習・店舗管理の基礎』(1965) 等に継承され、実務的分野に大きく貢献した[52]。

このように、マーケティング研究を極めた晶であったが、小売業のマーケティングに関する研究は積み残されている。

(c) 清水滋の小売業マーケティング

清水滋は、清水晶の弟である。高島屋百貨店の調査室での実務経験もある。父である清水正巳、兄である晶の研究を実務に応用し、自らの経験をもとに小売業のマーケティングについてまとめたものが『小売業のマーケティング』[53]である。

滋は、Nystrom の小売研究の枠組みを小売マーチャンダイジングおよびショッピング情報提供、環境提供、便益供与、位置供給と組み替えて、独自の実務書として体系化している。

第1節　Nystrom以降の小売業経営研究の変遷

(d) 柏木重明の小売業のマーケティング研究

　柏木の『小売業のマーケティング』(1987)[54]は，10人によるグループ研究である。柏木はその序で、経営活動の総合であるマーケティングについての研究はメーカー主体のものが大勢を占め，小売業を主体とするものは極めて少ないこと，環境の変化が緩やかで需要に余地のあった時代の小売業経営の舵取りは，商品，価格，プロモーション，流通経路など必要に応じて個別に対処していけばよかったが，これからは企業と環境を全体的視野に捉えて対策を講じる小売業のマーケティングが不可欠であることの2点を指摘している。つまり，それまで研究の少なかった小売業独自のマーケティング研究と，4Psの個別技術に対処するだけでなく企業内部と環境を視野に入れた経営の重要性を示唆している。

　本著の構成は，柏木が小売業マーケティングの基礎理論を第1章にまとめ，第2章から小売業の情報管理，商圏，立地・ストアレイアウト，マーチャンダイジング，価格政策，プロモーション，サービス，法規則をグループ研究し，最後に小売業の未来で締めくくっている。第1章の第1節で小売業の経済的意義を述べた後，第2節で小売業マーケティングの展開として，小売業の経営理念，企業目的の設定，状況分析，差異分析，戦略の選定，標的市場の選定，リティリング・ミックス戦略について述べ，これまでのマーケティング研究の枠組みを利用して，第2章以降に具体的技術が示される構成になっている。第1章は，D. Arnold, L. Capella and G. Smithの*Strategic Retail Management* (1983) の枠組みを踏襲している。つまり，これはNystromの枠組みあるいはアメリカのマーケティング研究者の枠組みの範囲で研究されていることになる。編著者が指摘するように，本著は学生や実務家のテキストや参考文献になることを意図している。第2章以降も，Nystromが内部情報，顧客調査，統計情報として取り扱ったものにPOSシステム，商圏調査，情報ネットワークなどを加味し，情報時代を反映して内容を強化している。それ以外は，すでに紹介したアメリカの小売業経営書やマーケティングの図書を通じて，小売マーケティングのフレームワークに取り組んでいる。

第2章　小売業のマーケティング・マネジメントの概念整理とMCサークルによる体系化

(e) 大橋正彦の小売業のマーケティング研究

大橋の『小売業のマーケティング―中小小売商の組織化と地域商業―』(1995)[55]は，それまで検証の薄かった小売部門の買い物行動の枠組み構築とその因果構造を解明し，中小小売商に焦点を当てた組織化・連鎖化ならびに地域商業に関する実証研究を行っている。第3章で「小売ミックスと小売経営成果」というタイトルで，小売ミックス研究の諸問題と実証分析を行っているものの，本著のタイトルとする小売業のマーケティング全体を統合したものではなく，大橋の目を通した技術的な研究にウエイトが置かれている。

(f) 三浦一の現代小売マーケティング研究[56]

三浦は『現代小売マーケティング論』(1995)の中で，小売マーケティング研究の動機の一つとして，今までの小売業研究が小売業（Retailing），小売マネジメント（Retail Management），小売マーケティング（Retail Marketing）のいずれを対象にするものにせよ，科学的研究あるいは理論的研究の名に値するものが極めて乏しいとしている。これらは，1992年に既にBenson and Shawが指摘していたことでもある[57]。

さらに三浦は，小売業という言葉を含むタイトルの研究書・実践書が日米に多いが，小売業の実務家の研究は，必然的に日常基準（a daily basis）によって小売企業の経営管理を処理しようという態度になっていると指摘している。また，理論的研究では，小売企業の本質を最終消費者にいたるまでの商品の所有権移転に含まれる活動の管理過程と捉え，この活動の基本的形態（basic form）として取り上げられるものは購買（仕入），販売，プロモーション，商品プレゼンテーション，在庫管理，価格政策および財務などであるとも指摘している。

三浦は本著の序で，マーケティング研究の基本的要諦は環境変化に対する洞察であり，その分析であり，理論構築への努力であると指摘して，本著の目的を二つの視点で示している。その一つは，製造業を中心とした企業マーケティングではない小売業を基本にすえたマーケティング論の展開，二つ目は，環境変化に対するマーケティング研究の中心課題である消費者行動におけるストア

選択である。

　三浦は，自らの手元にある小売業研究の文献を整理し，Brown の Journal of Retailing の書評[58]を考慮して，最近の小売業に関する代表的文献を①小売業論，②小売マネジメント論，③小売マーケティング論の三つの視点から取り上げて，小売マーケティングあるいは小売流通マーケティングの理論構築をしている。①については，J. B. Mason, M. L. Mayer and H. F. Ezell の *Modern Retailing: Theory and Practice*（1990），②については，Lusch and Dunne の *Retail Management*（1990）および Ghosh の *Retail Management*（1990），③については，McGoldrick の *Retail Marketing*（1990）である。

　三浦は，Gohsh（1990）の体系が最近の小売マーケティング戦略の展開に照応していると評価している。つまり，企業（製造業）マーケティング戦略を小売経営に導入し，その体系的展開を試みていると指摘しているのである。そして，Mason, Mayer and Ezell（1990）はそれぞれ，小売業経営者に徹底して戦略志向を示し，複雑な意思決定である戦略的マーケティングの枠組みを提供しているとしている。そしてこれは，多角化された小売業の戦略計画モデルであり，小売マネジメントの総合的な戦略展開や視点とは基本的に異なると指摘している。

　Lusch and Dunne（1990）については，彼らの独創的な枠組みではないとして，戦略計画，マネジメントおよびオペレーション管理の立場からの小売計画の展開と，戦略的実績目的と戦略ミックスとのマトリックスによる具体的な問題点が体系的に提示されていると指摘している。そして，彼らの小売戦略は市場戦略と財務戦略をコアとして展開されていることが特質であるとしている。

　Ghosh（1990）は，一般マーケティング戦略の枠組みを小売マーケティングに適用して，マーケティング戦略手法を端的に導入し簡潔に示していると評価している。

　McGoldrick（1990）は，小売業経営の課題を製品マーケティングより小売マーケティングという視点から体系的に展開している点が他著と異なると指摘している。

筆者は，この三浦の考え方に多くの点で同調する。しかし，マーケティング研究，小売業研究は三浦の取り上げた Brown が指摘する1990年代以前から進められており，研究要素の組み合わせに違いはあっても，Nystrom が初期に研究した枠組みが小売業マーケティングの体系の基礎理論としてそれぞれの研究者に継承されていることも見逃してはならない。

(g) 高橋郁夫の小売マーケティング研究[59]

高橋の『増補 消費者購買行動―小売マーケティングへの写像―』(1999)は，消費者行動研究の中に小売マーケティングを導入している点でユニークである。特筆すべきは，小売マーケティング研究に統計的手法を用いて，買い物の場における購買行動を実証的に研究した点である。高橋は，消費者が小売業者間を比較購買し，彼らが提供するサービス水準を向上させる一方，小売業者は消費者ニーズに対応して，生産性や利益の向上を目指しているとして，店舗選択や商品の購買は小売業者と消費者との相互作用の中で行われていると本著の序で指摘している。その上で，消費者購買行動は意思決定プロセスであるとして，その理論的・実証的分析を試みている。

本著に小売マーケティング・マネジメント研究のフレームワークを求めることはできないが，企業目標を達成する視点で小売業のマーケティングと消費者購買行動への効果について明らかにしていることと，消費者の店舗選択と商品購買が企業と消費者の相互作用にあるという視点で1980年代からのマーケティング研究の主要なテーマとなったリレーションシップ・マーケティングの思想を取り入れた点は，最も注目すべき特徴である。

4．Nystrom 以降の小売業のマーケティング研究の評価

前項までに述べた主としてアメリカと日本の小売業のマーケティング研究者の研究，特にテキストとして体系化されたものを，小売業のマーケティングの提唱者であった Nystrom の研究の枠組みと比較しながら総括してみる。

これらについては，すでに概観してきたように，1970年代までは Nystromの研究枠組みを継承しながら，その中での技術的，専門的分野が精緻化され

第1節　Nystrom 以降の小売業経営研究の変遷

た。とりわけ，成長市場の中で出現する営業形態の研究，市場拡大に合わせた多角化小売企業のマーケティングへの言及も見られた。1980年代以降の小売業経営研究では Berman and Evans, Mason and Mayer, Ghosh 等が Nystrom の研究枠組みに戦略的視点を取り入れている。日本では，小売業経営の研究者や小売業マーケティング研究者が，実務的視点から Nystrom の枠組みで独自に小売マーケティングの体系を構築して，自らのテーマを研究している。そこで今一度，筆者が同調する三浦の指摘する三つの小売マーケティングの体系について，三浦の研究後の著書も考慮して考察してみる。

　Mason and Mayer（1990）の構成は，「小売業の構造，小売業戦略，戦略展開に影響する環境のモニタリング，競争市場の理解，競争方法の決定（財務と人的資源計画），競争手法の決定（商品計画，価格戦略，商品在庫調達と流通の戦略的論点），コミュニケーション戦略（広告，販売促進およびパブリシティ，顧客支援サービス，ストア・レイアウトと商品プレゼンテーション），立地戦略，チャネル戦略」である。その中で環境変化へのモニタリングの重要性を強調し，特に激しい競争市場に小売業経営者がいかに戦略的に対応し意思決定すべきかについて，戦略的マーケティングの枠組みを提供している。しかし，この視点は，市場の変化の要因が1980年代当時を反映していることを除けば，Nystrom の研究枠組みの範囲にある。異なる点は，Nystrom がまとめた小売のオペレーションというべき要素の一部をコミュニケーション戦略に統一したことと，1980年当時の成長戦略であった多角化の視点を取り入れていることである。

　三浦は，本著は著者らが指摘するように上級管理者や中級管理者を対象に彼らの直面する意思決定業務について研究している特質を有しており，多角的企業経営管理のパースペクティブから差別的優位探索を指導する「多角化された小売業の戦略的計画モデル」であると指摘し[60]，これは戦略的マーケティングにおける多角化された小売業の戦略的事業単位（Strategic Business Units：SBU）の総合的な戦略展開が焦点になっており，小売マネジメントの総合的な戦略展開とは基本的に視点が異なると指摘している[61]。

第2章　小売業のマーケティング・マネジメントの概念整理とMCサークルによる体系化

　しかし，小売業の存続・成長・発展の視点から見れば，当然事業拡大は検討されるべきであり，マネジリアル・マーケティングの視点は見逃せず，小売業のマーケティングも，それを考慮して検討されなければならないはずである。

　Lusch and Dunne は，J. R. Carver を加えた2011年の *Introduction to Retailing* で，1990年版では，パート1「小売業の序論」，パート2「小売業の環境」，パート3「立地分析」，パート4「小売オペレーション・マネジメント」，パート5「小売計画・管理と統制」，パート6「小売業の将来の構成」となっていたところを，パート1「小売業の紹介（小売業の展望，小売戦略計画とオペレーション・マネジメント）」，パート2「小売業の環境（顧客，競合の評価，サプライ・チェーンの管理，法律と倫理行動）」，パート3「市場の選択と立地分析」，パート4「小売オペレーションのマネジメント（商品，財務，価格，広告とプロモーション，消費者サービス，小売販売，店舗レイアウトとデザイン）」，パート5「小売管理（人事管理）」に再構成している。しかし，そのコンテンツに変化はなく，小売業経営をマーケティングの流れで体系化している。

　Ghosh（1990）は，小売環境の理解（小売競争，マーケティングチャネルにおける小売業者），小売戦略の設計（企業戦略，小売マーケティング戦略，財務戦略と計画，小売立地戦略），商品管理（商品戦略，在庫，評価，価格政策），商品支援（買い物のアトモスフィアの創造，顧客コミュニケーション，人的販売，サービス，小売管理）に分類している。Ghosh の著書も市場成長時代を反映し，Nystrom の研究枠組みを基礎として企業戦略と事業戦略，機能戦略と業務戦略の戦略階層を示してトップ・マネジメントの視点から分類している。さらに，アトモスフィアとそれを実現する顧客とのコミュニケーションについて述べている点が，最も注目に値するところである。

　Lusch, Dunne and Carver（2011）は，小売戦略計画過程を図2-1のように紹介している[62]。ここでは，ミッションの言明，すなわち小売企業が社会に存在する意義を示し，目標と目的，つまり企業の最終的行動目標として定性的目的と定量的目標を定めることになる。これは，Nystrom の小売業の経営理

第1節 Nystrom以降の小売業経営研究の変遷

論体系における経営方針の部分にあたる。具体的にそれらは，市場戦略における販売額，市場占拠率などの目標になり，財務戦略の収益性，生産性，安定性の目標に関わっている。これらの目標を，具体的にNystromが研究したオペレーション・ミックス，つまり小売戦略ミックス（商品，価格，立地，広告とプロモーション，店舗レイアウトとデザイン，顧客サービスと販売の六つの要素）の組み合わせで実現することになる。これらは，Lusch and Dunneが「小売戦略計画とオペレーション管理モデル」で示す戦略計画，つまりマーケティング戦略とオペレーションを管理するマネジメントに大きく分類して説明されている。

このLusch, Dunne and Carver（2011）は，Nystromから出発しHoward, McCarthy, Kotler等のマーケティング研究の枠組みに発展したものをさらに

図2-1 Lusch, Dunne and Carverの小売戦略計画とオペレーション管理モデル

競争環境 （消費者行動，競合，サプライチェーン・メンバー）					
	戦略計画				
ミッション	目的と目標	SWOT 強み 弱み 機会 脅威	小売マーケティング戦略 標的顧客・市場 小売ミックス 　商品 　価格 　立地 　広告と販売促進 　顧客サービスと販売 　店舗レイアウトとデザイン	オペレーション・マネジメント 仕入と商品管理 価格 広告と販売促進 顧客サービスと販売 施設 従業員	高収益小売業
社会・法律環境 （社会経済環境，技術状況，法律制度，倫理行動）					

出所：Lusch, Robert F., Patrick M. Dunne and James R. Carver, *Introduction to Retailing, International edition.*, 7th ed. South-Western Cengage Learning, 2011, p.64.

戦略的計画およびオペレーションをマネジメントする小売のマーケティング・マネジメントの体系モデルへと適用している。そして，Nystrom の小売経営理論の体系で示された経営方針と経営戦略を市場戦略と財務戦略の目標として示し，それをマーケティング・マネジメントのコアとして展開していることが特徴である。Lusch 等の著書は，Berman and Evans に並ぶ近年の小売の実務書として評価されて版を重ねている。両者とも戦略的視点を取り入れているマーケティング研究者であるが，小売業のマーケティングの体系の流れが明確なものとして，筆者は Lusch に同調する。

5．小売業のマーケティング・マネジメントのフレームワークへのアプローチ

　以上のように，小売業やマーケティングの研究は，研究者の論点の違いによっていくつかの視点から検討されてきた。これらの研究は，小売業論，小売経営論，小売マーケティング論，小売経営戦略論，小売マーケティング戦略論，戦略的小売マーケティング，小売マネジリアル・マーケティング，小売営業形態論など，多様な名称を付けて研究されている。

　このことが，小売業の経営者，経営幹部，意欲ある従業員，それを研究する研究者とそれを学ぶ学生にとって，行商からショッピングセンター，デパートメント・ストア，インターネット販売まで，多様性のある小売業の営業形態を統合して共通認識できない理由の一つとなっており，その結果，理論は時代の要請に合わせて現場に所属する者に都合よく取捨選択されるか，あるいは経験則に依存してきたといえよう。しかし，これらの多くの文献が示す内容は，Nystrom の理論に帰着する。

　Nystrom は，小売業経営の古典と称される *Economics of Retailing* で明らかにした小売業経営の原理と実践に加え，*Economic Principles of Consumption* によって，小売業経営の対象であり収益の源泉である消費者と消費について明らかにし，*Economics of Fashion* によって，消費者の基本的需要であるベーシック・ニーズを超えて人間の欲望の心根から生じるファッション・

第1節　Nystrom 以降の小売業経営研究の変遷

ニーズについての原理を明らかにし，*Fashion Merchandising* によって，ファッション需要をとらえる小売業のマーチャンダイジングを紹介した。そして，Nystrom はこの 4 冊をもって，小売業の一連のマーケティングの研究であったと明らかにしている。さらに，小売業のマーケティングを現場のオペレーションでどのように実践していくかについて，5 冊目の著書 *Retail Store Operation* で改めて示した。

　この Nystrom の五つの著書には，*Economics of Retailing* 第 1 巻を中心に制度的な研究として小売業論が示され，全著書をもって小売経営（マネジメント）論が展開されている。それらは当時の市場の中で増加する量販型営業形態の脅威に対して，消費者のファッション・ニーズにビジネス機会をとらえたマーケティング論であった。その中では，百貨店の組織を通じて小売業組織を戦略的に統合する小売のマネジリアル・マーケティングについて触れ，収益を目的として部門を統合する視点から小売の戦略的マーケティングにも触れているといえよう。この Nystrom の研究は非常に精緻で完成度が高く，しかも小売業に関する大変膨大な研究であったために，Converse（1959）が指摘するように，小売業の実務家あるいは関係者に正しく理解されたかどうかはわからない。確かに近代マーケティングの用語は多用されないが，そこに示された小売のマネジメント・コアは，プロトタイプとして集約されている。このことはその後，Nystrom の著書が「小売の古典」，「小売業の百科事典」と評価され，Nystrom 個人も「実務的マーケティングのパイオニア」と評価されたことでも明らかである[63]。

　Nystrom の原理と実践の研究は基本的枠組みとして継承され，オペレーションを中心としてテキストにも実務書にもなり，技術的専門分野に精緻化されて多くの研究者に継承され，それぞれ固有の研究として今日に至っていることが判明した。しかし，小売業のマーケティングの体系は，製造業から借用され共通認識されたモデルから離れることができていない。

　我々が今明らかにしたいのは，小売企業が存続・成長・発展していくための基本的な考え方と進め方である。すでに，清水（1971）がその序で指摘したよ

第2章　小売業のマーケティング・マネジメントの概念整理とMCサークルによる体系化

うに，現代の企業経営は，その経営自体の内部的な管理を改善したり合理化したりしているだけでは到底やっていけなくなってきている。企業を取り巻く経営環境の変化をとらえ，経営の近代化を図っていかなければならない時代となってきたのである。このことは，商店経営，工場経営，サービス経営，また銀行経営についても，等しく見られるところである[64]。小売業の視点から見れば，これこそマーケティングの技術を装置化した経営，小売業におけるマーケティング・マネジメントの重要性を示唆しているだろう。

　我が国の小売業の経営について明らかなことは，1960年代から一貫して市場の拡大を通じて成長した大型量販店が全国にチェーン展開した事実と，インターネット販売など店舗を介さない小売業が急増していることである。しかし，その傍らで，大きく減少したとはいえ，中小規模の小売業，あるいは商店と分類される小売業者が全国に存在し，中には大型店，チェーン店経営を超えて収益を上げている企業が存在している。さらにいえば，かつてその存続が危惧されたパパママ・ストアといわれる小規模企業，家族的小売業が消えることなく全国に存在し，大型店の進出に苦しみながらも，なお小売経営を維持している事実もある。これらは，大規模小売業者のチェーン・システムやフランチャイズ・システムによる「大売業」というべき形態の一方で，純粋な「小売業」の必要性を示唆しているのではないだろうか。

　Nystromから出発したこれら一連の研究は，単一小売業者や商店を対象にしていた。その近代化に情熱を傾けたのはNystromであり，我が国では清水正巳・晶であった。そこで，これらの規模は小さくても存続している企業，時には成長・発展していく企業の考え方や経営の進め方についての説明となる小売業のマーケティング・マネジメント研究のフレームワークが必要である。

　今日の小売業は，大規模小売企業に見られるようにチェーン店化，事業の多角化が非常に進行している。複合型小売企業においては，食品スーパーマーケット，コンビニエンス・ストア，百貨店，総合スーパー，ディスカウント・ストア，専門店などの営業形態を展開すると共に，外食レストラン，ホテル，トラベル，不動産，金融サービス，さらにはインターネット販売，通信販売な

どの事業への多様化,多角化が顕著に見られる。この単一企業を前提に,企業レベルと事業レベルを対象として事業展開に貢献したのが,トップ・マネジメントのためのマネジリアル・マーケティングである。その後,国際競争の激化した1970年代,閉塞経済のアメリカに誕生したのが有限の経営資源を適正に配分するための戦略的計画論であり,1980年代にはさらに複数企業の経営諸機能を統合するトップ・マネジメントのための戦略的マーケティングが注目された[65]。

しかし,この過程で企業がいつの間にか,現場の仕事,つまりオペレーション・マーケティングを標準化しすぎたことから,「森を見すぎて木が見えなくなっている」現象を招くことになった。小売業の現場は,収益の源泉である顧客と企業の接触空間である。したがって,個々のオペレーション・マーケティングを的確に実践していくことがあらゆる規模の小売企業の収益の源泉を明確にすることでもある。そのため,小売業の関係者が共通認識するオペレーション・マーケティングのフレームワークを確立する必要がある。

6．高度化した小売業の現場研究の重要性

Nystromの研究は,第一次世界大戦,第二次世界大戦,大恐慌の不安定な中で成長していくアメリカを前提として進められている。Nystromの研究後は,既に見てきたように,その研究枠組みの範囲で技術的な研究が進行した。本書では取り上げないが,日本においても小売業経営に関する業種別の研究が多くなされた。

さらに,1950年代頃からは,経営学から主として指摘されたように,高度に成長する経済社会を背景にして,企業の視線は「存続すること」から「市場の拡大」に向けられるようになり,成長の理論に注目が集まった。

1960年になると,安定した経済環境の中で企業はさらなる成長・発展に目を向け,経営戦略論,長期的視点での経営計画が重視され,経営者の役割,トップ・マネジメントのマーケティング研究がなされた。つまり,1960年代の経済成長や安定した環境から市場拡大に向けての経営多角化が進展し,我が国でも

第2章　小売業のマーケティング・マネジメントの概念整理とMCサークルによる体系化

トップ・マネジメントのマーケティングであるマネジリアル・マーケティングに注目が集まった。我が国の小売業においても，事業の拡大，チェーン・ストアの隆盛が目立って進行した。つまり，企業の視点は拡大，成長に向けられて，現場の些細なことより巨視的に市場を俯瞰することに目が向けられた。当時の「木を見て森を見ず」という教訓が意味したように，市場機会を逃さないことに一心に目を向けたのである。この間に日本式の総合スーパーの業績が躍進し，1972年，小売業の王者的存在であった百貨店三越に代わってダイエーが首位の座を占めた。

1970年代は高度経済成長の終焉を迎え，企業戦略も限られた資源をより効果のあがる事業に振り向ける資源配分や多角化した個々の事業領域における競争戦略に目が向けられた。この間に経済の牽引力としてのサービスの割合が高くなり，製品マーケティングからの解放に注意が喚起され出した。

1980年代の市場飽和期に入ると，マネジリアル・マーケティングによって展開した事業はそれぞれシナジー効果の薄いものとなり，複数事業を戦略的に統合する戦略的マーケティングが注目された。そして，企業のマーケティング研究では事業の開拓や統合に視点が向けられた。このことは，小売業にとっても同様であった。やがて，アメリカでも日本型企業経営への関心が高まり，内部的な企業文化，さらには競争優位の源泉として企業の経営資源に注目が集まった。拡大しにくい市場の中で，副次的なマーケティングとしてのサービス・マーケティングについての研究が発展した。

1990年代の市場停滞期は，企業と顧客の関係の構築と適正な運営の必要性が指摘され，市場シェアが拡大しにくい中で既存顧客のマインド・シェアをどのように獲得するかに注目が集まり出した。つまり，既存の顧客とのリレーションシップを構築することの重要性が指摘され，リレーションシップ・マーケティングが注目された。

2000年代に入ると，企業のグローバル化が一層促進された。IT化も進展し，企業は急激な経済成長に合わせた膨張（あるいはバブル）ともいえる拡大一辺倒のマーケティング戦略を展開させた。その中で，置き去りにしてきた地

第1節　Nystrom 以降の小売業経営研究の変遷

球規模の巨視的なマーケティングと目前にいる人間としての顧客について，彼らの生活基盤である社会環境，地球・宇宙の環境にまで思いをいたさなければならない状況を目の当たりにする。

　初期の小売業経営の研究から1980年代までの小売業のマーケティングの歴史を一貫して俯瞰してきた Bartels は，小売企業のマーケティング・マネジメントについて重要な指摘をしている。

　Bartels（1976）は，「マーケティング思想に対する総論文献の貢献」の項で，マーケティング総論という主題に関係する執筆者達が，マーケティング思想に対して技術的な諸活動から広範囲な社会的諸関係や複雑な経済的諸関係にわたって貢献をなしてきたと述べている[66]。これは，自身がマーケティング研究者である Bartels 個人の思想でもある。本項で Bartels は，著者達の言葉を借りてマーケティングの長い歴史を俯瞰する中で，いくつかのマーケティングが果たす役割，使命についての重要な認識に到達している。この中から小売業のマーケティング・マネジメントの構成要素に関するものが抽出できる。Bartels（1976）は，マーケティングの消費者的諸要因を取り上げ，「マーケティングは，一方においては，財やサービスの交換によって人間の欲望が充足されるビジネス活動の局面と考えられるだろうが，他方で，価値的な考慮―通常，貨幣あるいはそれに等しいもの―によって，人間の欲望が充足されるビジネス活動の局面と考えられる[67]」としてマーケティングの目標が財やサービスと貨幣の交換と同様，人間としての消費者の求める価値を充足させるビジネス活動であるとして，「個別の人間としての消費者の求める価値の充足」を強調している。これが小売業のマーケティング・マネジメントの対象あるいは目的を考慮する上で重要なテーマであることは，Nystrom をはじめ多くのマーケティング研究者に共通する結論であった。

　また，Bartels（1976）は，「マーケティングは，主として，諸個人の利益を獲得する手段ではない。それは，広義かつ，重要な意味において，不可欠の社会的諸目的を遂行するために用いられる経済的手段である[68]」としている。さらに，「マーケティングは，消費者を満足させ，かつ企業目的を遂行するため

103

に，生産者から消費者あるいはユーザーに対して，財やサービスの流れを支配するビジネスの諸活動の実行である[69]」として，マーケティングが社会的目的を達成するための経済活動であることと，財やサービスを産み出すだけでなく，流れをコントロールすることの重要性を明言しているのである。つまり，小売業のマーケティング・マネジメントにおいても，小売企業，商人独自の利益を目的とする活動だけでなく社会的な利益を目指すことが求められ，少なくとも社会的な破壊や崩壊につながるものは正しいマーケティングによるビジネス活動ではないことを示唆している。

重要なことは，Bartels がマーケティングにおけるビジネス活動の要素を 4Ps などの要素に限定していないことである。つまり，White and Hayward (1924) が示唆したように，「マーケティングは技術的な諸活動」としているだけである[70]。4Ps は研究者や実務家が認識しやすい用語として統一されただけであり，マーケティングには4Ps だけではカバーしきれない目的があることを指摘しているのである。Nystrom 個人も，著書に応じて表現を変えているが，4Ps とはマーケティングの理解を促進するために McCarthy によって便宜的に表現されたものであり，とりわけ小売業は製造業のマーケティングと異なり多様な消費者のニーズを人間の情緒にまで及んで考慮するのであるから，四つの要素の研究を進めたとしても十分な成果をあげることはできないとしている。小売業のマーケティング研究者等は，Nystrom の枠組みを基本として，時代に合わせて多少の応用をしている。すなわち，本著の言葉を借用すれば，「マーケティングの任務（task）は，それぞれの市場の状況によって大きく変化する」ことを裏付けているのである[71]。

さらに Bartels (1976) は，「社会的プロセスとしてのマーケティング」の項で，1950年代初頭から，人間としての総体の関心や誠実さと責任は，経済的市場における人間の行動を超え，それを調整すると指摘し，社会的相互作用としてのマーケティング，マーケティングと社会的責任，そしてマーケティングと社会について，企業のマーケティングとその企業環境である社会との関係を次のように強調している。すなわち，①マーケティングを経済的プロセスとして

第1節　Nystrom以降の小売業経営研究の変遷

考える場合は，市場行動は合理的（rational）・快楽的（hedonistic）と考えられ，完全に経済の価値を思慮するものと考えられている。この（経済的価値だけで市場行動を起こすという）人間の解釈は非現実的であるという認識は，人間を全体として捉えることにつながり，人間の市場行動を役割的な相互作用と説明することにも貢献した。役割的な期待をもち責任を果たすので，人間行動は心理学的・社会学的な用語で説明された。個人的な行動よりむしろリレーションシップが（マーケティングの）関心の中心となり，マーケティング構造をマーケティング機能遂行のためのマーケティング・チャネルやシステムとして認識することに導いた。②1950年代におけるマーケティング・コンセプトの普及によって，消費者とはマーケターがその欲望を確かめその必要品を届ける人達であることが確認され，③マーケティングは消費財の供給に対してのみ責任があるのではなく，人々の福利を保護し，かつ増加するようにそれをなす責任があるといったことであった[72]。

つまり，①で示したように，消費者を経済的側面だけでなく人間全体として捉えることの重要性を指摘し，人間の市場行動は役割的相互作用であると認識した上でマーケティングを捉えるべきであるという考え方に至ったのである。このことは，1990年代以降提唱された人間としての消費者の「快楽主義的な消費」，「情緒的な購買」を示唆している[73]。さらに，Bartels（1988）[74]が学説紹介を終えている1980年代以降にマーケティングの重要な要素として出現した「リレーションシップ」，「相互作用」や2004年以降に強調されるようになった消費者との「価値の共創」を想起させる示唆である。Nystromは，この快楽主義的・情緒的購買については*Economics of Fashion*で，「リレーションシップ」，「相互作用」による価値共創の概念については*Retail Store Operation*における販売員と顧客のやりとり（すなわちアート）のところで，価値の共創プロセスとして示している。また，社会的責任については，デザインのピラシーの問題を取り上げてこれに触れている。

さらに②においては，マーケティングは売り手側の発想，つまり売りたいものを提供するのではなく，消費者の欲望を確かめてから必需品（needs）を提

第2章　小売業のマーケティング・マネジメントの概念整理とMCサークルによる体系化

供することを示唆している。このことは，小売業は製造業が製造した商品を販売するのではなく，顧客起点のマーケティングをすべきであることを意味している。

③では，製造物責任，環境汚染，児童市場への悪質な参入などに論及し，消費者を危険な製品から保護し，健康に対する責任を明示することなど製造業の社会的責任が示された。このことは，製造業の製品（あるいは一部，自社製品）を取り扱う小売企業のマーケティング・マネジメントを考察する上でも見逃してはならない要素である。

Bartelsの80年間に及ぶマーケティングについての研究は，彼のマーケティング研究者としての経験も通じて，小売業のマーケティングやマーケティング・マネジメントの要素を考察する上で重要な示唆に富んでいる。

以上のように，Nystrom以降の研究の流れとBartelsの研究から総括すると，小売マーケティング・マネジメントを構成する要素はNystromの一連のマーケティング研究を基礎にすることが最も共通認識されやすいといえるであろう。しかし，小売の現場はNystrom，Bartelsの研究した時代よりはるかに高度化しており，その現場の研究が重要である。

一方，Nystrom（1932）が「小売の原理は比較的少なく簡単である。しかし手法は複雑で数限りなくある」と指摘したように，小売業経営は多様な技術に依存している。しかし，小売マーケティング・マネジメントの基本は過剰な技術論によって支配されるのではなく，あくまでマーケティング・マネジメントの明確な概念の中で小売現場のあり方，考え方，進め方が明示されなければならない。現代のように激しいスピードで変化する市場を一つの概念で捉えたり，その変化に振り回されて量産されたマーケティング用語を乱用したりすることなどについては注意も必要である。

顧客の欲望（wants）や行動が激しく変化する時代，時にはその場の環境，正確には空気，雰囲気，ムードといわれるような消費者を取り巻く状況によって影響される小売の現場を考えれば，製造業のマーケティングのように比較的長期計画的に経営をコントロールすることは不可能である。どのように計画さ

第1節　Nystrom 以降の小売業経営研究の変遷

れた品揃え，価格，立地，店舗であっても，今日の天候一つによって大きく結果が左右されることもあるのである。

塚田（2007）が指摘するように，Nystrom の研究方法はウィスコンシン大学経済学部の初代ディレクターで経済学をベースとする初期のマーケティング研究者を多く育てた恩師である Richard T. Ely の「今まさに生じつつある具体的な問題を解決すべく採用される帰納的・統計的・歴史的分析方法は，観念論的で抽象的な古典派経済学とは対照的な，"生きた方法"であり，経済学はこれを採用すべきである」という指導の影響を受けており[75]，この方法で Nystrom は1145ページに及ぶ *Economics of Retailing* をはじめとした大著を執筆している。

高度化した小売の現場の研究においては，原点主義，現場主義といえるこのような Nystrom の研究姿勢が重視されなければならない。例えば，消費者のニーズといっても，いつ，誰の，どのようなニーズであるのか，McNair の小売の輪の理論，Huff のモデルのような技術によって営業形態や立地を研究したとしても，明日，近隣に競合する新店舗ができた場合はどのように対処するのか。しかも，多くの地域の小売業者は販売の拠点を簡単に変えることはできない。M. T. Copeland（1924）の商品研究によって最寄品，買回品という概念が指摘されたが，最寄品，日常品といわれるものまでも車で遠方のショッピングセンターへ買いに行き，そのことによって近隣型の商店街が衰退している様相を目の当たりにすると，商品と消費者の購買慣習の関係についても深く思いをいたさなければならない。

環境ニーズ，エコニーズに対応するような大味な戦略が製造業のマーケティングによく見られるが，小売業のマーケティング（正確には小売・サービス業のマーケティング）には，手間が増えるばかりで，収益に対して十分機能しない部分が多すぎる。そこで次節では，複雑で重要な小売・サービス業の現場を議論するために，その前提として共通認識できる小売業の考え方，進め方を統一する小売マーケティング・マネジメントの枠組みを明確にしていく。微力ながら，Nystrom の研究を基礎としてモデル化を図ってみたい。

第2章　小売業のマーケティング・マネジメントの概念整理とMCサークルによる体系化

第2節　小売業のマーケティング・マネジメントの体系としてのMCサークルの構築

1．小売業マーケティング・マネジメントの概念整理

　現代の小売業経営の研究でマーケティングの視点からアプローチしているものの中でも，1979年の初版以降既に10版を数えているB. Berman and J. R. EvansのRetail Management: A Strategic Approach（1979, 1995, 2007）[76]は，小売業経営の実務書である。マーケティングを謳っているわけではないが，小売業に関する包括的，統合的な戦略[77]を開発している初期の著書である（図2-2参照）。

　ここでは，事業の哲学（参入の理由，ミッション），目的（売上高，利益，人々の満足，イメージ），戦略（商品・サービス部門の選定，消費者の特性とニーズの確認，全体戦略），戦略的活動（日常的・短期的オペレーション，消費者・競争・政府環境への対応），統制（評価・調整）に分けて，小売業経営に戦略的な考え方を取り入れている。当時の企業経営に求められた戦略発想を導入しており，Barman and Evansは現代小売業経営研究の中に初期のマーケティング戦略の考え方をもち込んだ研究者であるといえよう。1983年の2版目では，同戦略の開発を状況分析（事業の哲学，商品・サービス部門，所有と経営の選択），目的（売上高，利益，人々の満足，イメージ），消費者の特性とニーズの確認（マス・マーケティング，マーケット・セグメンテーション，複数セグメンテーション），全体戦略（統制可能変数・統制不能変数），具体的活動（日次・短期オペレーション，消費者・競争・政府環境への対応），統制（評価・調整）と分類し直しており，市場分析，多角化事業のセグメント，マネジャーの統制可能変数・不能変数を明らかにしている。そして，そのことが一層明確になったのは，2007年の10版であり，状況分析（組織のミッション，所有と経営の選択，商品・サービス部門），目的（売上高，利益，人々の満足，イメージ），消費者の確認（マス・マーケティング，集中化マーケティン

第2節　小売業のマーケティング・マネジメントの体系としてのMCサークルの構築

図2-2　Berman and Evans による小売業のマーケティング戦略体系図

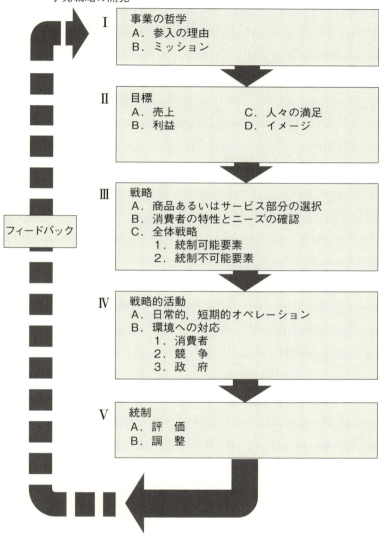

出所：Berman, Barry and Joel R. Evans, *Retail Management: A Strategic Approach*, 2nd ed., New York, Macmillan Publishing Co., Inc., 1979, p.91.

グ,差別化マーケティング),全体戦略(統制可能変数・統制不能変数),具体的活動(日次・短期オペレーション,環境への対応),統制(評価・調整)として枠組みを強化し,ポーターの競争戦略を導入している[78]。

このように,Berman and Evans はマーケティングの教授として時代の変化に呼応しながら,小売業のマーケティングのテキストとして本著を充実させている。本著はまた,小規模自営業から大規模小売業まで指導しているコンサルタントの視点から小売業の現場に具体的なマーケティング戦略を導入した実務書でもある。

Robert F. Lusch の *Management of Retail Enterprises* (1982)[79]は,1983年,1984年,1985年,1986年と版を重ね,1990年には Lusch and Dunne の共著として *Retail Management* のタイトルで出版している。本著は,1993年に R. F. Lusch, P. M. Dunne and R. Gebhardt, *Retail Marketing* と書名・共著者を変えているが,1986年版から25年にわたって愛読されている小売業の数少ないテキストである。

Lusch は,Stephen L.Vargo と共に2004年以降にサービス・ドミナント・ロジック(S-D ロジック)をテーマとした論文を発表し,顧客と企業の価値共創等を提唱して注目されているマーケティング研究者でもある。Lusch (1982) は,「小売計画とマネジメント・モデル」によって,計画志向,環境志向,利益志向,意思決定モデル志向の四つの志向でテキスト全般を説明している。

Lusch (1982) は,小売業の計画とマネジメント・モデルが,戦略,運営,オペレーションの三つのタイプの計画とマネジメントに携わっていることを示唆している。これは,Berman and Evans (1979) が提示した小売業の戦略の開発と同様の視点である。Berman and Evans が1983年の版より明確にしたモデルには,Lusch の1982年の初版に示したモデルと同様のマーケティング戦略の視点が導入されている。したがって,Berman and Evans と Lusch は小売業経営にマーケティング戦略の考えを導入し,Nystrom の小売業経営の研究の枠組みをマーケティング・マネジメントのモデルとして体系化している研究者

第2節　小売業のマーケティング・マネジメントの体系としてのMCサークルの構築

であるといえるだろう。

　Lusch, Dunne and Carver（2011）では，本著は *Introduction to Retailing : International ed.* と名付けられている。Luschのグループは，小売戦略計画とオペレーションと題してマネジメント・モデルを構築し直している。ここには，競争環境（消費者の行動，競合，サプライチェーン・メンバー）および社会的・法的環境（社会経済的環境，技術の状況，法的システム，倫理的行動等）を二つの環境として，戦略的計画が「ミッション→目的と目標→SWOT→小売マーケティング戦略」の流れで示され，この中の小売マーケティング戦略を具体的なオペレーションに展開し，マネジメントすることによって高収益な小売業が実現するという流れである[80]（図2-3参照）。

　このフローは，まさにNystrom, Howard, McCarthy, Kotlerを通じて具体化されたマーケティングの体系を示している。本著は，Luschの初版を踏襲している。つまり，小売マーケティング戦略として標的市場と立地，小売ミックス（商品，価格設定，広告とプロモーション，顧客サービスと販売，売り場レイアウトとデザイン），オペレーション管理として仕入と商品管理，価格設定，広告とプロモーション，顧客サービスと販売，設備，従業員を説明している。Luschらの研究はNystromの研究を継承しており，筆者は小売のマーケティング・マネジメントの体系として同調する。

　A. Ghoshは，Berman and Evans, Lusch等に対して比較的近年の1990年に *Retail Management* を出版している。その中で「小売マーケティング戦略のフレームワーク」を構築し，顧客分析，競合分析から標的市場を選定し，小売ミックス（商品，立地，価格，店舗のアトモスフィア，小売サービス，広告，人的販売，販売刺激計画）を計画し，小売業のイメージを観察して，その結果，小売ミックスにフィードバックする流れで説明している[81]。Ghosh（1990）はLuschを参照しており，両者とほぼ同一の小売マーケティングの流れを示唆している。Ghosh（1990）は，店舗のアトモスフィアを小売ミックスに取り上げていることが特徴である。

　McDonald and Tidemanも，*Retail Marketing Plans* を1993年に出版してい

111

第2章 小売業のマーケティング・マネジメントの概念整理とMCサークルによる体系化

図2-3 Luschによる小売計画・マネジメントのモデル

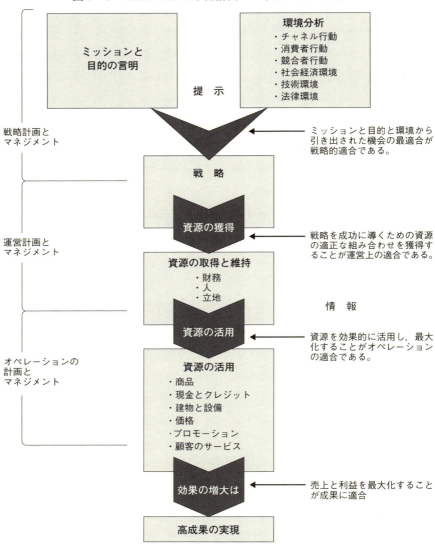

出所：Lusch, Robert F., *Management of Retail Enterprises*, Massachesetts, Kent Publishing Company, 1982, p.49.

第2節 小売業のマーケティング・マネジメントの体系としてのMCサークルの構築

る。この中で，マーケティング計画のプロセスの段階を図示している。そこには，Berman and Evans, Lusch 等のミッションからの10段階の計画プロセスが示されている[82]。

このように，Berman, Evans と Lusch のグループが1980年代から2000年代にかけて開発した小売業のマネジメント・プロセスはほぼ Nystrom の研究枠組みを継承し，小売マーケティングの体系として近代化した形となっている。

以上のことを前提として，次項では Nystrom の小売業研究の枠組みと Berman and Evans と Lusch 等の示唆をベースに小売のマーケティング・マネジメントの研究と実践のためのフレームワークのモデルを構築する。Nystrom の時代とは小売環境が大きく異なる今，単一事業企業をイメージした Nystrom の小売業経営論から複数事業または複合型小売企業のマーケティング・マネジメントにも展開していく必要がある。また，複雑になる一方の小売業経営について，小売業の起業家や企業家，経営管理者，意欲ある従業員，研究者，あるいはコンサルタントのような実務家との間でも共通認識しうる簡易なモデルを構築することが要請される。関わるすべての人々が，経営規模の大小にかかわらず依拠できる枠組みをモデル化しなくてはならない。

もはや，マーケティングを考慮しない小売業経営は存在しないであろう。これは日本だけのことではなく，世界に目を転じても，大規模な小売業のビジネスモデルだけですべての消費者の欲求を充足できるはずはないことも事実である。しかし，そうだからといって小規模小売業が有利であるということにはならない。

以上のことに配慮して，どの小売企業にも適合する現代小売企業のマーケティング・マネジメントの体系化を試みたい。

2．小売企業のマーケティング・マネジメント体系のモデル化（MCサークルの構築）

以上の前提に立って，小売マーケティング・マネジメントの体系モデルとして MC サークルの概念と体系を提示する。ここでは，単一事業企業，新規起

第2章 小売業のマーケティング・マネジメントの概念整理とMCサークルによる体系化

業，複数事業または複合型企業をイメージした戦略的マーケティングとそれぞれの新規事業開発も想定している。

図2-4は，小売企業のマーケティング・マネジメントの体系をイメージした研究モデルである。MCサークル（Management Concentric Circles）は，市場の中に存在する小売企業の経営の展開を同心円で表現している。既にNystromを基盤として多くの小売企業の研究者達が研究してきたように，小売企業は企業内部の改善や合理化をしただけでは存続していくことさえ困難な時代である。そこで，強い意志と長期的な展望をもって，時代の変化に柔軟に対応していく企業経営が望まれる。つまり，市場（market）にビジネスチャンスを求め，ビジネスの脅威に対処し，そこに自らの経営資源や経営活動を的

図2-4　小売企業のマーケティング・マネジメントの概念図
MCサークル（企業版）

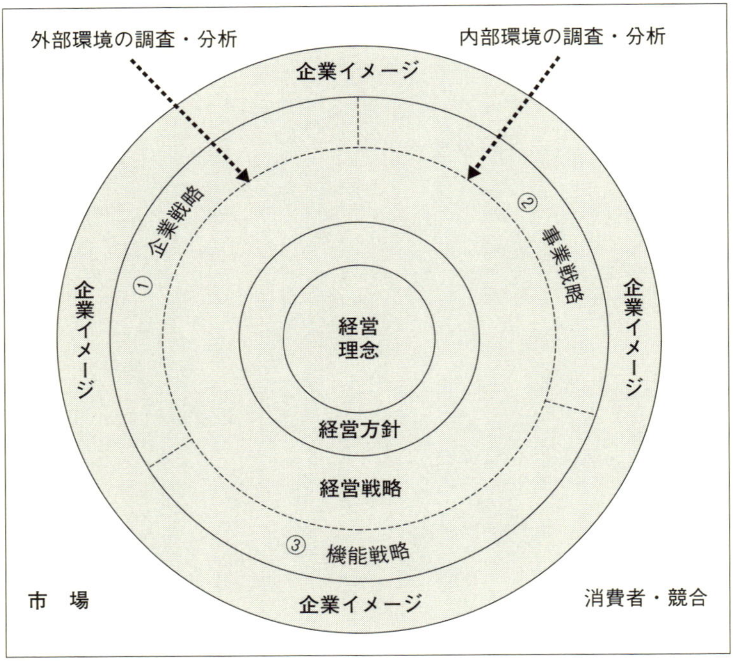

出所：筆者作成。

第2節　小売業のマーケティング・マネジメントの体系としてのMCサークルの構築

確に適応させていくことの繰り返しが企業経営なのである。このことは，市場を観察し市場に働きかける企業経営（management），つまりマーケティング・マネジメントを意味している。そこで，小売マーケティング・マネジメントのモデルである MC サークルの概念を簡単に説明する。

（1）市場と競合

同心円の外側にある市場の中には，企業の唯一の収益源である顧客の期待がある。しかし，魅力のある市場や顧客をターゲットとすれば，競争者が存在するか新たに出現する。したがって，売上（収益）をプラスにする顧客対策と売上（あるいは収益）を確保するための競合対策が重要なマーケティング戦略となる。

（2）経営目標としての売上高・コスト・マージン

企業経営者でコストを無制限に使う者はなく，企業が選択した小売の営業形態が戦略的なマージン率（売上総利益率）を規定するので，存続を前提とした小売企業の収益はほぼ適正な売上高の確保によって実現できる。したがって，小売企業のマーケティングは，どのような企業規模の小売業者においても収益を目標とした顧客対策と競合対策が前提となる。つまり，小売企業のマーケティング・マネジメントは，自社の顧客に合わせて，競争優位にあるいは競合他社より顧客にとって魅力的であるようにマーケティング要素を組み合わせ，競合他社と魅力の競演を行うことである。収益は，顧客の合理的な選択と選好の結果である。

（3）マーケティング要素とイノベーション

企業の目標を実現するには，より高いレベルで顧客の欲求を充足するようにマーケティング要素を組み合わせる（ミックスする）ことと，その遂行者としての人的なチーム体制づくりとその活動，つまり組織的活動が求められる。これらのマーケティング要素は Nystrom 等が指摘した研究の枠組みであり，マーケットに働きかける小売企業の戦略的武器であるといえよう。このマーケティング要素は，変化の激しい経営環境の下では，刻々と変化する顧客の欲求に合わせて常にブラッシュアップする必要がある。今日の延長上に明日がある

第2章　小売業のマーケティング・マネジメントの概念整理とMCサークルによる体系化

とは限らない市場状況では，新たな成長や発展を求めてマーケティング要素が創造的に破壊されるようなイノベーションも重要になってくる[83]。

(4) 環境適応への状況分析

　企業経営においては，企業外部から企業に対して変化を強要する環境が常にあり，企業内部にはそれに適応できる経営資源をコアとした強みや戦略的な武器が必要である。しかしそれは，競合企業に対して劣位である武器であるかもしれないし，経営環境の変化に適応できない，あるいはチャンスを捉えきれない弱点をもっているかもしれない。つまり，企業としての弱みを意味するかもしれない。したがって，この企業の外部・内部の環境分析がマーケティング・マネジメントのスタートとなる。これについては，既に Berman and Evans や Lusch, Dunne and Carver 等によってマーケティング・マネジメントの前提としての状況分析，SWOT 分析の重要性が指摘されている。こうしたマーケティング・マネジメントの進め方の大きな枠組みは，今日の既に成熟した市場ではどのような企業も必ず経験しているはずである。

(5) 小売企業のマーケティング・マネジメントのフロー

　これまで概観したマーケティング研究や小売業経営においては，対象となる営業形態や企業規模，あるいはどのような時代のどのような消費者をイメージしているのかなどが明確にされていない。そこで，前述したマーケティング・マネジメントの概念を前提として，どの小売企業の営業形態にも共通しうるマーケティング・マネジメント展開のフローを吟味しなければならない。

3．MC サークルの構成要素

　小売業の経営の例では，単独店を起業しようという小売業者，既に創業，開業している小売業者，店舗展開，事業拡大を図ろうとする小売企業が想定できる。そこで，これらの小売業者に共通するマーケティング・マネジメントのフローが提示されなければならないはずである。さらには，小売業者を支援するコンサルタントなどの実務家にとっても同様な視点で共有化できるフローでなければならない。MC サークルは，その視点に立った小売マーケティング・マ

第2節 小売業のマーケティング・マネジメントの体系としてのMCサークルの構築

ネジメントの概念モデルである。その構成要素は，①経営理念，②経営方針，③経営戦略，④オペレーション，⑤企業イメージ・店舗イメージである。次に，この①〜⑤について，それぞれ詳しく述べていきたい。

(1) 経営理念

新規に起業する小売業者の場合，店舗販売を想定すれば顧客の来店は営業時間中に発生する。したがって，休憩時間等を考慮して最低限2人のスタッフが必要になる。存続・成長・発展を願うならば，パートタイマーであれ家族であれ，起業家以外の人手が必要である。彼らに自らの夢を語ってから，起業経営がスタートする。経営者の起業に対する思いや夢が経営理念であり，スタッフの立場からは行動原則や判断のよりどころとなるものである。

(2) 経営方針

経営理念は哲学的な最高概念であり，時には抽象的である。そこで，経営に参加するスタッフや従業員もその内容が共有できるように，経営理念をより具体化して示すものが経営方針である。経営方針は企業が目指すべき方向を示すものであり，企業経営における目標である。企業経営において共通認識されるべき目標は二つ想定される。その一つは経営の方向であり，他は経営の指針である。いいかえれば，企業が目指すべき定性的な目標，つまりイメージゴールと定量的な目標である。経営方針は従業員にとって行動と判断の基準となる。

定性的な目標とは，自店がどのような企業モデルをイメージするのかを従業員が理解しやすいように示すことである。これは，具体的な企業モデル，別のいい方をすれば経営理念の具体化であり，営業形態の明確化でもある。つまり，どのような市場や顧客を対象に，どのような顧客満足や顧客価値を目指して，何をどのように提供するのかといった抽象的な中にもより具体化された目標である。他方，定量的な目標とは，いつまでにどれほどの売上高や利益，シェアなどを実現するのか，あるいは顧客の満足度をどの程度高めるのかなど，数字で示すことである。

重要なことは，これらの経営理念や経営方針は企業が外部に向けて表明すると同様，企業内部に向けて示すものであることである。企業経営は経営者を含

む従業員によって成立している。その彼らの日々の行動目標や精神的なよりどころとなることが、経営理念と経営方針を定める重要な視点である。

（3）経営戦略

　経営理念、経営方針の決定を通じ、自店の将来ビジョンや事業領域（ドメイン）を明らかにすることができる。しかし、第二次世界大戦後など市場の余力が十分にあった時代はそこまでで十分であったが、1950年以降の市場の拡大期には激しい市場のシェア争いに勝ち残ること、1980年代以降の市場の停滞期には、特に Nystrom が指摘したように、顧客にとって競争企業より魅力的な経営活動を行うことが必要となった。つまり、競争企業に対して自店が優位になる魅力の表現である。したがって、経営戦略、より具体的には小売企業の店舗のマーケティング戦略、さらにはその具体化であるオペレーション戦略が重要になってくる。より端的にいえば、標的顧客を定めその欲求をより高いレベルで満足させるための適正なマーケティング・ミックスの概念を示すことである。これらは、具体的には小売企業のマーケティング機能であり、業務であるオペレーションに具体化されることになる。

（4）企業イメージ・店舗イメージ

　これらの小売企業のマーケティングの流れに沿ったマネジメント・プロセスを経て、自店のイメージが消費者に知覚される。それはまた、目標とした営業形態として顧客に認識され、店舗イメージ、企業イメージとして、別のいい方をすれば小売店のブランド・イメージとして、顧客の目に訴求され知覚される。

　（1）～（4）の流れに沿って自店の経営理念を顧客の目に見えるように戦略的に計画、管理するプロセスが MC サークルで示した小売業のマーケティング・マネジメントの体系である。

4．MC サークルの展開の要点

　実務家、研究者、経営コンサルタントにとって、MC サークルのプロセスは、企業経営者などと共に当該小売企業の存続・成長・発展を目指して活動し

ていく際の道標やツールとなるものである。

　MCサークルの流れは，小売業の単独店の経営・営業をイメージしている。しかし，小売企業が存続・成長・発展していく過程は，起業経営，新規事業の展開，事業所，つまり店舗の展開あるいは経営革新のプロセスでもある。同業種を展開すれば多店舗化戦略であり，異業種あるいは新規事業を展開すれば多角化戦略をとることになる。それらは既に，マネジリアル・マーケティングや戦略的マーケティングで検討されてきた。

　経営戦略は大きく企業戦略，事業戦略，機能戦略，業務戦略に分類され，階層的に説明されてきたが，これらは筆者のコンサルタントの経験を通して見ても，多角化企業や複合事業には簡単には応用できない。しかし，小売現場ごとのマーケティング・マネジメントにおいては，顧客のために現場スタッフがどのように活動しているのか，それらの活動のどこに問題があり，それを改善するにはどうすればいいのか把握し，それを全員が共有して行動に移すことが目標となる。

　そこで，これらをより明らかにするために，次節でMCサークルに沿って各要素の意義を再検討してみる。

第3節　MCサークルの構成要素とその意義

1．MCサークルのマーケティング上の意義…市場への対応

　MCサークルは，経営環境，市場環境，さらにいえば社会経済環境の中における企業経営の自然の流れをイメージしている。不自然と不足は，社会経済の繁栄を滞らせる。しかし，過剰は社会経済を混乱させる。特に，Bartels (1976) も強調したように，マーケティングは本来，諸個人が利益を蓄積する手段ではない[84]。つまり，過少な企業による収益の独占は，経済の活発性や柔軟性を喪失させる。小売企業経営においても，過剰と不足をなくす方向で経営を進めることが大切である。

　さらに，規模は小さくても，消費者の欲望がある限り小売ビジネスとして十

第2章 小売業のマーケティング・マネジメントの概念整理とMCサークルによる体系化

分に成立することは，1950年代から今日に至る激しい競争の中で生き残ってきた小規模小売業者の存在を見ても明らかである。これは，小規模小売業者が有利であることを意味しているわけではない。小売企業の盛衰は，経営規模に左右されないということである。したがって，規模の大小にかかわらず，守るべきMCサークルの流れに沿った小売企業の経営の意義が提示されなければならない。

　MCサークルは，激しい競争の中で自然に生き残っていく企業経営もイメージしている。MCサークルの外枠は激しく波立つ市場の変化をイメージし，MCサークル全体はその中に浮かぶ企業とその活動をイメージしている。企業規模の大小にかかわらず，多くの現代小売企業は市場の荒波に浮かぶ木の葉のようにはかない存在なのである。この中で自らの存在を明らかにしないでいては，競合を超えて自社の存在を顧客に知らせることはできない。市場という荒波に大きな"石"，すなわち経営者の"意思"を投入するのである。その石（意思）が大きければ大きいほど波紋が水面に広がり，大きく確かな同心円が描かれていく。これを小売企業活動におけるMCサークルに置き換えれば，第1のサークルで経営理念が確立され，第2のサークルで経営方針に広がり，それに沿って第3のサークルで経営戦略が定められ，それらが第4のサークルでオペレーションに展開され，第5のサークルで小売企業のイメージとなって顧客に訴求されることになる。この経営の同心円（concentric circles）は，波紋となって無理や無駄のない自然で美しく展開される経営への流れをつくるはずである。これが，MCサークルに示される小売企業のマーケティング・マネジメント展開の概念である。

　現代の小売市場は，高度経済成長期のように顧客の欲望や競争優位のみを考慮するのではなく，あまりに急激に拡大した企業活動の結果引き起こされた自然破壊，社会破壊，人間破壊にまで視野を拡大しなければならず，企業活動に影響する新たな市場要素として地球環境という経営外部環境にまで大きな責任をもって臨まなければならない時代が来ている。

第3節　MCサークルの構成要素とその意義

2．MCサークルの構成要素の意義…企業行動と顧客にインパクトを与える要素

MCサークルを構成する要素である経営理念，経営方針，経営戦略，オペレーションと顧客志向の小売戦略ミックスの意義について簡単に吟味してみる。

（1）経営理念，経営方針の意義

小売企業のすべてが最初から経営理念をもち合わせているわけではない。相当な規模の小売企業であっても，株式公開や新人募集など他者と関わるにあたって自企業の業歴や足跡に適合するように改めて掲げている例も少なくない。しかし，経営者がそれを明確にしているか否かは別として，経営者が独立して開業する場合，自由に事業をしたい，自分の力を試してみたい，儲けたいといったどの経営者にも共通する起業動機以外に何らかの思いをもっているものである。それらは具体的な言葉で明らかにされることは少ないが，経営の方向を決める局面では重要になってくる。したがって，これらはより具体的に，経営目標，経営方針として明確化される必要がある。

経営理念には，創業経営者の夢を抽象的に表現したものも少なくない。例えば，ユニクロを展開するファーストリテイリング社の経営理念は「革新と挑戦―服を変え，常識を変え，世界を変えていく―」と抽象的に表現されている。これが経営方針になると，定性的な目標として「日本発の新しいグローバル企業になる」，定量的な目標としては短期的に「下期は増収増益に業績を転換させることが目標」とし，それを支えるサブ目標は「アジア市場の躍進を成長の原動力に」，「ニューヨークの出店に期待」，「東京グローバルヘッドクォーターの確立」[85]とさらに具体的になり，株主等の利害関係者にも明確にされる。

百貨店の三越伊勢丹グループの企業理念は「向き合ってその先へ」と抽象的であるが，その内容を次のように顧客，従業員，株主，事業パートナー，地域・社会・地球に向けてより具体的に示している。このように，経営理念は利害関係者志向，顧客志向，人間社会・地球環境志向で構成される。

第2章　小売業のマーケティング・マネジメントの概念整理とMCサークルによる体系化

三越伊勢丹グループの理念

> 真摯に，しなやかに，力強く，向きあいます。
> - お客さま一人ひとりと向きあいます。
>   ご要望とご期待に感動レベルのおもてなしでお応えします。
> - 仲間たちと向きあいます。
>   学びあい，磨き合い，新たな価値を創造します。
> - 株主の皆さまと向きあいます。
>   公正透明な経営を基盤に，誠意と成果でお応えします。
> - パートナーの皆さまと向きあいます。
>   顧客満足を合言葉に，最良の関係を築きます。
> - 地域，社会，地球と向きあいます。
>   ありたい未来の実現に向けて貢献します。
>   [将来にわたり，かけがえのない信頼関係を築いていきます。]

これらはさらに，経営方針（ここでは，ビジョンと表現）として次のようにより具体的に表現されている[86]。当然，数値的目標は各店舗に営業方針として示されている。

三越伊勢丹グループのグループビジョン

> 「常に上質であたらしいライフスタイルを創造し，
> お客さまの生活の中のさまざまなシーンでお役に立つことを通じて，
> お客さま一人ひとりにとっての生涯にわたるマイデパートメントストアとなり，
> 高収益で成長し続ける世界随一の小売サービス業グループ」となる。

また、フランスに本拠を置くファッション業界の企業体LVMHグループの経営理念は，ミッションとして次のように表現されている[87]。

LVMHグループのミッション

> LVMHグループのミッションは，西洋の"生活のアート"を最も洗練された品質で世界中に表現することです。LVMHは，優雅と創造を意味しています。私たちの商品は，伝統と革新を融合し，輝く夢と空想を具体化した文化的価値です。

第3節　MCサークルの構成要素とその意義

　この経営方針にも，企業が目指すイメージゴールが定性的に示されており，投資額に見合った目標が定量的な数値で各支店に示されている。

　以上のように，大規模小売企業の経営理念は自企業の成長意思や利害関係者に向けた目標を示すだけでなく，顧客志向に地球環境志向が付け加えられ，経営方針には従業員のすべてに伝わりやすい目標が定量的，定性的に示されるようになってきている。

（2）経営戦略とオペレーションの意義

　経営戦略については，複合型企業の企業戦略では経営資源をどの事業分野（事業，店舗，商品分野など）に向けて配分するのかが明確にされ，事業戦略では同様の市場や標的顧客を争う他店との競争戦略が明確にされる。単独店の企業戦略は事業戦略，つまり店舗戦略を意味する。この店舗戦略を前提として，機能戦略が明確にされる。小売業の場合，Nystrom の指摘した枠組みで，立地，広告，品揃え，店舗陳列，接客，サービス等の小売のオペレーション・ミックスの方向性が示される。そして，これらをより具体化するためにそれぞれのオペレーショナル戦略が具体的に示される。小売業では，経営方針で営業形態を示しているので，経営戦略では店舗のマーケティング戦略を明らかにする。ファスト・ファッションであれば，ハイセンスなカジュアル専門店化戦略ということになるであろう。

　このように，戦略的事業単位である各店舗のマーケティング戦略は，全社的な経営理念，経営方針を実現するための標的市場や標的顧客を明らかにし，小売オペレーション・ミックスの形で表される[88]。それらは，他店より競争優位性を発揮する視点でなければならない。

　これらの経営理念，経営方針，経営戦略は，まとめて小売企業の展望，つまりビジョンとして一括表現される場合も少なくない。この小売店舗のビジョンを実現するための標的顧客，あるいは増客すべき主要顧客が決定されれば，それらはマーケティング・ミックス，つまり小売店舗の戦略を実現するオペレーション・ミックス，いいかえれば小売戦略ミックスに具体化される。

　Lazer and Kelley（1961）によれば，小売戦略ミックスは商品およびサービ

ス，コミュニケーション，フィジカル・ディストリビューションという三つのサブミックスからなるとしている[89]。いわゆる伝統的なマーケティング・マネジメントの概念の4Psに対応している。これを小売企業に応用すれば，小売戦略ミックスにおいて提供する商品およびサービス，コミュニケーションは顧客への販売手段，フィジカル・ディストリビューションは店舗等をそれぞれ意味している。これらは，Nystromの小売業の戦略ミックスを三つの切り口に集約していることになる。

しかし，現代の小売業のように取扱商品が増加し，消費者の欲求や行動も高度化・複雑化する中では，4Psに代表されるような簡素化は小売業の現場の関係者の共通認識をかえって複雑にしがちである。したがって，Nystrom（1932）の「小売の原理は比較的少なく簡単である。しかし手法は複雑で数限りなくある」という指摘と，小売業の活動は「消費者の意識の向かう方向にある」という指摘に基づいて，消費者の購買行動を起点として小売のオペレーションの適合を想定することが最も共通認識しやすいであろう。

（3）顧客起点のMCサークルの小売戦略ミックスを構成する要素

Alderson（1965）も，小売業は立地と規模（売り場面積）に規定される[90]と指摘している。つまり，立地と売り場規模に合わせて商品はあらかじめ準備されているはずである。したがって，小売業の営業（オペレーション活動）は品揃えと消費者の欲求との適合からスタートすることになる。

消費者の欲求が具体化するきっかけは消費者の購買心理プロセスにおける問題の発生であり，そこから情報探索，店舗選定，購買行動につながっていくことが知られている。そこで，標的顧客と品揃えが決まったら，遠距離の標的顧客が問題を認識した時に（あるいは問題を認識するように），広告・宣伝によって告知する。標的顧客が近距離中心であれば，店前通行客に店舗（特に店頭）で告知する。広告・宣伝は来店を促進し，店舗や店頭の展示陳列は顧客の入店を促進する機能がある。さらに，店舗のゾーニング，レイアウト，店内陳列と装飾など店舗内の雰囲気や人的な接客が入店顧客の購買を促進する。つまり，店舗構造とレイアウト等で構成される店舗イメージが販売促進に影響する

のである。そして，購入した顧客が購入後のサービスも含め，良いイメージをもって再来店することが一連の顧客と小売企業の関わりである。Nystromの古典的著書は，そのことを詳細に示している。

したがって，小売業の戦略ミックスは立地選定，店舗（売り場）設定，品揃え，広告・宣伝，店舗・陳列，接客販売，サービスが重要な要素である。ここで店舗の要素を一つと考え，この六つの戦略ミックスを推進する人材と組織を要素に加えれば，最終的に七つの要素に整理できる。これらの要素については，事業家，研究者，実務家，従業員に共通認識された上で，それぞれの小売業の営業形態ごとに立地戦略，品揃え戦略，店舗・陳列戦略，接客販売戦略，サービス戦略，組織戦略のようにより詳細で具体的なオペレーション戦略を計画しなければならない。なぜなら，現在の小売業は製造業者の製品を単純に販売するのではなく，それに様々な付加価値をつけて提供しているからである[91]。

第4節　MCサークルの基軸となる思想

これまで，Nystromを出発点として小売業の戦略ミックス要素は研究者の数だけ提言されてきたが，本書ではNystrom以降の研究を考慮して小売のマーケティング・マネジメントの体系を考察する上で，消費者を起点とする立場から，経営理念，経営方針，小売店舗戦略を前提として七つの要素を提案したい。

従来の小売業経営や小売業のマーケティングのテキストでは，それらに戦略的にアプローチしていても，小売企業がそれらの各要素で経営方針を達成するためにどのような機能を果たすべきかについて詳述されることはなかった。

そこで本節では，これらの小売戦略ミックス要素は，小売企業のマーケティング・マネジメントを展開する中でどのように機能すべきかについて考察することとする。

第2章 小売業のマーケティング・マネジメントの概念整理とMCサークルによる体系化

1．マーケティング・マネジメントが目指す，正しく，力強く，美しい経営

（1）正しい経営

　小売業だけでなく，企業経営はMCサークルのマーケティング・マネジメントの体系を踏襲したからといって成功するとは限らない。しかし，小売業経営の局面では，小売企業家が依拠する理論が不足しているために，過去の成功体験や宗教的，倫理的な考え方，人生訓などに過度に傾倒したり，企業規模が異なるケースでの成功談に惑わされるといった例を多く目の当たりにする。MCサークルは，小売業者がこのような状態に陥らず，自力で小売企業の行き方，進め方を示し，スタッフや関係者との間で問題や課題を明確にして検討し合うためのツールでありガイドラインである。

　企業経営は，趣味的，福祉的に行われるのではない限り，起業以来の存続・成長・発展を使命としている。しかし，起業してもその後望まれる企業の姿に成長していくことは必ずしも保証されていない。起業の成功率は1～2％ともいわれる。企業経営の成功は，正しい経営に依存しているのである。

　また，企業は社会的存在である。したがって，自力で存続・成長・発展しながら，社会に何らかの形で貢献していかなければならない。社会経済環境，つまり市場環境が常に変化することを考えれば，企業人は常に現在の自社のあり方が時の社会経済の状況に適応しているかについて，共通認識した用語とプロセスで検討し合わなければならない。そのツールが，MCサークルである。

　正しい経営とは，経験や勘に過度に依存しない経営，科学性をもって共通認識できる経営を意味している。これこそ，Nystromを基礎としたMCサークルの体系に沿った経営である。

（2）力強い経営と四つのエナジー

　それでは，科学性のみに依存すれば経営は成功するかといえば，その限りでもない。そもそも，マーケティングの考え方自体が環境適応の概念を意味しているのであるから，市場という常に変化する背景と一体となっている。そのため，いかに過去に成功した論理でも，市場環境が変われば過去のものとなる。

第4節　MCサークルの基軸となる思想

市場は常に変化し，事業機会を互いに争う競合相手が必ず出現することは，Nystrom以降の研究者，特に1980年代以降，明らかに認識された事実である。したがって，日常的な市場変化の中で顧客需要の変化にタイムリーに適合し続けていくことが重要で，しかも競争優位になるようにそれを行うことが小売企業成功の要件である。

このように，MCサークルで示されたマーケティング・マネジメントの流れを正しく展開したとしても，企業が存続・成長・発展するとは限らない。それは，過去の企業を成功に導いた法則にすぎない。重要なことは，その展開においていかに競合他社にない「力強さ」を発揮できるかである。

それでは，マーケティング・マネジメントはどのように展開されるべきであろうか。ここでは，「力強い経営」を実現するための重要な条件として，小売戦略ミックスが果たすべき競争力，集客力，販売力，成長力の四つのエナジーを説明する。

(a) 競争力

企業が激しい競争を強いられる中では，小売企業の収益源となる商品は「競争力」をもたなければならない。これが，マーケティング・マネジメントの要素である商品に求められる第1のエナジーである。商品がコモディティ化している現代では，他者と異なるオリジナリティのある商品，オンリーワンといえるような強い商品，品揃え，マーチャンダイジングを考慮しなくては，企業経営そのものが危ぶまれることになる。

マーケティングの本質は市場を創造することにあるから，競争は考えなくていいとする向きもある。しかし，市場に成長余力のない現代の小売企業においては，必ずしもこの論理は当てはまらない。また，どのように創造された市場であっても，顧客に決定権がある限り顧客を完全にとりこにすることはできない。できるとすれば，来店頻度を他店に優先して高めることである。したがって，商品の「競争力」はマーケティング・マネジメントの小売戦略ミックス要素の目指すべき第一のエナジーである。

(b) 集客力

次に、この競争力に恵まれた商品を販売につなげる力が必要である。筆者のコンサルティングの経験では、空港ビル内の同じ立地にある二つの売店で、同じ高級ブランドを置きながら業績に大きな格差が確認された。つまり、競争力のある商品があることを前提としても、店舗に顧客を集め、店内に顧客を導き、顧客を魅了する「集客力」が必要である。具体的には、顧客の感覚を刺激する広告・宣伝と店舗のエクステリアやショーウインドゥの展示陳列で「集客力」は実現される。これが、小売戦略ミックス要素が保有すべき第二のエナジーである。

(c) 販売力

入店した顧客が購買をしてはじめて企業収益は実現される。そのため、その商品が購買されることを支援する快適性や楽しさ、活気、落ち着いた感じをつくる店舗空間と商品の演出が大切である。具体的には、インテリアにおける店舗のゾーニングとレイアウト、陳列、店内環境(店舗の空気、雰囲気、ムード)づくりが購買促進につながることになる。レイアウトやその他の店舗構造の詳細は、好ましい店舗イメージの形成に極めて重要である[92]。しかし、それだけで顧客が購売決定するわけではない。これに接客とサービスなどを加えた「販売力」が、小売戦略ミックス要素の目指すべき重要な第三のエナジーである。

(d) 成長力

小売業では、競争力ある商品、集客力ある店舗、効果的な販売力が実現されていても経営が行き詰まることが少なくない。その原因としてあげられるものに、経営者の高齢化、後継者の不在による事業の停止やチェーン店の店舗マネジャーの交替による業績格差の発生などの人的な要素がある。したがって、単一事業あるいは単独店舗を運営しているマーケティング・マネジャーが次に考慮すべきは、組織の視点から企業を長期的な成長につなげていくことである。

競争社会を想定すれば、競合店や競合企業より優位に小売業のマーケティング・マネジメントを遂行する能力が重要である。しかし、経営学で指摘されてきた人間の管理範囲、スパン・オブ・コントロールの原則を考慮すれば、一人

第4節　MCサークルの基軸となる思想

でマーケティング・マネジメントする範囲には限界があるし，いかに優れた経営者であってもその魅力を永遠に発揮し続けることはできない。年齢的な限界がくれば，事業は後継者に承継されていく宿命にある。そこに必要なのは，強い経営者の資質や力量（コンピタンス，ナレッジ，アビリティ，ケイパビリティ）を継承し，さらに高めていく人材的，組織的な「成長力」である。これが，小売戦略ミックス要素が保有すべき第四のエナジーである。

（3）美しい経営

　自企業の視点から見て正しく力強い経営ができたからといって，消費者や社会に自然に受け入れられるとは限らない。経営規模を拡大しながら力強く経営していても，社会的に評価されない企業も存在する。小売・サービス業は，顧客である消費者やその総体である地域や社会に必要とされてこそ，存続・成長・発展していける。消費者や社会に自然に受け入れられるためには，単なる販売機関でなく地域コミュニティの一員である認識をもつことが重要である。

　それは，マーケティング研究の歴史の中で，マーケティング・マネジメント論でも，マネジリアル・マーケティング論でも，戦略的マーケティング論でも，企業の成長に向けて企業内部を改善するだけでなく，市場と企業経営の関わりの中でビジネスチャンスをとらえていこうとするプロセスが示されていることからも明らかである。

　そしてさらに，コンシューマリズムをはじめ，コンプライアンス，社会的責任，あるいは地球環境にまで配慮して商品を提供することは，企業が市場とだけ関わっているのではなくコントロールが難しい外部環境とも影響し合っていることを意味している。したがって，企業のマーケティング活動では，マーケティングに関わる拡張環境として，人間社会，地球環境まで配慮しなければならない時代がきている。

　そこで，Bartels（1976）が指摘したように，現代の企業活動は企業の拡大だけを意図するのではなく，人間社会，それをとりまく地球環境に自然に受け入れられ融和することが期待される。つまり，個人や企業の利益だけではなく，積極的に，先人達が人間社会の相互の関係を調整する長年の努力によって

構築してきた歴史的相対社会の正しい発展と，宇宙の美しい回転に貢献し，人間社会や文化を向上するように企業経営を進めていくことが，現代の進化した文明社会のマーケティングに求められる。

　感動は美的な体験を意味している。小売企業が自信をもって品揃えした商品やサービスがそう願った消費者の情緒に自然に受け入れられ，その期待を超えた感動的な満足が実現され，互いの目的が達成しうるなら，マーケティング・マネジメントは高度に実現したことになる。つまり，小売企業側からいえば，自社の好きな商品を，好きな顧客に販売し，顧客は欲望を満たして，企業と顧客が互いの幸せに寄与するなら，これに勝るマーケティング・マネジメントはない。

　小売店舗経営においては，後述する Nystrom，Kotler が店舗での美の法則，空間の美学，美的な表現を強調している。これらは消費者の理性を超越して情緒に訴求する美しい経営を意味している。

2．正しく，力強く，美しい経営を目指す MC サークルの実践

　起業は誰にでもでき，比較的容易である。しかし，それを成長させ，発展していく企業に育て上げることは簡単ではない。企業は環境と共にある。企業を発展させるためには，激しい競争の荒海のような市場や経営環境に，自らの社会的な存在を示す経営理念という大きな石（意思）を投入し，それが経営方針，経営戦略さらにオペレーションへと美しい同心円を描いて広がり，外部にいる消費者の心や人間社会に自然に受け入れられ，溶け込んでいく自然な流れが必要であり，それは「美しい経営」をイメージさせる。したがって，MC サークルの概念と展開プロセスは，「正しく，力強く，美しい経営」を意味しているのである。

　人間は，生命の潤いと輝きを求め，どんなにささやかでも，楽園をつくり，その中で癒される。したがって，人間である消費者および彼らが構成する人間社会，その生活基盤である地球，さらには宇宙に貢献する限りは，企業規模の大小にかかわらず存在価値があり，存続・成長・発展の可能性が約束されてい

第4節　MCサークルの基軸となる思想

ることになる。

　事業はどのような状況下にあっても，そこに人間が存在する限りにおいて生ずる。つまり，人間の生命欲，生きる力がさらなる幸せを求めるからである。しかもこの幸せへの欲求は，過去の不足の充足とは何ら関係なく，どのような状況下にあってもより高次の欲望に向かうことは Nystrom や Maslow（1954）が説明している。

　人間の心に自然に受け入れられる経営を目指し，正しく，力強く，美しい経営を実践することは，いかなる市場においても企業が存続・成長・発展していく可能性を示唆している。MCサークルに沿った経営の意義は，そこにこそ存在する。

1　本節の内容は，主として次の文献に依拠している。
　・Converse, Paul D.（1959），*The Beginning of Marketing Thought in the United States: With Reminiscences of Some of the Pioneer Marketing Scholars*, Bureau of Business Research, The Univercity of Texas：梶原勝美，村崎英彦，三浦俊彦共訳『マーケティング学説史概論―コンバース・先駆者たちの回想―』白桃書房，1985年。
　・Bartels, Robert（1976），*The History of Marketing Thought*, 2nded., Columbus, Ohio, Grid Publishing. Inc.：山中豊国訳『マーケティング理論の発展』ミネルヴァ書房，1979年。
　・徳永豊『アメリカの流通業の歴史に学ぶ』中央経済社，1990年。
2　経済学者であり小売業研究の第一人者である Nystrom（1930）は，小売業の歴史的発展を，①開拓史以前のインディアン商業の時期，②トレーディング・ポストの時期，③よろず屋の時期，④専門小売商の時期，⑤大規模小売企業の台頭の時期の5段階に区分している。
3　Benson, John and Gareth Shaw（1992），*The Evolution of Retail Systems c.1800-1914*, Editors and Contributors, Chap.1：前田重雄，薄井和夫他訳（1996）『小売システムの歴史的発展―1800〜1914年のイギリス，ドイツ，カナダにおける小売業のダイナミズム―』中央大学出版部，1996年，1〜13ページ。
4　Bartels（1976）：邦訳（1979），159ページで，R. A. Gordon and J. E. Howell の研究を取り上げ，1960年代の小売業の研究的価値について紹介している。
5　Hollander, Stanley C.（1959），*Explorations in Retailing*, Bureau of Business and Economic Research, Michigan State University.
6　マーケティング史学会の指導的研究者とされる Nevett と Hollander は，「マーケティング論史は，著作物を生み出した歴史的なコンテクストと著作物自体とを関連付けるのでなくては，意味のある研究はできない」と指摘している。Nevett, Terence and Stanley C. Hollander, "Toward a Circumscription of Marketing History：An Editorial Manifesto,

"*Journal of Marketing*, Vol.14 , No.1, Spring a 1994, p.3.
7　村松（2009），前掲書，3ページ。
8　Nystrom (1913), *Retail Selling and Store Manaement*, N. Y., D. Appleton-Century Co., Inc.
9　小売叢書については，第1章脚注13を参照。
10　徳永（1990），前掲書，58ページ。
11　Bartels (1976), *op.cit.*：邦訳（1979），152〜153ページ。
12　Duncan, D. J. and C. F. Philips (1941), *Retailing: Principles of Methods*, Chicago, Richard D. Irwin, Inc.
13　Bartels (1976), *op.cit.*：邦訳（1979），153ページ。
14　Brown, Paul L. and William R. Davidson (1953, 1960), *Retailing Principles and Practices*, N. Y., Ronald Press. Co.；2nded., 1960 as Retailing; 3rded., 1966, as Retail Management, by William R. Davidson and Alton F. Doody.
15　徳永（1990），前掲書，155〜233ページ。
16　Davidson and Doody (1966), *Retailing Management*, 3thed., N. Y., Ronald Press. Co.；4thed.,1975, with Daniel J. Sweeney.
17　David, Donald Kirk (1922), *Retail Store Management Problems*, Chicago, A. W. Shaw Co.
18　Hayward, Walter S and Percival White (1928), *Chain Stores*, N. Y., McGraw-Hill Book Company, Inc.
19　Godley, Edwin A. and Alexander Kaylin (1930), *Control of Retail Store Operations*, N. Y., Ronald Press Co.
20　Barker, Clare Wright and Ira Dennis Anderson (1935), *Principles of Retailing*, N. Y., McGraw-Hill Book Co., Inc.
21　Robinson, O. Preston and Kenneth B Haas (1946), *How to Establish and Operate a Retail Store*, 2nded., Englewood Cliffs, N. J., Prentice-Hall, Inc.
22　Wingate, John W. and Elmer O. Schaller (1950), *Techniques of Retail Merchandising*, N. Y., Prentice-Hall, Inc.
23　Davidson, William R. and Alton F. Doody and Daniel J. Sweeney (1975), *Retailing Management*, 4thed., N. Y., Ronald Press Co.
24　Wingate John W. and Arnold Corbin (1956), *Changing Patterns in Retailing: Reading on Current Trends*, Ill., Richard D. Irwin, Inc.
25　Jones, Fred M. (1957), *Retail Merchandising*, Ill., Richard D. Irwin, Inc.
26　Gist, Ronald R. (1968), *Retailing: Concepts and Decisions*, New York・London・Sydney, John Wiley and Sons, Inc.
27　Dalymple, Douglas J. and Donald L. Thompson (1969), *Retailing: An Economic View*, Toronto, Collier-Macmillan Canada, Ltd.
28　Rachman, David J. (1969), *Retail Strategy and Structure: A Management Approach*, Englewood Cliffs, N. J., Prentice-Hall, Inc.
29　Gist, Ronald R. (1971), *Basic Retailing : Text and Cases*, John Wiley & Sons, Inc. New York.

第4節　MCサークルの基軸となる思想

30　Pintel, Gerald and Jay Diamond（1991）, *Retailing*, 5thed. N. J., Prentice-Hall, Inc.
31　Wingate, John. W., Elmer O. Schaller and F. L. Miller（1972）, *Retail Merchandise Management*, N. J. Prentice-Hall, Inc.
32　Wingate, John W., Elmer O. Schaller and Robert W. Bell（1973）, *Problems in Retail Merchandising*, 6thed., N. J. Prentice-Hall, Inc.
33　James, Don L., Bruce J. Walker and Michael J. Etzel（1975）, *Retailing Today: An Introduction*, New York Chicago San Francisco Atlanta, Harcourt Brace Jovanovich, Inc. 本著は, Duncan と C. F. Phillips の同著（1941）の第8版である。
34　Marquardt, Raymond A., James C. Makens and Robert G. Roe（1979）, *Retail Management: Satisfaction of Consumer Needs*, 2nded., Illinois, The Dryden Press. 初版は1975年。
35　1980年代以降の小売業のマーケティング研究の著書の選定については, 主として次の文献に依拠している。
　・柏木重秋編著『小売業のマーケティング』白桃書房, 1987年。
　・大橋正彦『小売業のマーケティング―中小小売商の組織化と地域商業―』中央経済社, 1995年。
　・三浦一『現代小売マーケティング論』千倉書房, 1995年。
　・Walters, David and David White（1987）, *Retail Marketing Management*, London, The Macmillan Press Ltd.
36　徳永（1990）, 前掲書, 77ページ, 114ページ, 129ページ。
37　徳永（1990）, 前掲書, 118ページ。
38　徳永（1990）, 前掲書, 233ページ。
39　Lusch, Robert F.（1982）, *Management of Retail Enterprises*. Boston, Kent Publishing Company.
40　Ghosh, Avijit（1990）, *Retail Management*, in U.S.A, The Dryden Press.
41　Morgenstein, Melvin and Harriet Strongin（1992）, *Modern Retailing: Management Principles and Practices*, 3rded., New Jersey, Prentaice-Hall International Editions.
42　McGoldrick, Peter J.（1990）, *Retail Marketing*, London, McGraw-Hill.
43　Lusch, Robert F. and Patric M. Dunne and Randall Gebhardt（1993）, *Retail Marketing*, South-Western Publishing Co.
44　McDonald, Malcolm H. B. and Christopher C. S.Tideman（1993）, *Retail Marketing Plans:How to Prepare Them,How to Use Them*, Oxford, Butter Worth-Heinemann Ltd.
45　Lusch, Robert F. Patrick M. Dunne and James R. Carver（2011）, *Inotroduction to Retailing, International edition*, 7thed., South-Western Cengage Learning.
46　現在の『商業界』は, 前身である『商店界』で1925年3月より編集長を務めていた倉本長治によって, 第二次世界大戦後の1948年9月に創刊された。マーケティング史研究会編『マーケティング学説史―日本編―』同文舘出版, 1998年, 207～208ページ。
47　清水正巳の小売経営の近代化への貢献については, マーケティング史研究会編『マーケティング学説史―日本編―』同文舘出版, 1998年, 207～210ページに詳しい。
48　マーケティング史研究会編, 同上書, 212ページ。清水の代表的な米国の商店経営の紹介は『米国の商店と日本の商店』（1921年, 白羊社）によってなされた。
49　清水晶『小売り業の形態と経営原則』同文舘出版, 1972年。

第2章　小売業のマーケティング・マネジメントの概念整理とMCサークルによる体系化

50　徳永豊「会計学・経営学とマーケティングの融合」『明大商学論叢清水晶博士追悼号』第57巻第7・8月号，226ページ：マーケティング史研究会編，前掲書，210ページ。
51　清水晶『専門店経営学』同文館，1974年。
52　本項で取り上げた徳永豊，澤内隆志の文献は，以下を参考にされたい。
・徳永豊『商店経営入門』同文館，1967年／『経営診断入門』同文館，1967年／『ショッピングセンターの理論』同文館，1971年／『戦略的商品管理』同文館，1978年／『流通マン入門・再入門』ダイヤモンド社，1980年／澤内隆志『演習・店舗管理の基礎』同友館，1965年。
53　清水滋『小売業のマーケティング（21世紀版）』ビジネス社，1992年（初版1982年）。
54　柏木（1987），前掲書。
55　大橋（1995），前掲書。
56　本項の内容は主に，以下の文献に依拠している。
・三浦一『現代小売マーケティング論』千倉書房，1995年。
57　Benson and Gareth（1992），op.cit., pp.1-2：邦訳（1996），1～2ページ。
58　三浦は，Brown, Stephen, "Book Review", Journal of Retailing, Vol.66, No.3 (Fall 1990), pp.337-342を考慮し，三つの視点から最近の小売業の代表的文献を選択している。
59　本稿の内容は主として以下の文献に依拠している。
・高橋郁夫『増補 消費者購買行動―小売マーケティングへの写像―』千倉書房，1999年。
60　三浦（1995），前掲書，46～48ページ。
61　三浦（1995），前掲書，61ページ。
62　Lusch, Dunne and Carver（2011），op.cit., p.64.
63　詳細は，拙稿「ポール・H・ナイストロムの小売業研究に関する一考察―現代小売業への示唆―」『明大商学研究論集』第30号，2009年を参照してほしい。
64　清水晶『営業戦略50講』同文館，1971年，序。
65　村松（2009），前掲書，第6章，110～111ページ他。
66　Bartels（1976），op.cit., p.165：邦訳（1979），249～250ページ。
67　Bartels（1976），op.cit., p.168：邦訳（1979），255ページ。Bartelsは，Pyle, J. F. (1931), Marketing Principles, Organization, and Policies, N. Y. McGrow-Hill Book Co., p.3を引用して説明している。
68　Bartels（1976），op.cit., p.168：邦訳（1979），255ページ。Bartelsは，Breyer, R .F. (1934), The Marketing Institution, N. Y., McGrow-Hill Book Co., p.192を引用している。
69　Bartels（1976），op.cit., p.168：邦訳（1979），255～256ページ。Bartelsは，McCarthy, E. J. (1960), Basic Marketing: A Managerial Approach, Homewood, Ill., Richard D. Irwin, Inc., p.33を引用している。
70　Bartels（1976），op.cit.：邦訳（1979），250ページ。Bartelsは，Percival White and Walter S. Hayward（1924），Marketing Practice, New York, Doubleday, Page and Co., p.2を引用している。
71　Bartels（1976），op.cit.：邦訳（1979），251ページ。Bartelsは，Breyer, R. F. (1934), The Marketing Institution, New York, Mcgraw-Hill Book Co., Inc., p.15を引用して説明している。
72　Bartels（1976），op.cit., pp.168-169：邦訳（1979），256～257ページ。括弧書きは筆者が

第4節　MCサークルの基軸となる思想

　　加筆した。
73　井上崇通「消費者行動研究の新潮流」『明治大学商学論叢』第81巻第3・4号，1999年，359ページ。
74　Bartels, Robert (1988), *The History of Marketing Thought*, 3rd ed.：山中豊国訳『マーケティング理論の発展』ミネルヴァ書房，1993年。
75　塚田朋子「マクロマーケティング研究の源流に対するドイツ後期歴史学派の影響」『東洋大学経営学部経営論集』69号，2007年3月，106〜110ページ。
76　Berman, Barry and Joel R. Evans (1983), *Retail Management: A Strategic Approach*, 2nd ed., New York, Mcmillan Publishing Co., Inc.
77　Berman, Barry and Joel R. Evans (1979), *Retail Management: Strategic Approrch*, Mcmillan Publishing Co., Inc., New York, p.91.
78　Berman, Barry and Joel R. Evans (2007), *Retail Management: Strategic Approrch*, 10th ed., New Jersey, Pearson Education, Inc., p.59.
79　Lusch, Robert F. (1982), *op.cit.*, pp.25-27.
80　Lusch, Dunne and Carver (2011), *op.cit.*, p.64.
81　Ghosh, Avijit (1990), *Retail Management*, Orlando, The Dryden Press., p.159.
82　Malcolm, H. B. McDonald and Christopher C. S.Tideman (1993), *Retail Marketing Plans*, Oxford, Butterworth-Heinemann Ltd., p18.
83　Schumpeterの創造的破壊（新結合）を参照されたい。
　　Schumpeter, Joseph A. (1926), *Theorie Der Wirtschaftlichen Entwicklung*：塩野谷祐一，中山伊知郎，東畑精一共訳『経済発展の理論（上）』岩波書店，1977年，第2章。
84　Bartels (1976), *op.cit.*, p.168.
85　<http://www.fastretailing.com/jp/ir/direction/>（accessed 2011-8-20）
86　<http://www.imhds.co.jp/company/philosophy.html>（accessed 2011-8-20）
87　<http://www.lvmh.com/the-group/lvmh-group/group-mission-and-values>（accessed 2011-8-20）
　　The mission of the LVMH group is to represent the most refined qualities of Western "Art de Vivre" around the world. LVMH must continue to be synonymous with both elegance and creativity. Our products, and the cultural values they embody, blend tradition and innovation, and kindle dream and fantasy.
88　澤内隆志編著『マーケティングの原理―コンセプトとセンス』中央経済社，2002年，17ページ。
89　Lazer, W. and E. J. Kelley (1961), "The Retailing Mix : Planning and Management", *Journal of Retailing*, Vol.37, No.1, p.38.
90　Alderson, Wroe (1965), *Dynamic Marketing Behavior*, Richard D. Irwin, Inc.：田村正紀，掘田一善，小島健司，池尾恭一共訳『動態的マーケティング行動―マーケティング機能主義理論―』千倉書房，1981年，256〜258ページ。
91　村松潤一『戦略的マーケティングの新展開―経営戦略との関係―（第2版）』同文舘出版，2002年，171ページ。
92　Alderson (1965), *op.cit.*：邦訳（1981），264〜265ページ。

第3章

MCサークルにおける
オペレーション・マーケティングの
重要性と展開

日本初の小売・サービス複合型ショッピングセンター「ららぽーと船橋」

第3章　MCサークルにおけるオペレーション・マーケティングの重要性と展開

　第3章は，第1節から第5節で構成されている。本章は，MCサークルでモデル化した小売業のマーケティング・マネジメントの体系の中でオペレーション・マーケティングが重要であることを述べ，本書の焦点がそこにあることを示す。

　第1節では，小売企業にとってのオペレーション・マーケティングの重要性とMCサークルの各構成要素が小売オペレーションにおいて果たすべき機能について検討する。つまり，小売企業のマーケティング・マネジメントでは，企業と顧客の接触空間である売り場周りのオペレーション・マーケティングが重要であることを述べる。第2節では，小売のマーケティング・マネジメント研究の前提となる小売業と小売の特質について整理する。そして，オペレーション・マーケティング段階における小売業のマーケティングと小売マーケティングの同質性について説明する。第3節は，小売のマーケティング・マネジメントは多様であり，4Psではいい尽くせない要素があることを指摘し，オペレーション・マーケティングの要素について提案する。第4節は，小売のマーケティング・マネジメントの対象である顧客を起点としたマーケティングの重要性を指摘する。第5節では，小売のマーケティング・マネジメントのプロセスをMCサークルに沿って展開する上での顧客起点の実践モデルを提示する。

　トップ・マネジメントのレベルでどのような計画がなされようとも，小売企業の収益は顧客との接点において実現する。つまり，小売企業の収益は顧客との接触空間でいかにオペレーションを展開したかに左右されるのである。

　本書で取り扱うオペレーション・マーケティングは二つの特性をもっている。それらは，伝統的なマーケティングで用いられる用語とは異なる特性である。その一つは，Nystromの*Retail Store Operation*（1937）で用いられているストア・オペレーションとの相違であり，もう一つは，経営戦略の階層でいう企業戦略，事業戦略，機能戦略に次ぐ「業務戦略」のためのオペレーショナル・マーケティングとの相違である。

　前者では，Nystrom（1937）が序で指摘しているように，「ストア・オペ

レーション」では小売店舗の管理者や新人のマネジャーのための小売店舗内部のオペレーションの基本知識に重点が置かれており，Nystrom 自身も *Economics of Retailing* 以降の著書で重視してきたように，激しさを増す市場の変化に対応するマーケティング・マネジメントの視点が十分ではない。それに対して本書では，市場の多様な変化に対するマーケティング・マネジメントを統一するオペレーションに焦点を置いている。

次に，後者との相違では，そもそもオペレーショナル・マーケティングの概念は，多角化した企業や複数事業を展開する企業のトップ・マネジメントが組織の最下層を支配するという発想に基づいており，現場は受け身の立場にあるが，本書では，顧客との接触空間を起点としたオペレーションに焦点を合わせ，現場が自力で自己変革できることを意図している。このことから，これらの用語を区別するために，オペレーション・マーケティングと呼び，それを計画・実践・管理することをオペレーション・マーケティング・マネジメントと呼ぶこととする。

第1節　小売企業のマーケティング・マネジメントの要としてのオペレーション・マーケティングの重要性

第二次世界大戦後の高度経済成長は，モノ不足を解消する必要に迫られ，市場が急激に拡大したことによって実現した。マーケティングの研究は，製造業が大量に生産した製品をいかに迅速に消費者に届けるかという目的で行われた。その中では，小売業は流通の最終に位置し，直接消費者に製品を届ける専門機関としての役割が期待された。当時は，消費意欲が高まっていた時代であり，製造業者による販売店の系列化やリベートなどの日本独自の商慣習によって，製造・卸・小売が密接な関係を維持して流通上の役割を果たしてきた。

しかし，小売店舗の大型化に伴い流通諸機関の関係は徐々に変化し，小売業は自由と引き換えにいわゆる川上からの保護を失い，競争が激化するようになった。そんな中，小売業は独自に収益を探求する道を歩むことになった。

第3章　MCサークルにおけるオペレーション・マーケティングの重要性と展開

　澤内（2002）によれば，日本では1950年ごろ，経済の再建・生産の復興という社会的な要請のもとに，生産を出発点とする企業活動が推進された。しかし，すでに1955年ごろには供給が需要を上回りつつあった。そこで，トップ・マネジメント等によるマーケティング視察団をアメリカに送り，大量生産できるようになった製品を大量販売に結び付けるための努力を行うことになった[1]。つまり，1940年代後半以降の生産者志向のマーケティングから，1950年代後半以降は，生産したものを安定的に販売できるようにする販売志向のマーケティング理念に関心が移され，さらに1960年代後半以降は，消費者意識の高まった顧客を対象とした消費者志向のマーケティングが主流となった[2]。

　それは需給のバランス関係から指摘されたことであったが，その結果として需給のバランスが調整されたわけではなく，企業が消費者志向のマーケティングを実践できたわけでもない。むしろ企業は，このような現状の中で多角化経営，新規事業の展開へと突き進み，企業側の発想で市場の拡大，事業の拡大，つまり拡大戦略をその後も継続してきた。商業統計（序章表1-1参照）でも示されているように，日本の小売業は，市場が停滞する中で，大規模小売業者をはじめとして売り場の拡大を進行させてきた。それらの一部は，小売業というより大売業を目指しているようにも見える。

　これらを志向したマーケティングは，マネジリアル・マーケティング，戦略的マーケティングである。小売業も製造業同様，標的顧客を選定して4Psを適用するという大まかな前提の下に，マーケティング活動を標準化し続けることに力を注いできたのである。このことは，製品品質の高度化に伴う均質化と同時に，小売業の経営を均質化してしまうことにつながってしまった。その結果，安易な価格競争が日常化しているのが現状である。

　しかし，人口の減少と少子高齢化が拍車をかけている現在，小規模な小売業者は標的顧客をどのように選定できるのであろうか。市場自体が大きく様変わりし規模の経済を追求する経営には限界があるにもかかわらず，日本の小売業は1970年代までの市場拡大期のマス・マーケティング神話に取り付かれたまま，「森を見すぎて木を見られなくなっている」状態にある。その結果，価格

競争をはじめ過剰な社会問題を引き起こしている。

　小売企業の収益は直接，顧客によってもたらされるのであるから，オペレーションは小売業のマーケティング・マネジメントの要である。この大切な収益源である売り場を忘れ，標準化手法に依存し，現場の活性化が置き去りになっている。このことは，中小規模小売業者だけでなく大規模小売企業チェーンの各小売店においても同様に起きている。そのため，オペレーションの細かなところまで踏み込んだ小売マーケティングの研究が必要である。筆者はこの視点から，小売企業の売り場周りの研究，つまりオペレーション・マーケティングを精緻化する必要があることを提唱したい。

　すでに見てきたように，小売業経営と小売マーケティングの著書には，Nystromの研究の枠組みを基本として小売企業のマーケティングのファクターが列挙されている。これらの研究を踏まえモデル化したものが，MCサークルの各構成要素である。そして，次の課題はそのファクターを収益につなげるためにいかにマネジメントするかであり，そのための研究が必要である。

　本書では，小売マーケティングの要素を統合し，収益があがるように実践する基軸となるものは，顧客との接触空間におけるアトモスフィアであるという結論を導いていく。

第2節　小売企業の特質とマーケティング

1．小売企業の特質

　既に述べたように，トップ・マネジメントのレベルでどのような計画がなされようとも，小売企業の収益は顧客との接点において実現される。このことは，単独店であろうと，多角化した大規模な小売企業であろうと，多店舗展開するコーポラティブ・チェーンの小売店であろうと，フランチャイジング・システムの傘下にある小売店であろうと，同様である。つまり，企業収益は顧客との接触空間で小売企業がオペレーション・マーケティングを展開したことによって実現されるのである。

第3章　MCサークルにおけるオペレーション・マーケティングの重要性と展開

　小売業の場合は，製造業の工場のオペレーションとは異なり，同じ店舗施設，売り場面積，同じ品揃え，同じ販売員で同じように営業を行っても，さらにいえば同じマニュアルに従って営業しても，日々の業績は大きく異なることが日常的に発生する。したがって，企業と顧客の接触空間において，従業員がどのように個々の顧客に接触したか，あるいは顧客が店側の準備したオペレーションにどのように反応したかが収益に大きく関わってくる。

　この顧客との接触空間については，1980年代以降のサービス業を中心とした研究で「真実の瞬間」，「サービス・エンカウンター」など，顧客とサービス企業の従業員との直接的な接触時点の重要性が指摘されてきた[3]。しかし，それらは，サービス・マネジメントやサービス・マーケティングの理論の構築に焦点を合わせた研究であり，本書で取り扱う売り場周りの空間演出やオペレーション全体で表現するアトモスフィアの研究とは質を異にしている。しかも，これらには小売業の分野，小売のオペレーション・マーケティングに踏み込んだ研究としては不足感がある。

　小売企業の現場は，オペレーションを通じた相互作用の連続である。それが，Nystromによって小売業は流通の魅惑の交差点にあるとされた所以であり，販売員と顧客のやり取りはアートであると指摘される理由でもある。したがって，接客を超えた視点が重視されなければならず，顧客中心のオペレーション・マーケティングによって，顧客の購買意欲をスムーズに購買行動につなげるような包括的な支援を行うことが小売マーケティング・マネジメントの大きな目標なのである。

　このように，小売・サービス業はオペレーションが中心であり，オペレーションは顧客との接触空間のすべてに関わる。そしてそこは，顧客と相互作用しながら事が進む現場である。マーケティングでは消費者志向が提唱され，消費者は製造業のマーケティングでも起点になるといわれてきた。しかし，Grönroos（2007）の示唆した[4]ように，一定品質の製品を大量生産することによって生産性を上げる製造業者の経営形態とは異なり，小売の対象となる消費者は一人ひとりが多様な欲望や欲求をもっている。これらへの対応は，オペ

レーションによって実現されている。したがって，オペレーションの理論は，MCサークルの概念に示したように比較的簡単であるが，工場のオペレーションとは異なり，標準化，均質化しにくい多岐性，複雑性がある。しかも，高度な経済社会を通じて豊かな生活を体験した消費者の欲求ははかりしれない。さらに，それはモノ不足時代のベーシック・ニーズよりファッション・ニーズに大きな比重を置かなければならない。しかし，多岐，多様で複雑な欲求に適合する製品は大量生産と大量販売にはなじまず，小売業者自身が品揃えと販売の提案によってそれに近づけていく必要がある。

このように，小売企業はより高いレベルで消費者の満足を充足する，あるいは価値を創造するように，消費者を起点として，あるいは企業と顧客の相互作用によって，小売戦略要素を統合的にミックスしていかなければならない。ここに，小売企業のオペレーション・マーケティングのマネジメントの特質が存在する。

2．小売業のマーケティングと小売マーケティングの同質性

近年の産業構造を見ると，1980年代から議論され始めたように，公的な統計上，既にサービス経済化が進行している。しかし，飲食業，旅館・ホテル業，理美容業，広告業，医療保険業，不動産業，航空・空港業，教育・コンサルタント業など公的にサービス業に分類された企業であっても，企業としての存続・成長・発展は，消費者との接点における収益活動を前提として成立している。つまり，サービス業の企業収益の源泉は企業と顧客の接点にあり，小売業の特質と同質性がある。

とりわけ現代は，流通の最先端にある小売業の現場はもちろん，グローバル社会，情報社会が高度に進展している時代であり，製造業，卸売業においても消費者と直接接点をもった経営形態や営業形態が数多く出現している。小売業者だけでなく製造業者の小売店，他産業界の売り場も顧客への小売の現場であることから，あらゆる経営形態や営業形態の小売現場で顧客接点のマーケティング・マネジメントの研究が必要である。

第3章 MCサークルにおけるオペレーション・マーケティングの重要性と展開

そこで本書では，小売・サービス業はもちろんあらゆる小売現場に応用可能な小売企業のマーケティング・マネジメントを提案する。

第3節 小売のマーケティング・マネジメントの要素

1．小売のオペレーション・マーケティングの要素

　Nystrom（1932）が指摘するように，小売業の理論は比較的簡単であるが手法は複雑で数限りなくある。つまり，オペレーションは一杯ある。Alderson（1965）によれば，小売業は極端な異質市場の概念が伴う[5]ものである。さらにいえば，小売業のマーケティングは一定品質のものを大量生産する製造業者のマーケティングと異なり，経営者，マネジャーの思いの多様性に加え，営業形態，営業規模などによって考えるべきことも異なる。また，ダイナミックな競争状況，つまり隣接する店舗，出店する商店街，ショッピングセンターとの関わり等，影響を受ける市場条件が複雑多岐であり，同じ営業形態であっても市場が変わればオペレーションはまったく異なるものになることから，小売のオペレーションはマニュアル化しにくい異質性がある。

　オペレーションは，端的にいえばMcCarthy（1960）の指摘した4Psと重複している。例えば，Productを品揃え，Priceを価格帯・価格設定，Promotionを販売促進，Placeを立地，チャネルと読み替えることは可能である。しかし，小売業の場合，立地一つとっても，人通りの多い場所，繁華街であればいいというわけではない。

　小売業にとって，立地は投資そのものである。例えば，東京の銀座のような高級立地を選んでも，立地への投資回収ができるとは限らない。つまり，同じ高級な立地でも目抜き通りとその他の通りでは通行量はもちろん，通行人の層も異なり，質的には大きく異なるからである。その結果が，収益性，生産性に影響するのである。一方，郊外の店舗で投資額が同様でも，住宅地から中心街へ向かう往路側に出店するか復路側に位置するかで併設駐車場への誘導の利便性が異なるなど，一概に立地を判断できない。

第3節　小売のマーケティング・マネジメントの要素

　伝統的なマーケティングの考え方では，立地はマネジャーの統制可能要素とされている。しかし，それは新規出店の場合であって，小売業の大半を占める中小規模の小売店をはじめ地域の住民との関係性が強く安易に転換することができない場合は，マネジャーの統制不能要素になることも少なくない。売り場面積についても，同様なことがいえる。つまり，伝統的なマーケティングの指摘とは異なり，立地や売り場面積は小売業にとっては制約条件，あるいは統制不能要素になりうるのである。

　したがって，小売のマーケティング・マネジメントの要素を考慮する上では，あえて4Psから離れ，顧客の購買行動から改めてそれを規定し，組織全体で共通認識する方が企業家，店舗責任者にとってもマネジメントしやすくなるはずである。企業の理念に謳う消費者志向は，このオペレーションレベルにこそ適用されるべきである。

　そこで，消費者の行動と心理プロセスに沿って小売のオペレーションを検討してみることにする。消費者行動の全体モデルは，意思決定プロセスとして，図3-1のような経過をたどるとされている[6]。

　小売業にとって，まず消費者の問題解決のための情報探索の段階からマーケティングの対象となる。

　インターネット，通信販売を除いて[7]店舗小売の現場を想定すれば，情報探索は「広告・宣伝」，店舗選択は「立地」，「店舗」の小売マーケティング要素（小売戦略要素）に関わっている。消費者の視線を追っていけば，店舗建築，店舗外装，店頭表現に沿って店舗選択・評価・決定の選択プロセスをたどるであろう。

　さらに「店頭陳列」，具体的には「ウインドゥ陳列」が入店を促進する。そ

図3-1　消費者の購買行動プロセス

出所：Hawkins, Del I., Daivid L. Mothersbaugh and Roger J. Best, *Consumer Behavior* 10[th]ed., MCGraw-Hill Co., Inc., 2007, p.26 から筆者作成。

第3章　MCサークルにおけるオペレーション・マーケティングの重要性と展開

表3-1　消費者の買い物行動プロセスへの小売マーケティング要素の適用

消費者の買い物行動プロセス	〈小売マーケティング要素〉
問題の認識 ↓	
情報調査	広告・宣伝
代替評価と選定	店舗の建物，店頭外観
店舗選択	立地，店舗建築，店舗外装，店頭演出，ウインドゥ陳列，店頭陳列
購　買	売り場のゾーニング，レイアウト，店内陳列，店内雰囲気（店内演出），接客
購買後のプロセス	サービス

出所：筆者作成。

図3-2　購買後の消費者行動

購買 → 使用 → 評価 → 満足 → 愛顧客,再購買,使用回数の増加,ブランドスイッチング,使用の中止

出所：Hawkins, Del I., Daivid L. Mothersbaugh and Roger J. Best, *Consumer Behavior* 10thed., McGraw-Hill Co., Inc., 2007, p.638から筆者作成。

して，店内の演出は「売り場のゾーニング，レイアウト」によって回遊性，滞留性を高め，商品に触れる機会を多くし，「店内陳列」と「店内雰囲気」によって顧客の購買意欲を高め，さらに「接客販売」によって購買決定に至る（表3-1）。

さらに，Hawkins等（2007）も指摘するように，消費者の購買後の行動にも思いをいたすことは，愛顧動機，あるいは再来店に深く関わる。このことは，小売の収益に大きく関わるために，購買後のアフターサービスは重要な小売マーケティング要素である。

2．小売マーケティングの展開と小売戦略要素

小売マーケティング要素は4Psほど簡潔ではないが，共通認識しやすい項目

第3節　小売のマーケティング・マネジメントの要素

として筆者はこれを基準に提示したい。なぜなら，Nystrom が分類してきたように，小売マーケティング要素をより詳細に分解し理解しておくことは，小売のマーケティング・マネジメントを実践的に展開していく上で重要であるからである。逆説的にいえば，マニュアル化できない部分，例えばセルフサービスでは販売できない高額，高品質な専門店の商品の販売は，優れた販売員やマネジャーの経験やセンスなどの多様な要素をもって販売員と顧客とのアートといえるようなコミュニケーションの中で実現されている。これらは，中小企業の専門店が購買客数に反して収益を確保し，激しい競争下で存在している一つの要因でもある。

　これらの小売マーケティング要素は，競合他店に競争優位性を発揮する店舗戦略に基づいて戦略的にミックスされるべきであり，さらにその戦略は経営方針に誘われ，その経営方針（正確には店舗の営業方針）は経営理念に誘われている。この経営理念は，ストア型の小売店舗レベルで考えれば小売店舗理念（リテイル・ストア・コンセプト）を意味している。

　したがって，小売マーケティング要素は，前章で示した経営理念（ストア・コンセプト），経営方針（営業方針）を前提に，①立地，②品揃え，③価格，④販売促進（広告・宣伝，店舗・陳列など），⑤接客販売，⑥サービスとコミュニケーション，そしてこれらを計画的に管理・統制していく⑦運営組織の七つに大きく分類できるであろう。この七つの小売マーケティング要素はそれぞれの目的をもっており，さらに詳細なオペレーション要素に分類できる。例えば，店舗デザインは商業施設士，接客販売は販売士，店舗陳列はインテリア・コーディネーターがそれぞれ個別に関わることができる。

　しかし，それぞれが相互に調和し違和感のないようにとりはからう上ではリスクを伴うため，注意しなければならない。

　Nystrom の研究の枠組みをベースとした1980年代からの小売業の研究書，および小売業のマーケティングという言葉をタイトルに含むテキストの中から，彼らが捉えている小売マーケティング要素を抽出し，表3-2に分解した。その代表的なものは，Lusch, Dunne and Carver の *Introduction to Retail-*

ing, 7th ed.（2011），Berman and Evans の *Retail Managementt: A Strategic Approach*, 10th ed.（2007），Varley and Rafiq の *Principles of Retail Management*（2004），McDonald and Tideman の *Retail Marketing Plans:How to Prepare Them,How to Use Them*（1993），McGoldrick の Retail Marketing（1990），Ghosh の *Retail Management*（1990）である。

表3-2は，第2章で示したMCサークルの体系に沿って，小売店舗での業務の詳細を示したものである。Lusch, Dunne and Carver（2011）らが指摘するように，近年の小売業のマーケティング・マネジメントは，小売業が直面する外部環境として，社会経済的環境，技術の状況，法的システムと倫理システム，サプライチェーンの状況，消費者の状況，競争の状況など多様な側面での動向に配慮して，小売戦略計画とオペレーション管理をしていかなければならない[8]。小売業のストア・コンセプトを定め，組織目標を定め，現状調査から状況分析（SWOT分析）し，基本戦略を策定する流れが，小売業のマーケティングの基本フローである。そしてそれらは，計画，統制・調整するための管理組織によって遂行される。これが，MCサークルで示した小売マーケティング・マネジメントの体系を意味している。表3-2のうち，立地からサービスとコミュニケーションまでのオペレーションを小売戦略要素と呼び，戦略的に組み合わせて統合したものを小売戦略要素のミックスと呼ぶことができる。

そこで，MCサークルの体系を実際の小売店舗でどのように展開するのか，小売店舗における小売マーケティング・マネジメントの視点から，各小売マーケティング要素について一層詳細な進め方を順を追って説明する。

(1) ストア・コンセプトの明示

オペレーションを統一する企業のミッション，目的であり，組織の行動原則，判断基準である「ストア・コンセプト」を明示する。

(2) 営業方針

次に，これらの抽象的な目的が利害関係者や顧客に直接関わる従業員により理解されるように，定量的な「数値目標」と定性的なイメージ目標である「営業方針」を定める。定量的な目標は，市場シェア，財務的目標（純利益率，資

第3節　小売のマーケティング・マネジメントの要素

表3－2　小売業研究書による小売マーケティング要素

小売マーケティング要素	研究者および著書	Rovert F. Lusch, Patrick M. Dunne and James R. Carver (2011), Introduction to Retailing, 7thed（小売業入門，第7版）	Barry Berman, and Joel R. Evans (2007), Retail Management: A Strategic Approach 10th ed.（小売の管理―戦略的アプローチ―）	Rosemary Varley and Mohammed Rafiq (2004), Principles of Retail Management（小売管理の原理）	Malcom, H. B. McDonald and Christopher C. S. Tideman (1993), Retail Marketing Plans（小売業のマーケティング計画）	Peter J. McGoldrick (1990), Retail Marketing（小売マーケティング）	Avijit Ghosh (1990), Retail Management（小売管理）
ストア・コンセプト	・行動原則・判断基準	・競争 ・顧客 ・ミッション ・目的・目標	・小売業のコンセプト ・顧客志向 ・計画と実践の統合 ・価値の追求 ・目的志向	・競争環境 ・顧客	・ミッション	・市場ニーズの識別	・小売競争の性質 ・小売環境の変化
営業方針	・行動目的	・財務	・財務管理（利益計画，資産管理，予算，資源配分）	・小売組織と営業形態	・企業目的	・小売業績の評価	・財務戦略と計画
小売店舗戦略	・標的顧客の設定 ・小売戦略要素のミックス	・小売戦略計画（ミッション，目的の提示，目標と目的の定義，SWOT分析，基本戦略の開発）	・戦略計画（状況分析，消費者特性とニーズの確認，全体戦略，具体的活動，統制，フィードバック） ・標的顧客の設定と欲求収集（需要と買い物態度と行動）	・小売戦略策定と実施 ・ロジスティクス，情報技術	・マーケティング計画（市場調査，SWOT分析，成功と失敗の要因の仮定，マーケティング目的と戦略，期待成果の推定，代替案の確定，予算，計画実行）	・小売戦略の決定	・企業戦略（企業のミッション，企業目的，状況分析，成長機会の明確化，販売増） ・小売戦略のデザイン（市場細分化，標的顧客の選定，小売ミックスと競争優位性）

第3章 MCサークルにおけるオペレーション・マーケティングの重要性と展開

立地	・商圏 ・場所	・立地戦略	・立地選定（商圏と設定）	・小売立地	・立地計画	・小売立地	・小売立地戦略（商圏と販売予測）
品揃え	・商品構成	・商品仕入と取扱い	・商品開発計画 ・ロジスティクス ・在庫管理	・仕入 ・価格設定 ・小売ブランド		・商品選択と購入 ・小売価格設定 ・小売業者のブランド	・商品戦略 ・品揃え戦略 ・在庫管理 ・ブランド政策（ハウスブランド） ・効果的価格政策の計画
価格	・価格	・価格	・価格戦略		・価格計画		・価格戦略
販売促進	・広告・宣伝	・広告とプロモーション	・広告・宣伝	・広告・宣伝		・広告とプロモーション	・顧客とのコミュニケーション ・広告 ・メディア選択 ・POP広告
	・店舗・陳列	・店舗デザイン ・店舗レイアウト		・設計とVMD ・建築物設備、ショーウィンドウ、ゾーニング、レイアウト、什器、陳列、照明、音響、温度、色彩、香り、他	・店舗イメージとデザイン		・店舗イメージ ・イメージの構成要素 ・イメージ測定・買い物環境の創造（アトモスフィアの要素） ・物理的環境（アトモスフィアの心理学） ・レイアウト ・VMD

第3節　小売のマーケティング・マネジメントの要素

	小売販売	人的販売	販売促進	人的コミュニケーション		
接客販売・購買支援・リーダー、スタッフ、ユニフォーム、動作、顧客サービス	・小売販売	・人的販売		・人的コミュニケーション		・人的販売と集中プログラム・インセンティブ・動機付け・提案販売
その他の販売促進			・販売促進			
反復購買の促進・ロイヤルティの向上	・顧客サービス・コミュニケーション	・小売イメージの確立と維持（小売イメージの重要性とアトモスフィア）・倫理義務の遂行・リレーションシップ・コミュニケーション（イメージ、アトモスフィア、地域とのコミュニケーション）、情報	・小売サービス・法的・倫理的問題	・コミュニケーション	・小売サービス要因	・顧客とのコミュニケーション・サービス戦略（サービス・エンカウンター、訓練と評価）・価格サービス
人事・組織	・人事管理・報酬	・小売組織と人的資源・小売戦略の統合と統制		・組織規模と発展の段階による管理方式	・小売マーケティングミックスの管理	・小売の管理

出所：表内の各著書より抽出して、筆者が作成。

151

本回転率，資本利益率，財務レバレッジ等），定性的な目標は，社会的目標や[9]営業形態などが考えられる。企業規模によっては，企業戦略的な目標も含まれる。例えば，大規模小売業の本部なら海外進出計画の店舗数などを目標としたり，中小規模の単独店であれば1ヵ月，あるいは1日の売上目標を示すこともある。しかし，営業方針はGrönroos（2007）の指摘するように，製造業者のマーケティングの方針である効率化や能率化が，小売業にとっては必ずしも生産性や収益性を上げることにつながらないことを考慮しなければならない[10]。

また，トップ・マネジメントが経営方針の一つとして資金繰り，資産の運用に責任をもつのに対して，店舗責任者は管理会計で示す売上高から管理可能利益までの責任を負う。

（3）小売店舗戦略

営業方針に示された小売企業の目的・目標を実現するために，そのマーケティング・マネジメントの基本的な方向性としての「小売店舗」の基本戦略を定める。ここでは単独店を考慮しているが，多角化企業などでは，統合戦略として定めた企業戦略の下位戦略としての事業戦略，あるいは小売店舗戦略を意味する。端的にいえば，標的顧客の欲求とそれを充足する小売戦略要素のミックスイメージを示す。つまり，「誰に，何を，どのように提供するのか」といった概念で示される。また，小売マーケティング戦略は競争戦略を意味するため，他店に対する自店の戦略ポジション，さらには競争優位性を発揮しうる戦略を決定することになる。

以上のような小売店舗の基本戦略の計画は，定められたミッション・目的・目標を実現するために，SWOT分析による市場調査と内部の現状分析から，基本戦略（全体戦略；主たる標的市場，標的顧客の選定と小売戦略ミックス）を確定するマーケティング・プロセスを通じて行われる。既存企業の場合の標的顧客は，新規起業や新規事業開発の場合とは異なり，不足売上高，不足利益率分をカバーするために，既存顧客を前提とした同質的な追加標的顧客を想定することになる。

第3節　小売のマーケティング・マネジメントの要素

(4) 小売戦略要素のミックス

　小売基本戦略である店舗戦略が決まったら，定めた標的顧客の欲求をより高いレベルで充足するために，「小売戦略要素の適正ミックス」を決定する。これについて小売企業の研究者たちは，マーケティング研究における McCarthy (1960) を基準とするのではなく，Nystrom のオペレーションの研究枠組みを継承して，応用しながら，商品，価格，広告とプロモーション，場所，店舗レイアウトとデザイン，顧客サービスとデザインなどの要素で定めている[11]。

　これらの小売マーケティング要素は，市場志向，つまり顧客志向と競争志向で戦略的に検討されるべきであるから，戦略的な意味をもって小売戦略ミックスと理解されるべきである。

　小売企業経営の専門的研究家で実務的コンサルタントでもある Berman and Evans やサービス・ドミナント・ロジックを提唱したマーケティング研究者でもある Lusch の著書においても，小売戦略的計画という用語をもって説明されている[12]。これらこそ，Nystrom が最も詳細に説明した小売店舗オペレーションの要素であり，小売のマーケティング・マネジメントのコアである。この小売戦略ミックス要素は，Nystrom の指摘したように，理論に比してオペレーションは多様にあるために，いわゆる製造業のマーケティングである4Psの枠組みでは十分に説明できない。とはいえ，あまりに複雑な分類は，オペレーションの実務の理解を複雑にしすぎる可能性がある。そこで筆者は，改めてこれらを簡素化するために，表3-2に示された小売戦略要素と筆者のコンサルティング経験を踏まえ，今日の小売経営環境も考慮して，表3-3のように，①立地（場所・チャネル），②品揃え，③価格，④店舗，⑤接客販売，⑥その他の販売促進，⑦顧客サービスとコミュニケーションの七つを小売業の「限界小売戦略要素」，つまり小売業経営が成り立つ最低限の要素として提唱したい。

　小売業経営は，基本的に場所と店舗規模に活動を規定される。現代的な環境としてのインターネット販売などの通信販売，自動販売機などの営業形態においても，場所，つまりチャネルや店舗規模，すなわち商品提示の場所を無限に

第3章　MCサークルにおけるオペレーション・マーケティングの重要性と展開

とることは不可能であるから，本書で考察する小売店舗のマーケティング・マネジメントを応用することができるだろう。また，サービス業の小売の現場の場合，例えばレストランでは，立地（場所），メニュー，価格，店舗施設，その他の販売促進，顧客サービスとコミュニケーションと応用することができ，コンサルティング事務所であれば，場所，専門業務，アドバイス料，事務所，販売促進，クライアントへのサービスとコミュニケーションというように応用可能である。

　場・立地・店舗が確定されたら，品揃えが決定される。そして，商品を販売するために，標的顧客への告知である販売促進，そして来店者，購買者との関係性を強化する顧客サービスとコミュニケーションによって，顧客の購買を促進し，店舗の信頼を高め，強い絆づくりを実現する。見方を変えれば，取扱商品以外はすべて販売促進と位置付ける考え方もあるほどである。

　各種サービス業，飲食業などを除いて，製造業者の商品を扱う限り，製造技術の進化によって商品で決定的に差異化を図ることは困難となっている。したがって，現代の小売マーケティング・マネジメントにおいては，販売促進は重要な意味をもっている。そのため，販売促進は，標的顧客に知らせて需要を喚起し，来店を促進するための「広告・宣伝」，店前通行客の注視度を増し，信頼感を醸し出して入店を訴求する「店舗」，そして入店者の購買を刺激し購買率を上げるための「陳列および店舗環境」，最終的な購買決定を実現し，小売業の信頼を高める「接客販売」などの要素で構成される。顧客は商品を購買した後も，様々なニーズや問題を抱えている。これらのニーズに応え，あるいは問題を解決するために再び店舗を利用してもらうことは，小売マーケティング・マネジメントの範疇にある。さらに，現代の情報技術，コミュニケーション・ツールの進展を考慮すると，顧客サービスとコミュニケーションは重要な要素である。

　重要なことは，小売のマーケティング・マネジメントは，小売店舗理念であるストア・コンセプトのもと，営業方針の実現を目標として展開されるべきであるから，運営管理の組織も含め，統一的かつ動態的に機能するように戦略的

第3節 小売のマーケティング・マネジメントの要素

表3-3 小売マーケティング・マネジメントの要素

要素		目標	内容と意義
ストア・コンセプト		小売業の活動を統一する行動原則，判断基準	・小売業のコンセプトの構成要因として，顧客志向，競争志向，利害関係者志向を実現するためのミッション，目的・目標がある。
営業方針		定量的な目標，定性的な目標	・財務的目標（売上，利益，シェア）。 ・小売組織と営業形態の選定。
小売店舗基本戦略		小売業の進むべき全体的な戦略	・小売戦略計画は，定められたミッション・目的・目標を実現するための市場調査と内部の現状把握から，SWOT分析によって，基本戦略（全体戦略，標的顧客の選定と小売戦略ミックス）を確定する。小売戦略のデザインは，市場細分化，標的顧客の選定および小売戦略要素のミックスを競争優位性が発揮できるように設定する。
	立地戦略	小売活動を展開する主要な場所	・立地戦略は商圏設定と販売予測から，立地および場所の選定を行う。新たなチャネル戦略も考慮する。
	品揃え戦略	標的顧客の欲求の直接充足	・商品戦略は，商品仕入，在庫管理，ロジスティクス，小売ブランド計画を考慮する。価格戦略との関係で考察する。
	販売促進戦略	広告・宣伝戦略	・顧客への情報伝達，コミュニケーションを目的に，広告とパブリシティの手段とツールおよびメディアの選択を行う。
		店舗・陳列戦略	・店舗（建築物，設備，空間）の基本デザイン。ゾーニング（スペース・アロケーション），レイアウトを計画し，VMDなど商品提案を行う。店舗イメージを高め，買い物環境を創造するアトモスフィアを重視し心理学を応用する。陳列の種類，照明，音響，色彩，空気調節，香りなどを考慮。
		接客販売戦略	・人的販売は，顧客への提案販売を通じて信頼を構築し，購買を促進支援することを考慮する。 ・顧客視点のユニフォーム，動作，接客サービスを重視。 ・専門店等ではセルフサービス店に対する専門販売員は重要な戦略要素になる。 ・販売員の動機付け，訓練，インセンティブを考慮する。
		その他の販売促進	・POP広告，包装，キャンペーン，ショーカード，プレミアム，コンテスト，賞金，クーポン，見本，カーデザイン，新聞，DM，ラジオ，テレビ，Web，地方紙，チラシ，電話帳，買い物雑誌，店舗環境など多様な考慮が必要である。
	顧客サービス，コミュニケーション	顧客愛顧，反復購買の向上	・顧客サービス（有料・無料サービス），コミュニティとのコミュニケーション，倫理義務の遂行に留意する。
運営組織		小売の戦略的経営の管理	・小売組織と人的資源の計画と管理。 ・小売戦略の統合と統制。

出所：NystromおよびNystrom以降の小売業経営や小売業マーケティングに関わる著書に筆者のコンサルテーションの経験を加え作成。

に計画される必要があるということである。そのため，小売のマーケティング・マネジメントを実現するには，小売戦略ミックス要素をオペレーションレベルの戦略要素に分解しなければならない。そこで，販売促進戦略においては，前述した限界小売戦略要素，広告・宣伝，店舗・陳列，接客販売，その他の販売促進を一括して考慮すべきであり，小売業では，販売ミックス，粗利ミックスを構成するのは商品と価格であるので，この2要素は品揃え戦略として一括考慮されるべきと考える。したがって，①ストア・コンセプト，②経営方針（多店舗展開，多角化事業店舗においては営業方針），③立地戦略，④品揃え戦略，⑤販売促進戦略，⑥顧客サービスとコミュニケーション戦略，そしてこれらを統合する⑦運営組織の七つの要素を，最終的な小売のマーケティング・マネジメントを遂行するためのオペレーションの戦略要素と考えることができる（表3-3参照）。

　以上のようにオペレーション・マーケティングの要素を整理し，これ以降は，表3-3に示した小売のマーケティング・マネジメントの要素を中心に話を進めていくこととする。

第4節　顧客起点の小売マーケティング

　近年のマーケティングの研究者が主として研究してきた製造業のマーケティングや4Psのマーケティングに比べて，小売企業のマーケティングは非常に複雑である。営業形態も多様であり，営業形態論はすでに，McNairの"Significant Trends and Developments in The Postwar Period"（1958）[13]，Hollanderの"Notes on the Retail Accordion"（1966）[14]，などにおいて研究されたが，それを顧客との接触空間である小売の現場に応用し解明していくには限界もある。現代の市場の変化があまりにも早く，これらの定式化した理論では説明できないほどの売り場周りの迅速な変化に，小売業は柔軟に対応していかなければならない。したがって，別の視点に立った売り場周りの顧客との接触空間におけるオペレーション・マーケティングの研究を避けて通ることはできない。

この小売の技術にアプローチするのは簡単ではないが、売り手発想が内在する顧客志向ではなく、顧客起点の研究が必要である。異質多元な欲求をもった顧客を科学的に解明することも容易ではないが、重要な意義をもっているはずである。

Howard（1994）は、購買者行動はまさにマーケティングのコアであると指摘し[15]、Nystromは、消費者の向かうところに企業は向かい、そこに利益が存在すると指摘した[16]。したがって、小売のマーケティング・マネジメントは、前述した顧客の購買プロセスと心理的プロセスを考慮して、そこに小売戦略要素を適合させるように展開することが最も効果的で、小売企業全体に共通認識されやすい。

そこで、顧客の購買プロセスとそれに応じた小売のマーケティング・マネジメントの関係を次に示してみる。

第5節　顧客の購買プロセスと心理的プロセス

プロモーション活動は、二つに大別できる。その一つは、店の外の消費者に向けて展開されるアウトストア・プロモーションであり、もう一つは、店舗の内側で消費者に向けて展開されるインストア・プロモーションである。いずれのプロモーションを遂行する場合でも、企業目的、経営方針を達成するように、それぞれの目的を明確に定め、効果的に展開しなくてはならない。そこでは、消費者の購買行動プロセスに適合したプロモーション戦略が必要となる。

企業収益の視点と消費者の購買決定プロセスを軸に、顧客サービスの視点、プロモーションの視点、小売戦略要素と戦略的アプローチの視点を表3-4に整理した。消費者はこのように購買決定プロセスに沿って購買していくが、この購買決定プロセスは、店舗へ来店する前の行動と店内での行動、購買後の消費行動に分類もできるし、インストアとアウトストアの行動に分類することもできる。小売企業が経営を存続していく収益源は、消費者の購買によって実現する。仮に、店舗周りの消費者や店前通行客を想定し客単価が一定とすれば、

小売店への①「注目客の増加」，②注目した顧客の「来店・入店率の向上」，③入店顧客の「買上率の向上」，④買上顧客の「リピート率の向上」によって企業収益が増加し，企業の成長や発展の基礎になる。例えば，店舗・陳列はこのうち，「企業収益実現の視点」では「注目客の増加」，「来店・入店率の向上」，「買上率の向上」に関わり，「プロモーションの視点」では「アウトストア・プロモーション」，「インストア・プロモーション」の両方にかかわる。さらに，品揃え，販売促進，人的販売等は，「買上率の向上」，アフター・サービスとしての顧客サービス・コミュニケーションは，「リピート率の向上」に関わる。このように，表3-4の「消費者の購買決定プロセス」に的確に対応したプロモーション活動を行うことが，重要なマーケティング活動になってくる。

次に，この消費者の購買決定プロセスに沿って，小売業のプロモーション戦略をどのように展開していくべきかについて考察してみる。量販商品のような主として価格に依存する商品ではない商品を扱う小売業の営業形態として，専門店を例にして考察してみる。

表3-4　消費者の購買決定プロセスと小売業のマーケティング活動[17]

企業収益実現の視点	注目客の増加	来店・入店率の向上	買上率の向上	リピート率の向上
消費者の購買決定プロセス	問題認識→情報探索→評価と選択＝（店舗認知）	店舗選択＝（来店，入店）	購買行動＝（買上）	購買後の評価＝（再来店）
顧客サービスの視点	ビフォー・サービス	セールス・コミュニケーション		アフター・サービス
プロモーションの視点	アウトストア・プロモーション	インストア・プロモーション		アウトストア・プロモーション
小売戦略要素と戦略的アプローチの視点	広告・宣伝　立地，店舗	品揃え，価格，店舗デザイン，販売促進，ゾーニング，レイアウト，ディスプレイ，人的販売（接客・サービス），情報サービス，ビジュアル・プレゼンテーション		顧客サービス，コミュニケーション

出所：Varley, Rosemary and Mohammed Rafiq, *Principles of Retail Management*, New York, Palgrave Macmillan, 2004および他の著書より筆者作成。

第5節　顧客の購買プロセスと心理的プロセス

　プロモーションについて清水は，著書『専門店経営学』で，専門店の場合には，①広告・宣伝，②店舗および陳列，③接客販売が特に重要な意味をもち，大きな役割を担うと指摘している。さらに清水は，特に専門店の商品は量販品に比較して品質やデザイン等への消費者の認知度は低く，一般に「情緒的購買」（emotional buying）あるいは「ムード買い」などと呼ばれる態度をもって商品の価値を判断して選択し，買い物する傾向が強い[18]はずであると述べている。

　したがって，Nystromの指摘するようなファッショナブルな商品を展開する場合には，消費者の情緒的購買，雰囲気，ムード，さらには空気といわれるアトモスフィアを創出することが，マーケティング・マネジメントに大いに関わっているのである。

　このように，小売のマーケティング・マネジメントは，顧客との接触空間において，顧客の購買行動と心理プロセスに沿って，アトモスフィアを高めるようなオペレーションが重要である。小売のマーケティング・マネジメントは，その視点からの統合的な計画やその実施，管理を意味することになる。

1　澤内（2002），前掲書，4～7ページ。
2　澤内（2002），前掲書，7～10ページ。
3　サービス・マネジメントについては「真実の瞬間」の用語をはじめて使ったRichard Norman（1984, 1991），*Service Management : Strategy and Leadership in Service Business*, John Wiley & Sons. Ltd., サービス・マーケティングに関しては，Christopher Lovelock and Louren Wright（1999），*Principles of Service Marketing and Management*, Prentice-Hall, Inc. 等を参照。
4　Grönroos（2007），*op. cit.*, Chap.9.
5　Alderson（1965），*op. cit.*：邦訳（1981），256ページ。
6　Hawkins, Del I., Daivid L. Mothersbaugh and Roger J. Best（2007），*Consumer Behavior*, 10th ed., New York, McGraw-Hill Companies, Inc., p.26より作成。
7　実際には，インターネット上のホームページのトップページや通信販売のカタログは店頭，ショーウインドゥ，陳列に匹敵するなど，消費者の購買行動や心理的プロセスは，店舗における購買プロセスと類似している。
8　Lusch, Dunne and Carver（2011），*op. cit.*, p.40.
9　Lusch et al.（2011），*op. cit.*, pp.44-49. Lusch等は従業員，マネジャー，オーナーの個人的目標も企業目的に含んでいるが，小売企業において組織的に共通認識する目標として

第3章　MCサークルにおけるオペレーション・マーケティングの重要性と展開

は，除かれるべきであろう。
10　Grönroos (2007), *op.cit.*, pp.233-262.
11　Lusch et al. (2011), p.64, exhibit 2.6および第2章図2-1を参照されたい。
12　Berman and Evans (2007), *op.cit.*, p.57.
13　McNair (1958), "Significant Trends and Developments in The Postwar Period," in A. B. Smith (ed.), *Competitive Distribution in a Free, High level Economy and Its Implications for the University*, A. B. Smith, Pittsburgh : University of Pittsburgh Press.
14　Hollander (1966), "Notes on the Retail Accordion," *Journal of Retailing*, Vol.42, No.2 (Summer), pp.29-40.
15　Howard (1994), *Buyer Behavior in Marketing Strategy*, 2nd ed., Prentice-Hall, p.1.
16　Nystrom (1929), *op.cit.*, Priface iii.
17　英語表記については，Rosemary and Rafiq (2004), *Principles of Retail Management*, New York, Palgrave Macmillanの目次等を参考にした。
18　清水晶 (1974)，前掲書，同文舘，143ページ，147ページ。

第4章

小売オペレーション・マーケティングを統合する触媒としてのアトモスフィア

自然環境と調和した小売・サービスのアトモスフィア
（スイス・インターラーケン）

第4章　小売オペレーション・マーケティングを統合する触媒としてのアトモスフィア

　第4章は，第1節から第5節までの構成となっている。本章では，小売オペレーション・マーケティングを展開する上で企業と顧客をつなぐ触媒となるアトモスフィアの重要性とその構成要素について明らかにすることにある。まずその前提として，過去のアトモスフィアの研究をレビューして，アトモスフィアの概念について説明する。さらに，顧客との接触空間におけるアトモスフィアの要素とアトモスフィアの小売マーケティング・マネジメントへの適用について，消費者の情緒的購買，理性的購買との関連から考察する。

　第1節では，小売の現場である売り場周りにおけるアトモスフィアが，小売企業の収益性に関して重要な役割をもっていることを指摘する。

　第2節では，本書で考えるアトモスフィアのレベルを検討する。アトモスフィアという言葉には多様性があり，小売企業の経営以外にも適用しうる用語である。さらに，アトモスフィアは，立地環境，地域環境，社会経済的環境，さらには自然環境，地球環境，宇宙環境にまで拡張して考察することができる。そこで，この中から，小売企業が操作できるアトモスフィアの範囲を特定していく。

　第3節では，多様性のあるアトモスフィア研究の中から，小売企業に関わるアトモスフィアに関する先行研究をレビューする。第4節では，先行研究を考慮して，小売経営におけるアトモスフィアの定義とアトモスフィアを構成する要素を提示する。第5節では，MCサークルに必要なアトモスフィアが触媒としてどのように機能するかについて検討する。

第1節　小売のオペレーション・マーケティングの触媒としてのアトモスフィア研究の意義

　前章まで，小売のマーケティング・マネジメントの体系とその展開について見てきた。その流れは，MCサークルの概念で示したように，正しく，力強く，美しい経営を目指し，特にオペレーションは力強い経営のための競争力，集客力，販売力，成長力という四つのエナジーを発揮するように実践され

第1節　小売のオペレーション・マーケティングの触媒としてのアトモスフィア研究の意義

ていくことが期待されている。そして，小売業のマーケティング研究の流れを表す MC サークルは，市場の中で各サークルが有機的に自然で美しい波紋を広げていくように展開されていかなければならないことを述べた。

　これらは，顧客と競合の両者を要素として市場志向で定めたミッションと，小売企業経営の目的・目標である経営方針を実現するために標的顧客の期待に適合させた小売戦略要素を，統合的に組み合わせる計画と管理のプロセスを示している。しかし，小売マーケティング・マネジメントの実務を展開する上で，その市場に自然に受け入れられるように美しい波紋を広げていくためには，小売戦略要素を何によって制約し，統合していくかについての研究が必要である。

　筆者はここで，小売のマーケティング・マネジメントを展開する際の「触媒（catalyst）」，あるいは小売戦略ミックス要素を統合する「触媒（catalyst）」として，「アトモスフィア（atmosphere）」を提唱したい。catalyst は，辞書的には，触媒，刺激，動機，誘引，励みなどを表し，アトモスフィアは，雰囲気，空気，周囲の状況，環境，趣，ムード，大気，気圧などを表す。本書では，catalyst およびアトモスフィアをこれらのすべての意味をほぼ含む形で使用するため，それぞれ日本語の「触媒」，「雰囲気」という言葉を使用せず，企業活動を統合し，顧客と結び付ける役割を果たす働きを catalyst，企業と顧客の接触空間を支配するものをすべてアトモスフィアと呼ぶこととする[1]。

　小売の現場は，企業収益の源泉である商品と顧客の出会いの場（接触空間）である。商品自体が自らを語ることはないため，品揃えというキャスティングと売り場での演出が必要である。売り場を演出するには，高額商品はもちろん，日常品を取り扱っている小売店舗であっても，消費者の購買意欲を高め収益につなげる catalyst となるアトモスフィアが研究されなければならない。したがって，本書で考えるアトモスフィアは，小売企業のマーケティング活動の統合と顧客に働きかける catalyst としての性質をもつ。

　さて，マーケティングにおける消費者起点の重要性が指摘され，またマーケティングでは顧客を選定し，そこにマーケティング要素を適切にミックスすべ

163

第4章 小売オペレーション・マーケティングを統合する触媒としてのアトモスフィア

きであるといわれてきたが,しかし,何を起点とするのか,どのようにマーケティング要素をミックスすればいいのかは明らかにされることはなかった。さらに,小売マーケティング・マネジメントの中で,アトモスフィアをどのように展開すればいいのかについての踏み込んだ研究は見られない。そこで本書では,顧客が期待をもって来店し,購買し,満足して再購買するようになる顧客起点の要素を検討し,その統合によって起こるアトモスフィアを,小売のオペレーション・マーケティングを通じてどのように構築していくのかを考察する。

アトモスフィアは,高額品を販売する専門店だけでなく,量販店やインターネット販売においても,消費者の購買先の選定要素,購買決定要素として重要な意味をもっている。それが,全国に比較的中小規模の商店が生き残っている理由の一つでもある。経営者の人柄がcatalystとなって,入りやすい,アットホームなアトモスフィアを創出しているような例もある。しかし,アトモスフィアには,消費者の情緒的要素が関わるため,小売のマーケティング・マネジメントにおいて,最もシステム化しにくい部分でもある。

特に,我が国の小売の現場は,日本独特の企業文化が感じられる場所であり,消費者(顧客)と従業員という人間が,商品を中心にしておりなす情緒的な行為で成り立っている空間である。したがって,マーケティング研究の原理と手法については,アメリカに多くを学んでも,実践の現場,とりわけ企業と顧客の接触空間である売り場周りのオペレーションには,多民族国家アメリカとは異なる日本的情緒の中から誕生した「もののあわれ論[2]」に通ずる考え方も求められるはずである。アトモスフィアを重視することは,日本人の情緒的なものの考え方,行動に親和性がある。

小売の現場は,企業と顧客の接触空間であり,そこに収益の源泉がある。したがって,小売現場における消費者行動と購買意欲をどのように刺激し,購買につなげるかについての研究が必要である。

本書では,Nystromの研究以降,マーケティングの側面からの研究が薄かったアトモスフィアなるものが,小売のマーケティング・マネジメントの

catalystとなりうることを指摘する。

第2節　本書で取り扱うアトモスフィアの範囲

1．アトモスフィアの多様性

　アトモスフィアは，宇宙科学的な研究，医学的な研究，また絵画・彫刻・建築・工芸などの美術，演劇・舞踊・映画・音楽などの芸術，さらには格闘技の対戦などにも使われる多様な概念である。人々はあらゆる生活環境でアトモスフィアを体感し，日常的に「雰囲気が良い」，「雰囲気が悪い」といった言葉を口にしている。

　より明確に商業的に使用されているものに，東京ディズニーランドのアトモスフィア・ショーがある。これは，日常的なショーや大規模なスペシャル・ショーとは異なる小規模なショーで，遊園地の雰囲気を盛り上げるためのバンド演奏，寸劇，大道芸などで構成されている。ガイドやショー・スケジュールにものせないエンターテインメントを1日に数回，約20分程度行うもので，ゲストが参加できるものもある[3]。

　以上のように，アトモスフィアはその意味の多様性と同様，使われる範囲も多様である。そこで，本書で使用するアトモスフィアの概念範囲を次に明らかにしておく。

2．小売のマーケティング・マネジメントにおけるアトモスフィア

　本書で取り扱うアトモスフィアは，表4-1に示した通り，企業経営，特に小売のマーケティング・マネジメントの適用範囲であり，企業環境に関わる領域である。

　企業環境は，マーケティングの中で外部の環境と内部の環境の両方を表しているが，今日的には，企業経営を取り巻く外部の環境は，社会経済的環境，自然環境，地球環境，さらには宇宙環境にまで拡張して考察することが望まれている。なぜなら，マーケティングは企業経営とあらゆる経営環境との折り合い

第4章 小売オペレーション・マーケティングを統合する触媒としてのアトモスフィア

表4-1 アトモスフィアの概念範囲

アトモスフィア	関連分野
アトモスフィアに関わる範囲	自然科学，社会科学，人文科学
小売企業の取り扱うアトモスフィアの範囲	企業と顧客の接触空間
消費者のアトモスフィアの知覚	視覚，聴覚，嗅覚，触覚，味覚（の一部），
アトモスフィアの知覚・判断能力	知性，理性，感性（の一部）

出所：筆者作成。

を調整する科学的技術と理解され，それらは今日，競合，消費者のみの市場環境の範囲を超えた幅広い環境に支配され，影響を受けることが指摘されるようになったからである。一方，企業の内部環境としては，企業組織としての文化的な環境，店舗立地，店舗施設環境，労働環境，さらには人間関係がおりなす環境など多様なものがある。

消費者側から感知されるアトモスフィアとしては，消費者の五感によって認識される店舗環境，顧客が従業員との間に感ずる雰囲気，商品と店舗全体との不調和から感ずる違和感などが考えられる。これらは，情緒的なアトモスフィアである。一方，近年では，これらの五感に訴求するアトモスフィア以外に，経営者や従業員の行動，言動などから感受する快感や不快感，ライフスタイルや価値観への共感，感動など，理性や知性によって感知されるアトモスフィアの比重も増しつつある。

少なくとも，小売のマーケティング・マネジメントを考察する上では，企業がコントロールできるアトモスフィアとコントロールできないアトモスフィアに分けて考察しなければならない。前述のように，企業環境は外部環境と内部環境に分けられるが，小売のマーケティング・マネジメントは，コントロール可能な内部環境のアトモスフィアに対して行われる。

次に，小売業経営とアトモスフィアの関係を考察してみよう。小売業にとって消費者に対するアトモスフィアを直接規定するものは，消費者が五感によって体感する立地，商品，広告・宣伝，店舗・陳列，販売促進，接客販売，サービス等の小売戦略要素である。したがって，消費者は商品のみでなく，小売企

業が施した商品の陳列の仕方や色の使い方，設定した価格帯を総合的に感受し，企業から顧客へのメッセージとして認識する。

　また，商品の品質，性能だけでなく，価格や立地，店舗もメッセージを伝えている。例えば，同一のブランド商品であっても，パリと銀座，あるいは地方都市といった立地，あるいは専門店と百貨店，量販店など営業形態によって，消費者の受け取るイメージは異なる。つまり，買う地域や店舗によって顧客は異なるイメージをもつ。このことは，その立地や店が既にメッセージを発信していることを意味している。

　メッセージとしてのアトモスフィアは，立地や店舗だけでなく，販売する店員，サービス，陳列，装飾，包装，営業時間，価格など，店内の詳細なオペレーションによっても表現される。したがって，それらは個別でなく組み合わせて，顧客に対するメッセージになるようにデザインされなければならない。あるいは，それらの方針を示す経営理念にまでさかのぼって，組織メンバーの統一的な行動として実現されるように配慮しなければならない。なぜなら，雑然とした店頭からは，経営者の考え方や姿勢がわかってしまい，これらが経営者の人となり，組織文化といった小売企業のアトモスフィアとなって，ストア・イメージやショップ・イメージを形づくり，顧客に届けられるからである。したがって，MCサークルの経営理念，経営方針およびオペレーションによって，顧客にとって好ましいアトモスフィアを構築していかなければならない。小売マーケティング・マネジメントの体系を構成する要素のすべてがアトモスフィアを創出し，小売企業が発するアトモスフィアから顧客は店舗イメージを知覚するのである。

　小売店を劇場に例えれば，観客である顧客が商品という主役に出会い，購入したり消費したりするまでのプロセスを，商品そのものだけでなく売り場という舞台やアトモスフィアという演出で支援することが求められる。この一連のマーケティング活動を，アトモスフェリック・マーケティングと呼ぶことができる。アトモスフェリック・マーケティングの対象は，アトモスフィアを構成するすべての要素である。そして，それらの要素が統合的にマネジメントされ

ることが重要である。

　一方，アトモスフィアは消費者の知覚力，判断力によって認識されるものであるから，いったんは店側からのメッセージとして顧客に届けられるが，このメッセージを顧客がどのように評価するか，またそれを店側がどう受け止めるかによって，多様なコミュニケーションの結果が生まれることになる。アトモスフィアは小売の売り場という舞台を演出することによって生まれ，その演出効果は，顧客の感動や反応の程度，参加割合によって変化する。そのため，アトモスフィアは，顧客の情緒と小売企業の思いが相互作用する小売の現場のcatalystとして，まず最初に企業が舞台に投じるものであり，それに対して顧客が反応し，アトモスフィアが醸成される。アトモスフィアは，その視点から計画，実施，コントロールされるべきものである。したがって，売り手側から表現されるアトモスフィアだけでなく，買い手側から表現されるアトモスフィアについても検討されなければならない。

3．小売経営とアトモスフィア

　小売のマーケティング・マネジメントにアトモスフィアの考え方を導入することは重要な意味をもつ。一つのものを大量生産することにメリットのある製造業と異なり，消費者との直接の接点にある小売の現場では，常に消費者の行動を左右する個人的な情緒，感情や感性の影響によって売り場周りの環境の評価は揺れ動き，収益性も影響される。特に，小売業の場合，製造技術の進展により取扱商品に差異が少なくなった現代では，消費者の小売業への期待も一層多様になっており，小売業側からだけでは推し測りにくくなっている。

　小売業は，売り場という独自のステージを有し，直接消費者と向き合っている有利性をもっている。消費者とは，自分という存在を中心とした家族や友人などとの生物学的な意味での生命の維持，そして情緒的な側面での生活の潤いと輝きに向き合う一個人である。そのため，消費者が外部との接触において，何を是とし，何を否とするかの選択は，自らの生活環境の中で培った感性や感情と経験に裏付けられた合理的な価値判断による。厳密にいえば，個人の合理

第2節　本書で取り扱うアトモスフィアの範囲

的な価値判断の根底にさえも，人間の感情は複雑に入り込んでいる。

　このような人間である消費者と向き合う小売・サービス業は，対象とする顧客の情緒（合理的な価値判断の中にも潜む）を刺激する活動を，その両者の出会いの舞台である店舗の中の商品や接客サービス，あるいは店舗そのものの装飾などを通じて，絶えず行っていくことが重要である。これらを通じて，企業と顧客が共感できる好ましい関係を構築し，購買が継続していくのであり，そのことは小売のマーケティング・マネジメント上の重要な戦略的要素に関わっている。

　個々の小売・サービス業が顧客と共有する情緒は，売り場周りに表現されたアトモスフィアという catalyst によって顧客に知覚される。実際にどのような売り場であっても，それを意図しているか否かにかかわらず，何らかのアトモスフィアが醸成されており，これなしに小売の売り場を構成することは不可能である。しかし，そこで問題となるのは，そのアトモスフィアが企業が意図した通りに顧客に対して正しく有効に働いているかどうかということである。そのように計画し，実践し，コントロールしていくことが重要で，そこに小売経営におけるアトモスフィア研究の意義がある。

4．消費者との接触空間におけるアトモスフィア導入の重要性

　小売業経営の研究は，製造業のマーケティングの体系に依存してその体系がそのまま提示され，立地，仕入，在庫，販売，店舗，ストア・レイアウト，陳列といった売り場のオペレーションに唐突に切り込んでいるテキストや論文が多く，しかもそれらは，製造された製品を消費者に迅速に提供することをもって，流通業の主たる役割と捉える考え方で展開されている。我が国の小売業経営においても，こうした考え方が中心であり，チェーン店化や効率化が進み，量産品を迅速に販売するシステムを中心とした売り場のオペレーションの標準化が極端に進んでおり，その結果，小売業界は商品の均質化，コモディティ化，経営の同質化が常態化し，激しい価格競争が進行している。

　この背景には，第二次世界大戦後の1950年代に成長市場でのシェア争いが始

第4章 小売オペレーション・マーケティングを統合する触媒としてのアトモスフィア

まって以降,およそ半世紀にわたって小売業の店舗展開,チェーン・オペレーションなど,企業の拡大戦略が積極的にとられてきた経緯がある。この間,急成長する市場の中で,他者に先んじて市場のビジネス・チャンスをとらえるべく,多角化戦略やマネジリアル・マーケティング,戦略的マーケティングに大きく視点が移されて[4],小売の現場である売り場のマーケティングに関しては,標準化の研究の中で置き去りにされてきた感がある。しかし,例えば小売企業の本部によるPOSシステムでの売れ筋管理は,バイヤーの仕入力に基づいて品揃えされた商品に対象が限定されている。その品揃えの中から消費者が選択した商品の売上結果に基づいて,売れ筋と判断しているにすぎない。まして,半年も前に受注生産するアパレル商品をPOSで分析しても,同一商品を再発注するのは難しいのが現状である。

このように,個々の顧客の売り場での詳細な期待や情緒の変化などを機械的に捉えることはできず,顧客の真の要望の見逃しや売り逃しが徐々に広がり,景気の低迷と共に,大型店の経営効率も徐々に悪化している。

縮小傾向を見せる近年の限界市場においては,消費者のあるいは自社の選択する顧客のマインド・シェアを高めるべく,リレーションシップ・マーケティングやワン・トゥ・ワン・マーケティングなどにより,既存顧客のリピート購買,ロイヤル顧客化を図るための研究が進み,消費者との良好な関係をいかに構築するかの研究も進んでいる[5]。しかし一方で,消費者需要の高度化,多様化,複雑化への対応に加え,多様な小売の営業形態と競争することを考慮すれば,最も消費者に近い小売の現場でのマーケティングの展開こそが,明確で有効な手段となるはずである。そのことを除いては,企業がいくら望んでも,消費者が自ら企業の収益を支援することに理解を示すことはありえないだろう。

このような視点に立って,現代の小売業が価格に過剰に依存することなく,小売企業経営の目的である収益を実現するためには,顧客との接触空間で消費者の購買意欲を刺激し購買を促進するcatalystであるアトモスフィアを,どのように計画的に導入し,コントロールしていくかというアトモスフェリック・マーケティングの研究と導入が,一層重要となるはずである。

この小売のマーケティング・マネジメントにおけるアトモスフェリック・マーケティングを考察するために、これまでの小売業におけるアトモスフィア研究を第3節でレビューしてみる。

第3節　小売業におけるアトモスフィア研究のレビュー

1．日本の小売業経営におけるアトモスフィアの研究

　我が国の小売業経営においても、アトモスフィアの研究が重要であるが、サービス業はもとより、小売業経営の著書や論文において、アトモスフィアを直接的に研究したものは少ない。その中で、小売商店や専門店経営に多くのテキストを残した経営コンサルタントであり、小売業の研究者であった清水正巳と清水晶は、小売業の営業形態別の店舗の販売促進の面から、アトモスフィアに関わる店舗づくりについて、実務的な視点で詳細な示唆をしている。

　清水正巳と清水晶は、共著書『商店経営』(1951)の中で、消費者起点の考え方の重要性を強調し、それぞれの営業形態に合わせた詳細な店舗設計を、天井の高さ、入口の入りやすさ、ショーウインドゥの見せ方等々、細部にわたって解説している。本著では、これらの店づくりの特徴をアトモスフィアという言葉で指摘こそしていないが、それぞれの取扱商品に合わせた商店のあり方を示した内容は、明らかに売り場のアトモスフィアの重要性を示唆した内容となっている[6]。

　一方、清水晶は『専門店経営学』(1974)の中で、「ただ単に建築学や美学やデザイン学などの観点ばかりではなく、また経営学、特にマーケティングの観点からも考察されなければならないものである。否、むしろこの観点こそが最も優先すべきものである……魅力的に便利に合理的にまた経済的に構成されているか否か……が専門店の経営の成否を大きく支配する重要な要件の一つとなる[7]」として、当時の小売業や小売店の近代化を中心とした考え方に加え、マーケティングの視点からの店舗研究の重要性を指摘している。ここでは、小売業そのものが成熟しておらず発展段階にあった時代背景にあるが、その中で

第4章 小売オペレーション・マーケティングを統合する触媒としてのアトモスフィア

も,消費者にとって魅力的である店舗の重要性は暗に認められた格好となっている。

しかし,その後の日本においては,前述のごとく,アメリカと同様に量販型経営の推進を目的とした研究や業種別,営業形態別,あるいは技術別研究が主流となっている。近年,消費者行動論など消費者を起点としたマーケティングの考え方が注目されるようになりはしたが,小売業の売り場周りのマーケティング・マネジメントの研究に至っては,まだ緒に就いたばかりといっても過言ではない。そこで,本書では,小売業のマーケティング・マネジメントの視点から,消費者との接点にある小売業のアトモスフィアについて研究し,その重要性を確認していきたい。

第二次世界大戦後の我が国小売業経営の研究には,アトモスフィアの直接的な研究や論文が見当たらず,前述の清水らの研究にアトモスフィアに関わる視点からの指摘が見られる程度であり,世界的にもまだ研究が進んでいるとはいえない分野であるが,本章ではアトモスフィアの先進的な研究を取り上げて,紹介していく。

2. Nystrom のアトモスフィアの研究

前項で示したように,第一次世界大戦,第二次世界大戦後のアメリカから30年ほど遅れた日本でも,経済が成長段階にあった時代には,小売業は合理化,標準化を通して量販体制への道を突き進んでいたために,売り場周りの研究は少ない。そのため,アトモスフィアの研究も過去にさかのぼって確認する必要がある。このアトモスフィアを小売業経営の中に最初に取り込んだのは,1930年代の小売業経営研究の嚆矢,マーケティングの実務的研究のパイオニアとして知られる Nystrom である。

Nystrom は,著書 *Economics of Retailing* (1915), *Retail Store Operation* (1937) で,「照明は販売員にも顧客にも好ましい作用をする楽しいアトモスフィアを提供する」としており,既にアトモスフィアの店舗空間での重要性を指摘している[8]。店舗建築の様式においても,「時代の特質に合わせると同様,

第3節　小売業におけるアトモスフィア研究のレビュー

ビジネスに適合するように，店舗に個性とアトモスフィアを与えるために，店舗建築の様式を選定する重要な考察があったのである」と，アトモスフィアが店舗の個性化と同様に重要であったことを指摘している[9]。

さらにNystromは，*Economics of Fashion*（1928）の第5章「ファッションへのアートの関係」で，「我々の満足のすべては，本質的に心理的である。つまり，すべては，最終的に，満足を体験する人の心の中で重みをつけられ，判断される。明らかに，美的効果は，すべての商品の最終的な使用の中で重要である」と指摘して，個別の欲求をもった人間である消費者の心理に影響を与え，購買から消費まで深く関わる美的効果の重要性を説いている。そして，「美の原理」と「アートへの個人的な反応」を説明し，その具体的な展開として，音の調和，美と触感，光と影の組み合わせ，色彩，色彩の象徴，暖色と寒色・前進色と後退色，色の組み合わせ効果，色の調和，線・面・集合の効果を説明している。さらに「錯覚を創造するアート」として，アパレル等を例に，楽しく見せる心理的な効果を目的とするアートについても，小売業のマーケティング研究の重要な項目として説明している[10]。これらはまさに，消費者である人間の購買を促進する多くの要素を，情緒的な側面，つまりアトモスフィアを構成する要素の視点から研究したものである。Nystromの指摘であるがゆえに，小売のマーケティング・マネジメントのアトモスフィアを考える上で，その意義は大きいといえる。

Nystromは，*Fashion Merchandising*（1932）の「マーチャンダイジングと競争[11]」の項でも，「ビジネスにおいて，特定の個性とアトモスフィアは競争分野における重要な特性であり，これらの特質は，多くの場合，競争の嵐に対する効果的な保護・防御として機能して，個性化と共にアトモスフィアを取り入れた経営は競争優位性を発揮する」とアトモスフィアを取り入れた小売業経営の重要性について述べている[12]。さらに，具体的な展開の中の「ファッション商品の広告」について述べる章でも，「ファッション広告における説明図の必要性」の項の中で，「（製品の機能や性能を超えて消費者にアピールする）ファッションのほとんどは目にアピールするので，顧客にアピールするため

に，挿絵と図での表現が重要であり，実際に，絵は，用途，場面とアトモスフィアを提案することにより，単に商品そのものを陳列するよりも多くのことが表現できる[13]」と小売業の具体的なオペレーションの一つである広告の場面で，視覚に訴求するアトモスフィアが重要な要素であることを強調している。

このように，Nystromはマーケティング研究の初期から，その著書の中で，商品の機能や性能の重要性を前提としながらも，小売事業のすべてにおいてアトモスフィアの重要性を指摘し，アトモスフィアを構成する要素についても既に示唆していたことがわかる。

Nystromは，彼自身でアトモスフィアの概念を明確に示してはいないが，著書を通じて示された指摘を総合すると，「アトモスフィアは，（小売の）特定の環境および周囲に感じられる情況であり，顧客のみならず従業員にも好ましい影響を与える特定の個性であると共に，競争優位性の要因となる人間の情緒に訴求する美的な要素」であるという概念規定が汲み取れる。

次に，Nystrom以降の研究者の中で，アトモスフィアの具体的な内容にまで踏み込んでいる者は近年に至るまで数少ないが，それらの者がどのようにこのアトモスフィアを取り上げて，何をアトモスフィアの要素としているかをレビューしてみる。

3．Kotlerのアトモスフィアの研究[14]

Kotlerは，Nystromのアトモスフィア研究の約半世紀後，マーケティング・ツールとしてのアトモスフィアについて研究し，発表した。その後のアトモスフィアの研究者の多くは，このKotlerの研究内容を取り入れ，これをベースとして理論展開するなど，その後の研究に多大な影響を与えている。本書においても，Kotlerのアトモスフィアの研究は，小売の現場に関わるアトモスフィアを考察する上で重要であるので，その要点を次に紹介してみる。

Kotler（1973-1974）は，小売経営におけるアトモスフィアの重要性について，次のように述べている。

「ビジネス思考の中で，最も重要な進化の一つは，人々が，購買の意思決定

第3節　小売業におけるアトモスフィア研究のレビュー

において，単に提供される有形財やサービス以上のものに反応するという認識である。……有形財は全消費のパッケージのごく一部分に過ぎない。買い手は全製品に反応するのである。それは，サービス，保証，包装，広告，信販，社交辞令，イメージ，と製品に付属するその他の機能である。全製品の最も重要な特徴の一つは，購買されるか消費される『場』である。ある場合には，より具体的には場の『アトモスフィア』であって，製品そのものより，購買の意思決定に影響を与える。場合によっては，アトモスフィアは，最も重要な製品である。しかしながら，実業家は，マーケティング・ツールとしてのこのアトモスフィアを二つの要因から，無視する傾向にある。その第一の要因は，彼らの思考が現実的，機能的であるからであり，消費の美的な部分を無視する傾向にあり，第二に，アトモスフィアは，コミュニケーションにおける『サイレント言語』であるからである[15]」

このように，Kotler はアトモスフィアを拡張商品と認識し，提供する商品，サービス以上のマーケティング・ツールであり，消費者に訴求することの重要性を相当に強く指摘し，本質的に購買されたり消費されたりする「場のアトモスフィア」が重要であるとしている。そして，その中で，アトモスフィアについて示唆に富んだ体系的な説明をしている。その論調から，アトモスフィアとは，小売業と顧客とのコミュニケーションのための美的な要素を含んだサイレント言語であることも含意している。

Kotler は，この論文で，購買に影響するアトモスフィアの体系的解釈を目指して，アトモスフィア概念の歴史的な先例，アトモスフィアの正体，マーケティングにアトモスフィアが最も関わる状況，消費者の購買行動へのアトモスフィアの影響，アトモスフィアの有効活用の事例，アトモスフィア計画の主要な段階，アトモスフィアの科学的研究推進のための主要な問題点などについて，マーケティング分野に刮目すべき提唱を行っている。Kotler のこの研究は，本書に関わる重要な論文であるので，この後，その要点を紹介する。

(1) アトモスフィアの歴史的な観点

Kotler は，アトモスフィアの歴史的な見方を振り返って，人工的環境，労

第4章　小売オペレーション・マーケティングを統合する触媒としてのアトモスフィア

働環境，購買環境をあげて，それぞれの特徴を説明している。その中で「人工的な環境」は，家，店舗，工場，教会，都市全体などであり，これらは魅力的でないはずはないとしている。なぜなら，歴史的には，建造物に対する強力な美学があり，社会的な意味で建造物を崇める人が多かったからであると指摘している。そして，19世紀から20世紀になると「労働環境」は清潔になり，景色の良い，力強い工場に対する美学は，人が威厳のある状況の下で働くことを求めていることを表していたし，また労働生産性を上げることに投資することを表していた。

　美学は，「購買環境」にも出現し，混雑した市場（いちば）の売店から，快適で広い店に関心が移った。まず機能的になり，装飾的な芸術の対象物となった。最も単純な例は，ロンドンのハロッズ，シカゴのマーシャル・フィールドといった「消費の宮殿」のような店舗であると説明している。

　このように，Kotlerは，人間の生活，労働，買い物などに関わる環境の中に，崇高，威厳，快適を表現する美学が存在してきたことを説明している。その上で，近年，店舗インテリアやエクステリアは，買い物客に購買への影響を与える重要なきっかけとなるか，購買時の重要なきっかけや効果を強化するような明確な感情を創造するようにデザインできるという認識がなされるようになってきた[16]と，店舗の内外装に関わるアトモスフィアの働きを指摘している。

（2）アトモスフィアの正体

　Kotlerは，将来，マーケティングの多くの部分で，マーケティング・プランナーが「空間の美学」を現在の価格，広告，人的販売，宣伝などのマーケティング・ツール同様に使用するようになるだろうと示唆している。また，買い手の中に特定の効果を創造する空間を意識的にデザインしたことを表現するために，「アトモスフィア」という用語を使うようになるだろうと指摘している。そして，もっと具体的にいえば，アトモスフィアは購買の可能性を強化するように，買い手の中に特定の情緒的な効果を生み出すための買い物環境をデザインに取り込むことであると強調している。自らの論文にある"demarketing"計画の一環として，需要を思いとどまらせるための"negatmospheres"の

意図的なデザインをも含んでいることに注目すべきである[17]と，マーケティング効果と買い物環境へのデザイン的応用の効用と同時にアトモスフィアの意図的な計画にあるネガティブな働きも指摘している。

アトモスフィアのキーコンセプトは，専門的には「天体の周囲の空気」であり，より口語的には，周りの特性を表現する場合にも用いられる。つまり，アトモスフィアは，常に周囲の空間の質として存在する。

また，アトモスフィアは感覚を通して感知されると述べている。したがって，アトモスフィアは，「感覚用語」で表現できる。アトモスフィアのための主な感覚チャネルは，視覚，聴覚，嗅覚，そして触覚である。アトモスフィアの主な視覚的側面は，色彩，明るさ，大きさ，形状であり，主な聴覚的側面は，音量とピッチ，主な嗅覚の側面は，香りと鮮度，主な触覚の側面は，柔らかさ，滑らかさ，温度などであり，第五感のテイスト（味覚）はアトモスフィアに直接的には適用できないとしている。

さらにKotlerは，意図したアトモスフィアと知覚されるアトモスフィアには重要な違いが存在すると指摘している。すなわち，意図したアトモスフィアは，人工的環境のデザイナーが空間の中に吹き込むことを求められた感覚的な質の集合である。一方，知覚されるアトモスフィアは，顧客によってまったく異なる。人間のカラー，サウンド，ノイズ，そして温度は，部分的には習得されたものである。異なる文化の人々は，色に関する異なるアイディア（認識）をもっているとしている。

このように，Kotlerはアトモスフィアは美的な感覚用語であり，提供する商品やサービス以上の拡張商品であると捉えている。そして，購買され，消費される「場」の重要性を指摘し，アトモスフィアの適用範囲を店舗空間にほぼ限定している。そこに売り手が意図したアトモスフィアと顧客が知覚するアトモスフィアに格差が生じることを示唆しており，アトモスフィアを売り手からの発想だけではなく，買い手の個人の情緒まで考慮して取り扱う必要を示唆している。

第4章 小売オペレーション・マーケティングを統合する触媒としてのアトモスフィア

(3) アトモスフィアが最もマーケティングに関わる状況

　Kotler は，アトモスフィアがマーケティングの変数として最大の重要性をもつ状況について，四つの提案をしている。

　第一に，アトモスフィアが，マーケティング・ツールとして重要性をもつ状況として，商品が購入されるか使用される状況，売り手がデザインの選択権をもっている状況の二つをあげている。Kotler は，アトモスフィアは小売業者にとって非常に関連性の高いマーケティング・ツールであり，製造業者，卸売業者にとっては関係性は薄いと指摘している。これは，製造業者や卸売業者は最終商品が購入される小売店舗のアトモスフィアをほとんど管理できないからである。小売業者にとって，家族購入者は購入する場所とアトモスフィアを商品の一部として選択する傾向にあるとしているが，オープンマーケットでの個々の小売業者はアトモスフィアをコントロールできないのでその効果は小さく，メール，電話，あるいは訪問販売には意味をなさないツールであると，小売業の営業形態別のアトモスフィアの効用についても指摘している。

　第二に，多くの競合店が存在する状況では，特定顧客を魅了し維持するために，アトモスフィアがマーケティング・ツールとして重要であるとしている。

　第三に，製品や価格に差が少ない場合である。通常，買い手は製品と価格の違いを小売店舗選定の重要なキーとしているが，これらの差異が少ないところでは，買い手は立地の利便性，駐車施設，オーナーの人格（personality）あるいはアトモスフィアを判断基準とするとしている。

　第四に，まったく異なる社会階級やライフスタイルにある買い手のグループを対象にして商品参入する状況でも，アトモスフィアがマーケティング・ツールとして重要であるとしている。それは，アトモスフィアが，売り手が意図したマーケット・セグメントに参入するきっかけを提供するからである。ハイクラスの顧客層へアピールする店は，広々としたレイアウトと少ない品揃え，前衛的な若者に訴求するためには，激しいムービーライトやロックミュージック，明るい色彩で訴求することが考えられる。

　このように，Kotler も Nystrom の考え方と同様，アトモスフィアがマーケ

ティング・ツールとなる要因として，競争力の要因，マーケット・セグメントの要因，価格志向をもたない顧客の選定要因について指摘しながら，アトモスフィアの特性を明示している。

(4) 消費者の購買行動へのアトモスフィアの影響

Kotlerは，図4-1の「アトモスフィアと購買率を結ぶ因果関係連鎖」を示し，場のアトモスフィアが購買行動に影響するメカニズムを示している。アトモスフィアが少なくとも三つの方法，①注目を創造する手段（media），②メッセージを創造する手段，③影響を創造する手段で購買行動に影響するとしている。

具体的には，「注目誘引手段」としてカラー，ノイズと動きが貢献し，「メッセージ創造手段」は，店舗選択基準となる売り手の違いを顧客に認識させる差異的な刺激を提供し，「影響を創造する手段」では，パブロフの犬の食べ物のように，アトモスフィアの多様な要素は，特定の商品，サービスあるいは経験への欲求を創造し，高め，買い手の感覚を呼び起こす引き金になるとしている。顧客は，多くの欲求や購買意図をもちながら歩いているが，状況的要素が一変して購入に導くようになるまで具体化されないので，行動の意図を実際の購買行動に転換する助けとなるアトモスフィアをコントロールすることによって，顧客の情報を修正し，購買率を高めることを示唆している。これは，まさに消費者行動のモデルに準じた指摘である[18]。

図4-1 アトモスフィアと購買率を結ぶ因果関係連鎖

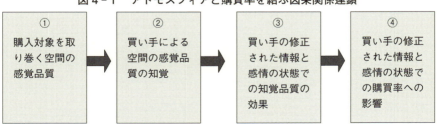

出所：Kotler, Philip, "Atmospherics as a Marketing Tool" *Journal of Retailing*, Vol.49 No.4 winter, 1973-1974, p.54 より作成。

第4章 小売オペレーション・マーケティングを統合する触媒としてのアトモスフィア

図4-2 アトモスフィアの計画段階

【アトモスフィアの計画段階】
Step1：標的顧客のニーズの発見
Step2：顧客が反応するアトモスフィアの変数の発見
Step3：アトモスフィアの実践
Step4：アトモスフィアの競合との評価

出所：Kotler, Philip, "Atmospherics as a Marketing Tool" Journal of Retailing, Vol.49 No.4 winter, 1973-1974, pp.61-63 より筆者が作成。

（5）アトモスフィア計画の主要な段階

Kotlerは，アトモスフィア計画はマーケティング計画と同じであるとして，標的顧客は誰であるか，購買体験から標的顧客は何を求めているか，買い手が求めている信念と情緒的な反応を強化できるアトモスフィアの変数は何であるか，結果としてのアトモスフィアは競合のアトモスフィアと効果的に競争しうるかの評価についての流れを説明している（図4-2）。

さらにKotlerは，アトモスフィアを管理する経営幹部には，アトモスフィアの実現に必要な三つの主要なアートの形式に慣れ親しんでおくことが必要であるとして，建物のエクステリア構造のアトモスフィアを追求する建築学，建物のインテリア空間のアトモスフィアであるインテリアデザイン，店舗のショーウインドゥのアトモスフィアとしてのウインドゥの装飾をあげている。

したがって，Kotlerは，アトモスフィアを主として店舗イメージの表現として管理するために，マーケティング計画と同じプロセスをとるものと理解していることがわかる。

（6）アトモスフィアの科学的研究推進のための主要な問題点

Kotlerは，アトモスフィアは，ほとんどの企業のマーケティング・ミックスの中で比較的軽視されているツールであると指摘している。これは，売り手の心を有形財が支配していることと，ほとんどの売り手の美的思考法に反する

第3節　小売業におけるアトモスフィア研究のレビュー

関数であることによる[19]と指摘している。このKotlerの指摘は，小売店舗のオペレーションへのアトモスフィアの適用が遅れている原因を明示しているだろう。

4．Kotlerのアトモスフィア研究からの示唆

　Kotlerは「アトモスフィアの正体」として，マーケティング・プランナーは将来，マーケティングの多くの分野で，「空間の美」を現在の価格や広告や人的販売，その他のマーケティング・ツールのように，意識的に巧みに使うだろうと示唆している。また，アトモスフィアづくりは，買い手の購買確率を高める特別な情緒を生み出すために，買い物環境をデザインする努力である[20]と述べている。このことは，「消費者の購買を促進するための情緒を創造する美的空間づくりのマーケティング・ツール」として，美学の視点からアトモスフィアを定義づけているといえよう。

　Kotlerのアトモスフィアの概念の指摘は，売り場空間におけるアトモスフィアの重要性を明らかにしている。特別な情緒を創出する空間の美としてのアトモスフィアの考え方は，その表現は異なっても，Nystromのアトモスフィアの概念と共通しているだろう。Nystromがアトモスフィアを経営の競争要素と従業員にも影響する要因として捉えたのに対して，Kotlerは主に競争要因，顧客選定要因であると共に，より直接的に顧客の購買率の向上に貢献するものとして，店舗環境に限定して明確にした。

　さらに注目すべきことは，Kotlerがアトモスフィアについて，店舗計画の中で需要を減退させる"negatmospheres"となる可能性を指摘している点である。つまり，自店の主たる対象顧客としてそぐわない顧客の入店を阻止するアトモスフィアの効果もマーケティングの範囲としている。

5．Nystrom，Kotlerのアトモスフィア研究の影響

　KotlerがNystrom以降，あらためてマーケティングのツールとしてアトモスフィアが重要であることを示唆した後，いくつかの研究が進んだ。これまで

181

第4章 小売オペレーション・マーケティングを統合する触媒としてのアトモスフィア

述べたような Nystrom と Kotler によるアトモスフィアの研究がその後の研究にどのような影響を与えたか，主要な小売業経営のテキストとタイトルにアトモスフィアを含んだ小売に関する論文を取り上げ，年代を追って吟味した。

（1） 1950年代までのアトモスフィア研究の動向

Nystrom が最初に "atmosphere" の言葉を小売業経営に関して明示した1930年以降の代表的な小売業経営のテキストにおいて，アトモスフィアがどのように取り扱われたかについて検討してみる。

Godley and Kaylin の *Control of Retail Store Operations*（1930）[21]は，Nystrom の編集している「マーチャンダイジングと流通シリーズ」の著書である。第15章にショーウインドゥと店内陳列についての記述があるが，コスト，予算の面からの著述が中心で，アトモスフィアへの言及はない。

Barker and Anderson の *Principles of Retailing*（1935）[22]は，小売業の研究者向けのテキストとして，第4章で「店舗レイアウト」，第5章で「店舗の什器と設備」に触れ，店舗のアロケーションの要素として，pleasing appearance（見栄え）の重要性を指摘している。さらに，「店舗照明」の項で，適正な照明が顧客を魅了する収益力になると指摘し，「空気調節」の項でも，顧客とハイクラスの従業員を確保することにも貢献するとアトモスフィアに関わる指摘をしているが，アトモスフィアの用語では示されていない。

N. A. Brisco and S. W. Beyburn の *Retailing*（1944）[23]は，1935年，1936年，1937年，1939年，1940年，1942年の各年に重版しており，小売業の基礎を示したテキストである。Nystrom の研究枠組みに加え，Nystrom が研究したファッションについて第14章，第15章を設けているが，レイアウト，設備の中にアトモスフィアへの言及はない。

このように，1930年代の代表的な小売企業のテキストには，アトモスフィアの研究は見られない。

Robinson and Hass の *How to Establish and Operate a Retail Store,* 2nded.（1946）[24]は，小売業の初心者のための実務書である。その枠組みは Nystrom のものであるが，第16章「商人とコミュニティ」を設けて，コミュニティの中

第3節　小売業におけるアトモスフィア研究のレビュー

心としての店舗の役割を追加している。そして，第11章「商品の提示：インテリアとウインドゥ・ディスプレイ」の中で，ストア・アトモスフィアについて，最も有益で効果的な広告と販売促進の形態は，店舗そのもののアトモスフィアによって創造されると述べている。その上で，アトモスフィア，あるいは店舗のスピリッツは陳列の特徴，所有者のマネジメント，従業員による丁寧な応対と提供されるサービス，十分な商品の提供，正確，迅速で，感じの良い応対，楽しく意欲付けられるエクステリアとインテリアのディスプレイと配列であると，小売店舗内のアトモスフィアの表現方法と販売促進効果について説明している。Robinson and Hass（1946）には，商品，店舗内外の陳列についての詳述はないが，従業員とサービスに加え，オーナーのマネジメントの姿勢もアトモスフィアを構成する要素と捉えている。Nystromのアトモスフィア研究からの引用の表示は特にないが，論調はNystromのものであり，Nystrom以降にアトモスフィアに着目した小売業の研究者である。

Brown and Davidsonの *Retailing; Principles and Practices*（1953）[25]は，マネジメントの視点から小売業の実務と管理の基礎を示している。本著の序では，原稿段階でNystromから多くのコメントと示唆を得たとしている。したがって，その研究の枠組みはNystromのものであるが，第7章の「レイアウトの計画」の中にもアトモスフィアの視点は省かれている。

Wingate and Corbinの *Changing Patterns in Retailing : Reading on Curren Trends*（1956）[26]は，当時の小売業の営業形態の新しい変化を中心として記述されている。アトモスフィアの視点からの記述は見られない。

Jonesの *Retail Merchandising*（1957）[27]は，小売マーチャンダイジングにおける大学の初級テキストである。Nystromの枠組みを前提に，第6章でレイアウトが取り上げられているが，アトモスフィアには触れられていない。

以上のように，1950年代までの初期の小売業研究は，流通における位置付けと経営内部の管理に集中し，アトモスフィアへの関心は低いものであった。

（2）1960年代のアトモスフィア研究の動向

Gistの *Retailing: Concepts and Decisions*（1968）[28]では，店舗・レイアウト

第4章 小売オペレーション・マーケティングを統合する触媒としてのアトモスフィア

などの章において，Nystromと同様の視点で店舗計画について説明しているが，アトモスフィアの視点からの研究の影響は見られない。

Rachman の *Retail Strategy and Structure: A Management Approach* (1969)[29] には，第14章「コミュニケーション・ミックス」のストア・イメージの説明にも，第15章「顧客とのコミュニケーション」にも，アトモスフィア研究への言及は見られない。

1960年代の代表的な小売業の著者二人には，アトモスフィアの研究は見当たらない。

(3) 1970年代のアトモスフィア研究の動向

Gist の *Basic Retailing : Text and Cases* (1971)[30] は，カレッジ用の基本テキストで，1968年に刊行された初版の改定版である。本著では第2章に「小売業の営業形態」，第6章に「商圏」，第15章に「小売サービス」，第19章に「コンピュータシステム」の項を設けており，Nystromの基本的な枠組みを再編成した内容で構成している。しかし，アトモスフィアには言及されておらず，第8章「店舗レイアウトの決定」の項でも，技術的な部分を中心としている。

D. J. Duncan, C. F. Phillips and S .C. Hollander の *Modern Retailing Management : Basic concept and practices*, 8th ed. (1972)[31] は，マーケティング分野の研究者でもあるDuncan等による，1941年，1947年，1951年，1955年，1959年，1963年，1967年に続く第8版である。研究の枠組みはNystromと同様で，第5章「店舗建築，什器，備品」で店舗の計画について説明されているものの，アトモスフィアへの言及がなく，小売マーケティング研究の出発者であったと目されるDuncan等のテキストにも，アトモスフィアへの言及は見られなかった。

W. R. Davidson, A. F. Doody and D. J. Sweeney の *Retailing management*, 4th ed. (1975)[32] は，1951年，1960年，1966年に次ぐ第4版である。著者達が序で紹介しているように，その内容はNystromが開発した基本的な枠組みで構成され，その原理と実務の手法を継承しているが，現代のマーケティング戦略の考え方に拡大しているとしている。その理由は，小売業の経営環境，消費者

第3節　小売業におけるアトモスフィア研究のレビュー

欲求と流通システムの特性が変化したからであると説明している。その意味で，本著は Nystrom の研究を近代のマーケティング戦略のシステムの中に体系化した初期のテキストといえる。第21章は「店舗デザインとエンジニアリング」と題し，当時のアメリカの企業経営に導入されたエンジニアリングの視点から，店舗デザインが実務的に説明されている。この中で，店舗デザインの近代化において，外観を最新の状況にすることが重要であることが指摘されているが，アトモスフィアの視点からの言及はない。

以上の代表的な小売の著書は，Nystrom の小売業研究の枠組みで展開されその引用も見られるが，Robinson and Hass（1946）以外は，アトモスフィアへの言及や強調はなく，1970年代初期までの小売業経営へのアトモスフィアの関心は薄かったといえる。

次に，Kotler（1973-1974）以降の研究について吟味していく。

James, Walker and Etzel の *Retailing Today: An Introduction*（1975）[33]は，Kotler（1973-1974）の発表後に刊行されたが，第5章「店舗のレイアウトとデザイン」にも，アトモスフィアへの言及は見られない。James, Walker and Etzel（1975）は，本著の序で，二つの視点から本著の特徴を強調している。その一つは，ミドル・マネジメントの意思決定の仕事を強調した売り場のオペレーションに近い書であること，二つ目は，第5章「店舗レイアウトとデザイン」で，店舗デザインはイメージの創造と購買の促進であると強調していることである。この中で，店舗レイアウトは顧客の動きを促進し，商品とサービスを最も魅力的なように提示すると強調しているが，アトモスフィアには言及していない。

Marquardt, Makens and Roe の *Retail Management: Satisfaction of Consumer Needs*, 2nded.（1979）[34]は，「アトモスフィアで引き付ける」と題する第7章で，①店舗イメージに影響する心理的な要因，②消費者の欲求を満足させる立地，建物のエクステリア，インテリア・レイアウトと印象，商品の配置と配列による店の提供物全体の陳列による顧客への訴求など，それまでの小売業経営のテキスト同様，店舗のエクステリアとインテリア，商品の見せ方に言及

している[35]。

　アトモスフィアという用語はタイトル以外には見当たらないが、代わる言葉として「イメージ」が重視されており、これら全体で店舗のアトモスフィアを表出することを提言している。Marquardt 等は、店舗全体の商品、提供するプロモーション、物理的な外観は標的顧客に求められるイメージを達成できるように調和され、店舗は嗅覚、聴覚、触覚、視覚に関する顧客の知覚的な反応の視点から計画されるべきであると主張し、魅力的な建物のエクステリアは消費者の通行を増やすので良い投資であるとしている。また、全体的な物理的計画（外部の環境、駐車場、建物の外観、インテリアのレイアウトと印象）は消費者に対する全体的な店舗の個性を作成するとした上で、消費者が個々に知覚する店舗イメージは異なるので、全体計画は店の選択した標的顧客に訴求するようにデザインされなければならない[36]と指摘している。これらの考えは、Kotler の指摘を多く取り入れていると見受けられるが、アトモスフィアについてはその表現もタイトル以外には見つからず、店舗イメージという用語で表現しているのが特徴である。本著の店舗イメージを構成する要素は Kotler の踏襲であり、発表年度から見ても、Kotler の提唱をそのまま小売業経営にもち込んだ初期のテキストであることは明らかである。

　しかし、総じて1970年代までの小売企業経営研究者のアトモスフィアという用語への関心は薄いことがわかる。

（4）1980年代のアトモスフィア研究の動向

　Kotler がアトモスフィアの重要性を指摘してから10年近く経った1980年代初期に、R. J. Donovan and J. R. Rossiter（1982）は Kotler を取り上げた "Store Atmosphere：An Environmental Psychology Approach" とタイトルする論文を発表している[37]。これ以降、小売業のテキストや論文にも、店舗のアトモスフィアに関する研究がよく見られるようになった。

　Donovan and Rossiter（1982）は、小売環境における Mehrabian-Russel の環境心理学モデル[38]を用いながら、店舗のアトモスフィアによる刺激が消費者の感情や消費者行動にどのように影響するかを検証している。その中で、店舗

第3節　小売業におけるアトモスフィア研究のレビュー

のアトモスフィアは通常の店舗内の無数の変数から生じているが，アトモスフィアを二つの情緒的な状態，つまり快と覚醒という消費者の心理的な表現で描き，そしてこの二つの情緒的状態が店舗内での意図された消費者の購買行動の重要な触媒になると示唆している。この研究は，その後の消費者行動研究にKotlerとは異なる側面で影響を与えている。

Luschの *Management of Retail Enterprises* (1982)[39]は，第15章「オペレーションの計画と管理」の「建築と設備の計画と管理」の項で，顧客の知覚を決定し，店が設計する店舗アトモスフィアについて「イメージスター」という構成概念図を構築している。イメージスターでは，商品，設備，音，香り，従業員を店舗のアトモスフィアを創造するために組み合わせるべきビジュアル・ファクターとしている（図4-3）。

Lusch (1982)にKotlerの引用は明記されていないが，これらは，店舗イ

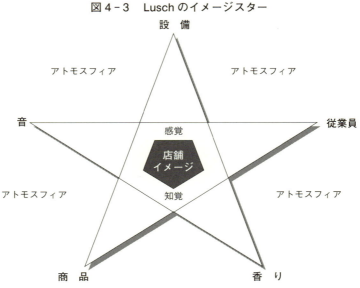

図4-3　Luschのイメージスター

出所：Lusch, Robert F., *Management of Retail Enterprises*. Boston, Kent Publishing Company, 1982, p.463.

第4章 小売オペレーション・マーケティングを統合する触媒としてのアトモスフィア

メージを向上させる視点から、Kotler を出発点としてなされた研究の応用であることは共通している。Lusch の研究は、アトモスフィアの要素に商品、従業員を取り入れているところに特徴がある。

　D. J. Duncan, S. C. Hollander and R. Savitt の *Modern Retailing Management : Basic Concept and Practices*, 10[th]ed., (1983)[40] は、前述のマーケティング分野の研究者でもある著者等による、1941年、1947年、1951年、1955年、1959年、1963年、1967年、1972年、1977年に続く第10版で、小売業経営を包括的に研究した基本テキストといえる。Duncan は、マーケティング研究者でもあり、本著の第6版第9章「人的管理」の節でも、労働組合に関する項目でNystrom を引用しており、本著は Nystrom の研究枠組みを最も継承しているオーソドックスなテキストでもある。そして、第5章「効果的な小売空間の活用」の小売空間のレイアウトの説明の中で、Kotler の "Atmospherics as a Marketing Tool" (1973-1974) および R. Belk の "Situational Variables and Consumer Behavior" (1975)[41] の論文を取り上げ、アトモスフィアの用語の説明はないが、小売業経営にその必要性を示唆する指摘がある[42]。1980年代になって、Brisco 等の研究に続いて出版された Duncan 等による小売業の代表的なテキストにアトモスフィアが導入されたことは、小売業研究においては注目に値する変化である。

　Berman and Evans の著書 *Retail Management: A Strategic Approach*, 2nd ed. (1983)[43] は、前述のように、小売業経営に戦略的なアプローチを導入した実務的なテキストであるが、その第12章「顧客とのコミュニケーション：店舗イメージの確立と維持」で、ストア・イメージとアトモスフィアを分離し、Donovan and Rossiter (1982) を参照して、アトモスフィアは、イメージを開発し顧客を引き寄せるために使われる店舗の物理的な特徴であるとしている。また、アトモスフィアは、顧客が店に訪れた時、あるいは店のパーソナリティとして得られる心理的な感情であり、多くの顧客は店に入る前、あるいは入ってから店のイメージをつくり上げ、商品や価格を見る前に店の判断をすると指摘している。そして、Berman and Evans (1983) は、アトモスフィアを構成

第3節　小売業におけるアトモスフィア研究のレビュー

する要素を，エクステリア，一般的なインテリア，店舗レイアウト，陳列に分類した上で，これまでの小売業の店舗のイメージ構成要素を，①エクステリア，②全般インテリア，③ストア・レイアウト，④インテリア（POP）の陳列の四つに大きく分類し，これらの要素を詳細に分類し直している。Berman and Evans（1983）は，小売業の店舗イメージに加えて，戦略的視点をもってアトモスフィアを具体化しようと試みたところに特徴がある。

　R. E. Milliman の"The Influence of Background Music on the Behavior of Restaurant Patrons"（1986）[44]では，Kotler のアトモスフィアを取り上げ，レストランの顧客の行動にバックグラウンド・ミュージックが相当に影響することを実証研究している。

　以上のように，1980年代に入って小売業の実務的テキストにアトモスフィアが取り上げられていることは，Donovan and Rossiter（1982）の影響もあって，小売業の実務家たちがアトモスフィアに関心を示し始めたことを意味しているだろう。その意味で，1980年代は小売業におけるアトモスフィアの理論の導入期と呼べる。

（5）1990年代のアトモスフィア研究の動向

　1990年代は，小売店舗におけるアトモスフィアの研究が開花した時代である。

　Ghosh の *Retail Management*（1990）[45]は，第15章の「買い物のアトモスフィアを創造する」で，Kotler のアトモスフィアの考え方を明確に引用して，繁栄している小売業者は，標的顧客のための価値を強化する買い物のアトモスフィアを創造することによって購買を促進していると強調している。そして，店舗のアトモスフィアの要素を大きく，①店舗の物理的環境，②商品のレイアウト，陳列，スペース配分，③サービス支援の三つに分類して説明している。Ghosh は，アトモスフィアの考え方を店舗空間からサービス支援に拡大した点に特徴がある。

　Pintel and Diamond の *Retailing*, 5thed.（1991）[46]は，1971年，1977年，1983年，1987年に次ぐ第5版で，実務家と初心者向けのテキストとして書かれてい

189

第4章 小売オペレーション・マーケティングを統合する触媒としてのアトモスフィア

る。1980年代の新しい動きを加えて，実務的に改訂されている。Nystromの研究枠組みを中心に，第4章「フランチャイジング」，第7章「人的資源」，第12章「レジデント・バイイング・オフィスとマーケット・コンサルタント」，第15章「ビジュアル・マーチャンダイジング」，第23章「小売業のコンピュータ」の章を設けている。しかし，フランチャイジングは，Nystromの*Economics of Retailing*の第1巻にある営業形態の新しい形態の紹介であり，第15章のビジュアル・マーチャンダイジングは，Nystromの*Economics of Retailing*第2巻の美的な店舗空間，第7章の人的資源は従業員，第12章のレジデント・バイイングは仕入の研究の中にあり，第15章のコンピュータは小売の情報で示されたフレームワークにそれぞれ対応しているといえよう。

第8章「店舗立地とレイアウト」の「インテリア・レイアウトとデザイン」の項で，店舗の外部構造と周囲の各部分は顧客の注目を引くように注意深くデザインされなければならないとして，アトモスフィアに関わる視点で述べているが，アトモスフィアの用語での指摘はない。

第15章「ビジュアル・マーチャンダイジング」において，ショーウインドゥ，インテリア，看板とグラフィックス，陳列什器，照明，カラー，用具と小道具（備品），販売のテーマ，プレゼンテーションの管理など，従来の店舗のエクステリア，インテリアの項目について，ビジュアル・マーチャンダイジング（VMD）の視点からまとめている。その中で，多くの店舗の実務では，ビジュアル・マーチャンダイジングは，プロモーションだけでなく，店舗全体のビジュアル・プレゼンテーションと理解していると指摘している。そして，小売業者のビジュアル・マーチャンダイジングの機能として，①店舗と特定商品が顧客の目を魅了し，推奨商品の購買を動機付ける，②ショーウインドゥは通行人の注目を引き，店内へ誘導する，③陳列商品は買い物顧客の購買を刺激する，④関連商品の購買につなげる，⑤潜在顧客に店舗イメージを提供するなどの効果を示している[47]。

これらに次いで，照明についてもビジュアル・プレゼンテーション（VP）の重要な要素であると指摘している。これらの説明やビジュアル・プレゼン

第3節　小売業におけるアトモスフィア研究のレビュー

テーションの多くの部分はアトモスフィアに関わる表現であるが，アトモスフィアには言及せず，ビジュアル・プレゼンテーションという店舗演出技術で説明しているのが，Pintel and Diamond（1991）の特徴である。

Morgenstein and Strongin の *Modern Retailing: Management Principles and Practices*, 3rd ed.（1992）[48]は，小売業のマネジメント理論と実践についての比較的新しい著書であるが，第8章「店舗イメージ」にアトモスフィアの言及はない。第13章「小売販売」では，従業員が店舗イメージに影響することが指摘されているが，アトモスフィアの視点からの言及はない。第14章「陳列—ビジュアル・マーチャンダイジング」でも，陳列についての詳述があるが，ビジュアル・マーチャンダイジングを詳細に定義することも，アトモスフィアの関係への言及もない。したがって，小売業経営の技術的な著書となっている。その意味で，アトモスフィアの具体的技術研究の一部分であるビジュアル・マーチャンダイジングが，小売の実務として自然に導入されていることを裏付けている。

J. A. Bellizzi and R. E. Hite の "Environmental Color, Consumer Feelings, and Purchase Likelihood"（1992）[49]は，アトモスフィアの構成要素である店舗環境のカラーが消費者の情緒と購買にどのように影響するのかについて，補色である赤と青のカラーを使って検証し，赤より青い色の環境の方がポジティブな効果が高いことを明らかにしている。

Lusch & Dunne and Gebhardt の *Retail Marketing*（1993）[50]は，1982年から共著者を変えながら，2011年まで7版を重ねている小売業の経営に関する代表的著書である。著者は，2004年のサービス・ドミナント・ロジックでマーケティング界の注目を集めた Vargo and Lusch（2004）の Lusch である。本著は，小売業の経営についても Nystrom の研究枠組みを基本として，製造業者のマーケティングの体系から構築し，正確な小売業のマーケティング体系に沿って説明された小売マーケティングの包括的なテキストである。

第12章「店舗計画，デザイン，マーチャンダイジング」の中で，店舗デザインについて，「店舗デザインには，文字通り，詳細にやるべきことが多くあ

る。それらは，望ましい店舗の雰囲気（ambiance）と共に機能しなければならない。この雰囲気とは，人間の感覚に美的に訴求することを通じて知覚される店舗の全体的な感情とムードである」と述べ，Lusch（1982）は，単独著書におけるアトモスフィアの用語を発展させて，周囲の状況，環境を表すambianceという用語を使って説明している。そして，2011年の第7版では，第13章「店舗レイアウト」の項で，アトモスフィアについて直接的に説明している。その論調もNystromの要素が多く導入されている。その意味で，Luschの小売業マーケティングの著書はBerman and Evans（1983）と同様，店舗のデザインにアトモスフィアを導入した数少ないテキストといえる。

C. S. AreniとD. Kimの"The Influence of In-Store Lighting on Consumers' Examination of Merchandise in A Wine Store"（1994）[51]は，ワインストアにおける顧客の商品吟味に店内の照明が与える影響について，Kotlerの未研究部分を取り上げ，店舗照明の購買行動への多様な影響と購買を促進する情緒的効果について実証研究をしている。

A. R. Hirschの"Effects of Ambient Odors on Slot-Machine Usage in a Las Vegas Casino"（1995）[52]は，ラスベガスでスロットマシンを使用したギャンブルに使う金額に，アトモスフィアの構成要素である周囲の香りがどのように影響するかを研究している。そして，すべての快い香りがギャンブルの金額に必ずしも影響を与えないことを示唆している。

E. R. Spangenberg, A. E. Crowley and P. W. Hendersonの"Improving the Store Environment: Do Olfactory Cues Affect Evaluations and Behaviors?"（1996）[53]は，店舗環境での香りによる嗅覚への刺激が，小売業，サービス業の店舗のポジティブな環境づくりや競争優位の創造に役立つことを実験し，考察している。

以上のように，Lusch, Berman and Evans等の実務的テキストにアトモスフィアが導入された1990年代はその実務的応用に注目が集まり，研究が進んだ。したがって，1990年代は小売業のアトモスフィア研究が開花した時代といえるだろう。

第3節　小売業におけるアトモスフィア研究のレビュー

(6) 2000年代以降のアトモスフィア研究の動向

R. F. Yalch and E. R. Spangenberg の "The Effects of Music in a Retail Setting on Real and Perceived Shopping Times" (2000)[54]は，アトモスフィアの構成要素である店内音楽が顧客の情緒の状況に影響するか，もしそうであれば，これらの情緒的状況が買い物行動に影響するかどうか，実際の買い物時間や知覚時間，商品評価への影響を実証研究している。

A. Sharma and T. F. Stafford の "The Effect of Retail Atmospherics on Customers' Perceptions of Salespeople and Customer Persuasion : An Empirical Investigation" (2000)[55]は，「顧客の販売員の知覚と顧客の説得に関する小売アトモスフィアの影響」について，Kotler を引用して，これまで研究のなかった小売の販売員によって誘引される顧客の説得水準における店舗のアトモスフィアの影響を研究し，雰囲気とデザインは顧客の販売員へのポジティブな知覚と同様，顧客の説得に影響するとしている。さらに彼らは，「プレステイジな雰囲気」の店舗においては，小売販売員を減少させても顧客の購買意思に影響しないが，反対に「特売の雰囲気」の店では，販売員の増加は劇的に顧客の買い物意思を増大するとしている。販売員にまでアトモスフィアを拡大し指摘している点に特徴がある。

K. A. Machleit, S. A. Eroglu and S. P. Mantel の "Perceived Retail Crowding and Shopping Satisfaction: What Modifies This Relationship?" (2000)[56]は，顧客の小売店での混雑の知覚と買い物満足の関係に関する研究を行っている。そして，店舗の混雑と顧客の満足との関係は，買い物中に体験する情緒的な反応や店舗の形態に影響されることを考察している。

T. A. Summers and P. R. Hebert の "Shedding Some Light on Store Atmospherics Influence of Illumination on Consumer Behavior" (2001)[57]は，Kotler を引用して，店舗のアトモスフィアの構成要素である照明が消費者の接近と回避にどのように影響するかについて研究している。「店舗のアトモスフィアにいくらかの光を注ぐことは，消費者行動を明るくする影響がある」として，照明は店舗の重要な構成要素であり，商品を良好な照明によって訴求して

193

第4章 小売オペレーション・マーケティングを統合する触媒としてのアトモスフィア

いる店舗は買い手を店舗に誘導し，滞留させ，購買させることができるとしている。また，Summers and Hebert は，小売環境における照明の便益は一般的に認められているが，実証的な小売の照明研究はほとんどなされてこなかったとして，店舗内でのビデオ観察技術を用いて小売店の陳列における照明水準の操作をしながら，消費者の購買行動への照明の効果を実験的に測定している。

L. W. Turley and J-C. Chebat の "Linking Retail Strategy, Atmospheric Design and Shopping Behaviour" (2002)[58] は，これまでのアトモスフィア研究は消費者の環境への反応に焦点が合わされてきたが，戦略的な側面の研究はほとんど軽視されているとしている。このギャップを埋めるために，小売戦略，消費者行動，アトモスフィアのデザインの結び付きおよび問題点に焦点を合わせ，店舗のアトモスフィアの管理的な側面を研究している。Turley and Chebat (2002) は，これまでのアトモスフィアを戦略の視点から捉えた点で新規性がある。

J. Baker, A. Parasuraman, D. Grewal and G. B. Voss の "The Influence of Multiple Store Environment Cues on Perceived Merchandise Value and Patronage Intentions" (2002)[59] は，1991年から1999年までの店舗環境に関する先行論文をレビューして，チェーン店の環境に同時に起きる影響の研究が不足しているとして，三つのタイプの店舗環境のきっかけ，多様な店舗選択基準および店舗愛顧動機の包括的な店舗選択モデルを提示している。店舗環境要素の組み合わせによる刺激が，顧客の店舗選択基準上の評価，ひいては愛顧動機にどのように影響するかに関して，店舗環境要素としてのアトモスフィアを愛顧動機と関係付けて実証的に研究している。

R. Varley and M. Rafiq の *Principles of Retail Management* (2004)[60] は，ヨーロッパの小売業を中心に研究した第10章「小売デザインとビジュアル・マーチャンダイジング」で，アトモスフィアの要素として，香り，音，カラー，照明，触感を取り上げ，店舗の中でのアトモスフィアについて説明している。

Varley and Rafiq は，Berman and Evans，Lusch などと共に，小売業経営

第3節　小売業におけるアトモスフィア研究のレビュー

のテキストにマーケティングとアトモスフィアの考え方を導入しているイギリスの研究者であり，実務家である。Varley and Rafiq（2004）は，店舗イメージを具体的に表現するアートの法則を紹介している点でNystromに近い考え方に基づいて，美的表現を具体化しようとしている。アメリカがマス・マーケティングの発祥地であるように，ヨーロッパの小売業は高級ブランドの発祥地であり，ファッション関連の小売店舗が中心街に出店し，小売店舗のアトモスフィアが日常的に体験しうる状況にある。その状況の中で，実務的研究家の視点から，アトモスフィアの構成要素と消費者の五感との関係を指摘している点に特徴がある。

R. Michon, J-C. Chebat and L. W. Turley の "Mall Atmospherics : The Interaction Effects of The Mall Environment on Shopping Behavior"（2005）[61]は，モールのアトモスフェリックスを取り上げ，混雑時の小売店舗内において，周囲の香りが買物客の情緒，小売環境の知覚，商品品質の知覚に与える影響を和らげる効果について調査研究をしている。Michon等の研究は，アトモスフィアが商品品質の知覚に与える影響にまで及んでいるところに特徴がある。

Varleyの *Retail Product Management*, 2nded.（2006）[62]は，商品管理，マーケティング，仕入，ロジスティクスを含む小売業経営全般を戦略的に著した学生向けのテキストである。Varleyは，アトモスフェリックの用語を用いて，店舗デザインにおいてはアトモスフィアを創造する多くの組み合わせがあるとしている。また，アトモスフィアは顧客の感覚を通して，潜在的意識に働きかけるものであると説明し，五感に訴求するきっかけ（cues）の事例を紹介している。

S. Morin, L. Dubé and J-C. Chebat の "The Role of Pleasant Music in Servicescapes: A Test of the Dual Model of Environmental Perception"（2007）[63]は，実店舗とオンライン環境の二つの実証研究から，サービス情景における楽しいバックグラウンド・ミュージックが顧客のサービス評価や購買態度へ与える影響を考察し，アトモスフィアに関わる効果を指摘している。

I. Vidaの "The Impact of Atmospherics on Consumer Behaviour: The Case of The Music Fit in Retail Stores"(2008)[64]は,「消費者行動へのアトモスフィアの影響」と題して,Kotlerを引用するとともに,一歩進めて,異なる営業形態の小売店舗で計画的と非計画的なバックグラウンド・ミュージックの効果を調査し,音楽が消費者の情緒と購買行動へ及ぼす影響について実証研究をしている。

J. Noad and B. Rogersの"The Importance of Retail Atmospherics in B 2 B Retailing: The Case of BOC"(2008)[65]は,Kotlerを引用して,新たな研究にチャレンジしている。「B 2 Bの小売業における小売アトモスフィアの重要性」について,B 2 Bの小売店の企業を対象に,対面方式での定量的調査手法を用いて実証研究を行っている。その中で,消費者についての小売アトモスフィアはかなり研究の対象とされ,店舗の売上高を最大化することが証明されてきたが,産業(B 2 B)の小売業についてのアトモスフィアに関する学術的な研究は見逃されてきたとして,この研究結果を応用することによって,産業の小売購買のみならず,B 2 Bの業績改善に貢献するだろうと示唆している。

R. A. S. Grayson and L. S. McNeillの"Using Atmospheric Elements in Service Retailing: Understanding the Bar Environment"(2009)[66]は,「サービス小売へのアトモスフィアの活用」と題して,Kotlerを引用して事例研究を実施し,日常一般的に見られる社会的な理由によって商品やサービスを購入する消費者とは異なる消費者を対象とするバーの環境を研究している。バーのセッティングの中では,消費者は友人に会うことができるし,スタッフとも関係せず,小売商品を何も買わないこともできると,通常の小売業の売り場やエンターテインメントの環境にはないサービス業の視点からのアトモスフィア研究にアプローチしている。

P. W. Ballantine and R. Jackの"Atmospheric Cues and their Effect on the Headonic Retail Experience"(2010)[67]は,Hirshman and Holbrookの"Hedonic Consumption: Emerging Concepts, Methods and Propositions"(1982)[68]を取り上げ,実用的な消費と異なる快楽的な小売体験の創造におけるアトモスフィアの役割について考察している。

第3節　小売業におけるアトモスフィア研究のレビュー

　Lusch, Dunne and Carver の Introduction to Retailing, 7th ed. (2011)[69]は，1986年から25年間愛読されている小売業の代表的著書である。第13章「店舗レイアウトとデザイン」で，大小の多くの小売業者は，店舗デザインとアトモスフィアへの投資がいかに価値があり，そこへの投資が人を引き付け，価値ある買い物体験のためのプラットホームに貢献するかに気づいていないと指摘している。そして，店舗環境を構成する要素を説明する中で，店舗イメージと生産性を実現するために，①ビジュアル・コミュニケーション，②店舗計画，③店舗デザイン，④マーチャンダイジングの四つの要素が重要であると指摘している[70]。このことから，Lusch (1982) と同様に，店舗の視覚的イメージづくりと生産性の視点からアトモスフィアの重要性を捉えていることがわかる。

　以上，Nystrom, Kotler のアトモスフィア研究の影響をレビューした。その結果，Nystrom の研究後，1960年代までの主要な小売業経営のテキストや論文には，アトモスフィア研究がほとんど見られないことがわかった。一方，Kotler が1970年代初めにアトモスフィアの重要性を提唱してからの小売業経営のテキストにも，アトモスフィアの視点を導入しているものといないものがある。

　しかし，Kotler 以降は，正体のわかりにくいアトモスフィアについて，それ以前の小売業の店舗空間の機能を創造するという視点とは異なり，消費者の購買を促進するアトモスフィアの要素ごとに，具体的な技術を用いてイメージを強化するという側面から説明しようとしている著書，論文が増加したことがわかる。つまり，アトモスフィアの展開は，主として Kotler によって提案された店舗やオフィスの空間の中ではあるが，いかに具体的に消費者の購買を刺激するかという小売マーケティングの視点からの研究が中心となっているのである。

　Kotler の基本的な示唆のもと，Donovan and Rossiter (1982) が小売環境の環境心理学モデル研究を行い，Lusch (1982) が店舗のアトモスフィアを強調して以降，小売店舗のアトモスフィアの独立変数，あるいは操作変数として，「音楽」については Milliman (1986) と Yalch and Spangenberg (2000)，

第4章　小売オペレーション・マーケティングを統合する触媒としてのアトモスフィア

Morin, Dubé and Chebat（2007），そして Vida（2008），「香り」，「臭い」については Hirsch（1995），Spangenberg, Crowley and Henderson（1996），「カラー」については，Bellizzi and Hite（1992），「ショッピングモールの環境」については Michon, Chebat and Turley（2005），「照明」については Areni and Kim（1994），店内等の「混雑感」については Machleit, Eroglu and Mantel（2000），「顧客の販売員の知覚」については Sharma and Stafford（2000）によって，個別に研究されている。また，少ない研究ではあるが，チェーン店の環境の変数の相互作用の視点から，小売店の顧客の知覚に関わる店舗デザイン，従業員と音楽の相互作用については Baker, Parasuraman, Grewal and Voss（2002）が，アトモスフィアの戦略的研究については Turley and Chebat（2002）が行っている。さらに，小売環境における快楽的小売体験の創造のためのアトモスフィアの全体的研究については，Ballantine and Jack（2010）が行っている。

　この傾向は小売業のテキストについても同様であるが，Berman and Evans, Lusch and Dunne 等の実務的研究家たちは戦略的視点をも強調している点に特徴があり，市場の変化に応える重要なキーワードとしてアトモスフィアを取り入れていることになる。

　このように，アトモスフィアは Nystrom によってその存在を明らかにされ，Kotler によって購買を促進する意図的な店舗環境デザインの創造が統合的に提示され，その後は主として小売業の店舗空間において顧客を刺激する要素を変数とした実証的な研究がいくつかなされている。つまり，店舗のマーケティング・ツールとしてのアトモスフィアの研究は進んでいるが，小売経営のマーケティング・マネジメントとしてのアトモスフィアをどのように取り入れ，展開していくかという課題，つまり小売のアトモスフェリック・マーケティングのあり方，進め方についての研究は積み残されたままである。

　そこで，これらの小売のアトモスフェリック・マーケティングの課題にどのように取り組んでいくかについて，第4節以降で検討する。

第4節　アトモスフィアの定義と要素

1．Nystrom, Kotler以降のアトモスフィア研究の課題と研究の方向性

　アトモスフィアは，NystromとKotlerによって小売業経営や小売マーケティングに関するキーとなる要素として提唱された。

　Nystromは，その重要性を店舗や広告にまで幅広く指摘し，*Economics of Retailing*，*Retail Store Operation*で，店舗照明の楽しさ，明るさが従業員にも顧客にも効果的に作用すると指摘し，店舗の楽しく快適な外観（pleasing appearance）づくりに積極的に取り組むことが重要であること，そして特売が小売店に活気あるアトモスフィアを与えると販売促進効果を得られることを指摘している。さらに，*Fashion Merchandising*の第2章「マーチャンダイジングと競争」で，アトモスフィアはビジネスの個性化と競争環境での重要な特性になると指摘し，第9章「ファッション・マーチャンダイジングのツール」の中で，ファッションの実験的スタイルは新しいファッション・トレンドを見出すのに役立つだけでなく，受け入れられる商品ラインの中でアトモスフィアの新規性，興奮の感覚を維持するのにも役立つと，間接的にではあるが，ファッション商品についてもアトモスフィアを常に訴求することの重要性を示唆している。さらに，Nystromは，第12章「ファッション商品の広告」で，ファッション広告におけるイラストレーションについて，ファッションの視覚への訴求の重要性を示し，イラストレーションや絵画はアトモスフィアを提案するので，商品そのものの陳列より効果があると指摘し，広告の中のアトモスフィア効果を説明している。

　Nystromは，Kotler以降の研究者達のように，アトモスフィアの項目をあえて設けるわけではなく，小売業のあらゆるオペレーションの分野を説明する中で自然な形でアトモスフィアを重要なキーワードとして用いている。「アトモスフィアをつくる」，「アトモスフィアで訴求する」という表現が随所に見受けられる。このことは，アトモスフィアが小売業の売り場では重要なファク

199

ターであることを自然に示しているといえよう。したがって、小売のオペレーションを計画、運営し、管理する上でアトモスフィアがもとより重要なキーワードであることを意味しているといえる。

　Nystrom はその重要な表現として、店舗設計や陳列における美の法則を具体的に紹介している。Kotler もアトモスフィアに注目して、4Ps に関わるマーケティング・ツールとして、特に小売店舗にとっての重要性を指摘した。Nystrom も Kotler も、その後、アトモスフィアに関する研究を継続し完成させることはなかったが、主に Kotler の提案後、彼らの研究をもとに、店舗空間のイメージづくりの重要性が認識された。

　しかし、Nystrom が比較的オペレーション全体にわたって指摘し、Kotler も店舗内における従業員と顧客の関係に関わるアトモスフィアについても指摘していることを考慮すれば、店舗以外のあらゆるマーケティング要素についてのアトモスフィアも、小売業経営に関わる重要なキーワードとして検討されなければならない。

2. 小売のマーケティング・マネジメントにおけるアトモスフィアの定義と要素

　筆者は、この Nystrom の視点に同調し、Kotler が重要なマーケティング・ツールになるとしたアトモスフィアこそは、現代の小売のマーケティング・マネジメントを統合する重要なキーワードであると考える。そして、アトモスフィアは消費者の感情、情緒を刺激し、購買に結び付ける catalyst であると定義する。すなわち、小売企業がマーケティング・マネジメントで関わるアトモスフィアは、消費者の感情、情緒を刺激し、購買という行動に結び付ける catalyst のすべてが含まれていると理解する。したがって、Kotler 以降の研究の中心であった店舗のデザインによって消費者にイメージを訴求する媒体としてだけではなく、小売企業の目的を達成する戦略、オペレーション、さらにはコンセプトのすべてに関わる触媒として捉えることとする。

　そのため、アトモスフィアは消費者の情緒、感情に向けて、小売マーケティ

第4節　アトモスフィアの定義と要素

サウンドが商業通りのアトモスフィアを一変させる
（オックスフォード大学に隣接した商店街）

ングのすべての要素（MCサークルの同心円の構成要素である経営理念，経営方針，経営戦略，標的顧客，オペレーション・ミックス，小売企業イメージ）を統合し，消費者の購買，愛顧につなげる触媒（catalyst）であると定義したい。小売店舗レベルで考えれば，小売店舗コンセプト，営業方針，小売店舗戦略，小売戦略ミックス要素，小売店舗イメージがアトモスフィアの構成要素になる。

　これらの小売業側の意図するcatalystは，消費者に知覚され，それによって買い物行動，愛顧動機につながることが必要である。しかし，消費者行動研究の中では，今なお情緒，感情に関わって共通認識するアトモスフィアの構成要素を提示できてはいない。なぜなら，消費者の購買行動を刺激したり抑制したりする因子は数限りなく存在し，国民性や地域性，ライフスタイル，果ては宗教やカルチャーまで研究対象としなければならなくなるからである。

　そこで，ここでは，便宜的にアトモスフィアを消費者への訴求対象に絞って表4-2のように分類してみた。訴求対象を人間の五感を通じて受け入れる感覚的能力である「感性」を通じて直感的に理解する知覚，道理に基づいて志向し判断する能力としての「理性」を通じての知覚，論理的に考え判断する能力としての「知性」を通じての知覚に区分してみれば，小売店舗レベルでのアト

201

第4章 小売オペレーション・マーケティングを統合する触媒としてのアトモスフィア

表4-2 アトモスフィアを構成する要素

訴求対象	知覚・感受能力	Catalyst	アトモスフィアの要素例
五感への訴求	嗅覚	香り	店内の臭い，商品の香り
	聴覚	音	音響，音楽，店内の騒音，従業員・顧客の話し声
	視覚	色彩，照明	店舗の内外装，従業員の行動・態度，ユニフォーム，商品，什器・備品等のカラー
	触覚	温度，触感	空調，設備，内装材，什器・備品の素材
	味覚	味	食品，料理
価値観への訴求	知性・理性	共感・感動	小売店舗コンセプト，営業方針，小売店舗戦略

出所：Varley, Rosemary and Mohammed Rafiq, *Principles of retail management*, 2004, p.170他より筆者が作成。

モスフィアは，①消費者の五感を通じて感性で知覚される（感受される）アトモスフィアと，②消費者の価値観を通じて理性・知性で知覚されるアトモスフィアの二つが想定されるであろう。前者は，小売戦略要素，後者は，小売店舗コンセプト，営業方針，小売店舗戦略が関わり，それらの要素が統合されて消費者の情緒，感情，知性・理性を刺激し，小売店舗イメージがコミュニケートされ，購買，愛顧につながることになる。

第5節 小売のマーケティング・マネジメントへのアトモスフィアの適応

マーケティングとは，端的にいえば，市場と企業の戦略的な折り合いである。市場に事業機会を求めて，対象市場を定め，そこに企業の資源や活動を集中的に適合していくプロセスである。したがって，MCサークルのモデルで示した小売のマーケティング・マネジメントの体系は，小売企業が組織的活動を通じ経営組織の外部状況にどのように戦略的に適合して収益を実現するかということである。具体的なマーケティングのテーマは，マーケティング・マネジャーがコントロールできるものとできないものを明確にすることになる。こ

第5節 小売のマーケティング・マネジメントへのアトモスフィアの適応

の考え方のもとに，マーケティングは従来から，企業外部の要因はコントロールできないものであり，企業内部のマーケティング・マネジメント活動はコントロールできるものと理解されてきた。

　この思想は，物不足時代の製造業者のマーケティング・マネジャーには理解されやすかった。一定品質の製品を大量に生産することにメリットのある製造業者にとっては，市場と製品が明確になり，その視点から製造の合理化，効率化を図れば生産性も実現できる。しかし，流通の最先端にあって，多様で複雑な欲望をもった一人ひとりの消費者に対応する小売業者の場合は，製造業者の製品に依存しているだけでは顧客の期待に十分に応えられず，生産性，収益性が実現できるとは考えにくい。

　一方，企業を取り巻く近年の経営環境の著しい変化に加え，地球環境の変化までを考慮すると，小売企業は自らを取り巻く競合，消費者を考慮するだけではなく，社会経済動向や地球環境にも責任をもって対処することが，企業の存続において非常に重要になってきている。また，大規模小売業者などでは，従業員のうち時間給で働く契約社員，パートタイマーが9割を超える例も珍しくはない。これらの従業員の価値観や行動基準は個別性が高く，企業組織といっても，完全に統制可能とはいえなくなっている。さらに，店舗イメージを統制する上で，店内で顧客や従業員が醸し出す雰囲気など無形の要素をコントロールすることが課題となるが，顧客と直面するのが外国人を含むアルバイト従業員とあっては，それも決して容易ではない。

　こうした課題に対処していくためには，企業の経営理念やビジョン，経営方針によって従業員のアトモスフィアを統合していく必要がある。つまり，小売の現場を従来のマーケティングの要素である4Psで合理化するだけでは足りず，アトモスフィアをcatalystとして小売のマーケティング要素全体を統合し，マネジメントしていく小売のマーケティング・マネジメントが重要となってくるのである。すなわち，アトモスフェリック・マーケティングを計画的に実践し，それを管理していく小売のマーケティング・マネジメントが検討されなければならない。

第4章　小売オペレーション・マーケティングを統合する触媒としてのアトモスフィア

　そこで次章では，このアトモスフェリック・マーケティングをどのように展開していくべきか，小売企業の事例を導入しながら説明していくこととする。

1　触媒を catalyst，雰囲気をアトモスフィアと英語表記する理由は，消費者の買い物動機研究や誘引研究，刺激研究が欲求等との関連で十分に進んでいないことと，アトモスフィアについても，店舗（場）の雰囲気では規定できない要素が小売業に求められるために広義的に使用したからである。例えば，日本の若者も KY（空気が読めない）などとアトモスフィアに関わる言葉を造語している。
2　平安時代の文学，生活の美的理念。もの（対象）によって人の心に呼び起こされるしみじみとした感動を意味する（ブリタニカ）。外界としての「もの」と感情としての「あわれ」とが一致するところに生じた調和的な，情趣の世界（スーパー大辞林）。したがって，感情主体によって事象が共感されるとき，そこに対象と主体の調和が意識され，「もののあわれ」が成立する。端的にいえば，小売店舗のアトモスフィアに触発されて生ずる情趣や哀感のことである。国文学者・本居宣長の「もののあはれ論」が有名である。
3　<http://www.geocities.jp/taimu_d/entame_tdl1.html>（accessed 2011-8-27）
4　村松（2009），前掲書。
5　井上崇通，村松潤一編著『サービス・ドミナント・ロジック―マーケティング研究への新たな視座―』同文舘出版，2010年等を参照。
6　清水正巳，清水晶『商店経営』同文舘，1951年，12ページ。清水は，『商店経営十二講』第二集，同文舘，1956年，第五講「事例による店舗陳列の改善」にも，"楽しい雰囲気" を醸し出した店舗写真を挿入し，店舗・陳列の要素として雰囲気を紹介している。
7　清水晶（1974），前掲書，67ページ。
8　Nystrom（1930），*Economics of Retailing*, New York, The Ronald Press Company, p.192, and（1937），*Retail Store Operation*, New York, The Ronald Press Company, p.471.
9　Nystrom（1930），*op. cit.*, p.200.
10　Nystrom（1928），*op. cit.*, Chapter V.
11　Nystrom は後に，マーチャンダイジングは，一連のマーケティング研究の一つであることを指摘している。
12　Nystrom（1932），*op. cit.*, p.27.
13　Ibid., p.180.
14　本項の内容は全面的に P. Kotler "Atmospherics as a Marketing Tool" *Journal of Retailing*, Vol.49 No.4 winter, 1973-1974, pp.48-64. に依拠し，その内容を紹介している。
15　Ibid., p.48.
16　Kotler（1973-1974），*op. cit.*, pp.49-50.
17　Kotler（1973-1974），*op. cit.*, p.50 で Kotler は，自らの論文 Philip Kotler and Sidney J. Levy（1971），"Demarketing ,Yes, Demarketing," Harvard Business Review, November-December, pp.74-80を紹介している。
18　Hawkins, et. al.（2007），*op. cit.*, p.26参照。
19　Kotler（1973-1974），*op. cit.*, p.63.
20　Kotler（1973-1974），*op. cit.*, pp.49-50.

21　Godley and Kaylin (1930), *op.cit.*
22　Barker and Anderson (1935), *op.cit.*
23　Brisco, Norris A. and Samuel W. Beyburn (1944), *Retailing*, Prentice-Hall, Inc.
24　Robinson and Hass (1946), *op.cit.*
25　Brown and Davidson (1953, 1960), *op.cit.*
26　Wingate and Corbin (1956), *op.cit.*
27　Jones (1957), *op.cit.*
28　Gist (1968), *op.cit.*
29　Rachman (1969), *op.cit.*
30　Gist (1971), *op.cit.*
31　Duncan, Delbert J., Charles F. Phillips and Stanley C. Hollander (1972), *Modern Retailing Management : Basic Concept and Practices*, 8th ed., Illinois, Richard D. Irwin, Inc.
32　Davidson, William R, Alton F. Doody and Daniel J. Sweeney (1975), *Retailing Management*, 4th ed., N. Y., Ronald Press. Co.
33　James, Walker and Etzel (1975), *op.cit.*
34　Marquardt, Makens and Roe (1979), *op.cit.*, pp.357-358.
35　Ibid., p.178.
36　Marquardt, et al. (1979), *op.cit.*, pp.206-207.
37　Donovan, Robert J. and John R. Rossiter (1982), "Store Atmosphere : An Environmental Psychology Approach", *Journal of Retailing*, Vol. 58, 1, pp.34-57.
38　Mehrabian and Russell (1974) の店舗の雰囲気など，環境刺激がどのように人間の感情の状況に影響を与え，最終的に行動に影響するかというモデルである。Donovan and Rossiter は，環境心理学の古典的モデルである Mehrabian and Russell のリサーチ手法 (1974) に修正を加え，消費者行動の研究に応用した事例として知られている。Mehrabian and Russell は，（外部刺激→感情→行動）の順に外部刺激が人間の感情を媒体として行動に変化を与えるとした。
39　Lusch, Robert F. (1982), *op.cit.*, pp.463-464.
40　Duncan, Delbert J., Charles F. Phillips and Stanley C. Hollander (1983), *Modern Retailing Management : Basic Concept and Practices*, 10th ed., Illinois, Richard D. Irwin, Inc.
41　Belk, R. (1975), "Situational Variables and Consumer Behavior", Journal of Consumer Research, No.2, pp.157-164.
42　Ibid., p.114.
43　Berman and Evans (1983), *op.cit.*
44　Milliman, Ronald E. (1986), "The Influence of Background Music on the Behavior of Restaurant Patrons", *The Journal of Consumer Research*, Vol.13, No.2, pp.286-289.
45　Ghosh (1990), *op.cit.*, pp.464-465.
46　Pintel and Diamond (1991), *op.cit.*
47　Ibid., pp.412-413.
48　Morgenstein, and Strongin (1992), *op.cit.*
49　Bellizzi, Joseph A. and Robert E. Hite (1992), "Environmental Color, Consumer Feelings, and Purchase Likelihood", *Psychology & Marketing*, Vol.9, No.5, pp.347-363.

50 Lusch., Dunne and Gebhardt (1993), *op. cit.*
51 Areni, Charles S. and David Kim (1994), "The Influence of In-Store Lighting on Consumers' Examination of Merchandise in a Wine Store", *International Journal of Research in Marketing*, Vol.11, No.2, pp.117-125.
52 Hirsch, Alan R. (1995), "Effects of Ambient Odors on Slot-Machine Usage in a Las Vegas Casino", *Psychology & Marketing*, Vol.12, No.7, Oct., pp.585-594.
53 Spangenberg, Eric R., Ayn E. Crowley and Pamela W. Henderson (1996), "Improving the Store Environment: Do Olfactory Cues Affect Evaluations and Behaviors?", *Journal of Marketing*, Vol. 60, No.2, pp.67-80.
54 Yalch, Richard F. and Eric R. Spangenberg (2000), "Real and Perceived Shopping Times", *Journal of Business Research* 49, pp.139-147.
55 Sharma, Arun and Thomas F. Stafford (2000), "The Effect of Retail Atmospherics on Customers' Perceptions of Salespeople and Customer Persuasion: An Empirical Investigation", *Journal of Business Research* 49, pp.183-191.
56 Machleit, Karen A., Sevgin A. Eroglu and Susan Powell Mantel (2000), "Perceived Retail Crowding and Shopping Satisfaction: What Modifies This Relationship?", *Journal of Consumer Psychology*, Vol.9, No.1, pp.29-42.
57 Summers, Teresa A. and Paulette R. Hebert (2001), "Shedding Some Light on Store Atmospherics Influence of Illumination on Consumer Behavior", *Journal of Business Research*, 54, pp.145-150.
58 Turley, L. W. and Jean-Charles Chebat (2002), "Linking Retail Strategy, Atmospheric Design and Shopping Behaviour", *Journal of Marketing Management*, Vol.18, Iss1&2, pp. 25-144.
59 Baker, Julie, A. Parasuraman, Dhruv Grewal, and Glenn B.Voss (2002), "The Influence of Multiple Store Environment Cues on Perceived Merchandise Value and Patronage Intentions", *Journal of Marketing*, Vol.66, No.2, April, pp.120-141.
60 Varley, Rosemary and Mohammed Rafiq (2004), *Principles of Retail Management*, New York, Palgrave Macmillan, p.170.
61 Michon, R., Jean-C. Chebat and L. W. Turley (2005), "Mall Atmospherics: The Interaction Effects of the Mall Environment on Shopping Behavior", *Journal of Business Research*, Vol.58, No.5, pp.576-583.
62 Varley, Rosemary (2006), *Retail Product Management*, 2nded., London and New York, Routledge. 初版は2001年。
63 Morin, S., L. Dubé and Jean-C. Chebat (2007), "The Role of Pleasant Music in Servicescapes: A Test of the Dual Model of Environmental Perception", *Journal of Retailing*, Vol.83, No.1, pp.115-130. 初版は2001年。
64 Vida, Irena (2008), "The Impact of Atmospherics on Consumer Behaviour: The Case of The Music Fit in Retail Stores", *Economic and Business Review for Central and South-Eastern Europe*, Ljubljana, Vol.10, Iss.1, Feb., pp.21-37.
65 Noad, Jeremy and Beth Rogers (2008), "The Importance of Retail Atmospherics in B2B Retailing: The Case of BOC", *International Journal of Retail & Distribution Manage-*

ment, Vol.36, No.12, pp.1002-1014.
66 Grayson, Rollo A. S. and Lisa S. McNeill (2009), "Using Atmospheric Elements in Service Retailing: Understanding the Bar Environment", *Journal of Services Marketing*, 23/7, pp.517-527.
67 Ballantine, Paul W. and Richard Jack (2010), "Atmospheric Cues and their Effect on the Headonic Retail Experience", *International Journal of Retail & Distribution Management*, Vol.38, No.8, pp.641-653.
68 Hirshman, E. and Holbrook, M (1982), "Hedonic Consumption: Emerging Concepts, Methods and Propositions", *Journal of Marketing*, Vol.46, No.3, pp.92-101.
69 Lusch, Dunne and Carver (2011), *op.cit.*
70 Lusch, Dunne and Carver (2011), *op.cit.*, pp.475-476.

第5章

MCサークルに沿ったアトモスフェリック・マーケティングの展開

店舗デザイン力でアトモスフィアを高度に表現
(写真:愛知県一宮市いのこ本店)

第5章　MCサークルに沿ったアトモスフェリック・マーケティングの展開

　第5章では，MCサークルに沿ったアトモスフェリック・マーケティングの具体的展開とそのマネジメントの要点を，小売企業の典型である小売業の事例を踏まえて検証的に説明する。

　最初に，前章までに構築してきた小売のマーケティング・マネジメントの実践であるオペレーションを，いかにアトモスフィアを中心軸として計画的，戦略的に展開するかについて述べる。そして，小売マーケティングの基本的なフレームワークとして構築したMCサークルに沿って，小売の売り場周りのオペレーション・マーケティングにどのようにアトモスフィアを構築してマネジメントしていくか，つまりアトモスフェリック・マーケティング・マネジメントについて，小売企業の事例を入れて検証的に説明していくこととする。

　第5章は，第1節から第4節で構成されている。第1節では，小売のオペレーション・マーケティングとアトモスフィアの統合について簡単に総括する。そして，アトモスフェリック・マーケティングを定義する。第2節では，MCサークルに沿ったアトモスフェリック・マーケティングの計画とマネジメントについて説明する。第3節では，アトモスフェリック・マーケティング・マネジメント展開の前提となるMCサークルの枠組みに沿って，アトモスフィアのcatalystとなる小売店舗のマーケティング・マネジメントの各要素と展開法を説明する。ここでは，MCサークル（店舗版，小売戦略ミックス版）を提示し，アトモスフィアを表現するオペレーション戦略要素を説明する。第4節では，アトモスフェリック・マーケティング・マネジメントの顧客接触空間における適用可能性を研究するため，MCサークルの店舗版と小売戦略ミックス版の構成要素別に事例企業を取り上げて検証的に説明する。

第1節　小売のオペレーション・マーケティングとアトモスフィアの統合

1．本書の基本的主題の整理

　本章を進めるにあたって，第1章から第4章までで構成される本書の基本的

第1節　小売のオペレーション・マーケティングとアトモスフィアの統合

主題を簡単に整理する。

　第1章から第4章までの基本的主題では，社会経済の変化と小売業経営の研究の変遷がマーケティング研究とどのように関わっているかについて研究の歴史を振り返り，製造業者のマーケティングのフレームワークに依存しない小売業独自のマーケティング・マネジメントのフレームワーク研究の必要性を考察した。その結果，流通の最終段階で消費者に製造業者の製品を販売する小売業の役割は，1970年代までの市場拡大期を通じて十分果たされてきたことを確認した。しかし，1973年，1979年の二度にわたる石油危機を転換点として，1980年代以降は，経済成長の鈍化，イノベーションの停滞，インフレーション，さらにはスタグフレーションの傾向，失業率の増加，規制緩和とグローバリゼーションに伴う国際化競争の激化，世界的金融危機などの社会経済環境の変化，そして，おびただしい天災，人災を伴う自然環境，地球環境の変化などを背景に，市場は速いスピードで変化し続けている。Kotler（2002）の指摘するように，eコマース，インターネット，モバイルなどのテクノロジーの著しい進歩もこれを促進しており，企業を取り巻く環境はまさに変革期を迎えている[1]ことが再確認され，小売企業は，これまで以上にこのような環境のスピーディな変化に積極的に対応していかなければならないことを考察した。

　日本に多くのブランド企業を展開しているヨーロッパの小売業に詳しいVarley and Rafiq（2004）は，従来の小売業が事業環境の変化にほとんど受動的であったことを指摘し，そのような状況では，あらゆる分野での競争の激化や消費者行動，技術などの環境要素の激しい移り変わりの中で，小売業はもはや存続していくことはできない[2]と環境変化への対応，つまりマーケティング戦略の重要性を裏付ける指摘をしている。

　このことは，近年，日本の小売市場に欧米の高級ブランド専門店，ファスト・ファッション等の量販店が相次いで参入しているにもかかわらず，国内の多くの小売企業が衰退している要因はいったいどこにあるのか，そして，小売業はどのような視点でマーケティング戦略を展開していけばいいのかについて，重要な示唆を与えていると思われる。

211

第5章 MCサークルに沿ったアトモスフェリック・マーケティングの展開

　現代の小売業の現場は，すでに単に製造業者の製品を能率的，効率的に捌く製造業者主流のマーケティングへの依存やオペレーションのシステム化，標準化によって成長しようとする市場拡大期の戦略，あるいは膨張戦略の適用だけでは，その存続は極めて難しいものになっている。さらに，小売業の収益の源泉は小売の現場，つまり売り場周りである企業と顧客の接触空間にある。したがって，小売業のマーケティングは，オペレーションのマーケティング，つまり企業と顧客の接触空間でおりなすオペレーション・マーケティングが中心であることを指摘した。

　しかし，現代の消費者の需要や欲求には多元性があり，その買い物行動は一層，高度化，複雑化し，戦後時代の物不足を前提とした消費者像とは大きく異なっている。また，1940年代以降，消費者志向，顧客志向，あるいは市場志向が叫ばれてきたが，顧客起点，さらには企業と顧客の接触空間における顧客を対象とした研究は十分には行われてこなかった。そして，企業の社会的責任が強く求められる現在，顧客起点に立てば，彼らの生活空間である社会，それを取り巻く地球環境，宇宙環境にまで思いをいたすことが企業の義務として指摘されるようになってきてもいる。

　このことは，小売のマーケティング・マネジメントの実践であるオペレーションについても，製品を消費するだけの人間を意味する「消費者」という視点ではなく，顧客を起点として，さらにいえば一人の人間としての顧客の情緒的な部分にまで踏み込んだ多面的な考察が要請されていることを意味している。つまり，小売企業は規模の大小にかかわらず，社会的，地球的基盤に立って，企業と顧客の接触空間を計画的，あるいは戦略的にマーケティングすることが必要になってくる。しかし，この複雑に高度化されたマーケットの要請と経営学，小売業研究，マーケティング研究という学際を超えた三つの研究領域から，いかに小売のマーケティング・マネジメントの理論を構築し市場からの要請に応えていくべきかは，判断を躊躇させるところである。

　そこで本書では，小売業の研究の原点に立ち戻って，小売のオペレーション・マーケティングについて，初期の小売分野の実務的マーケティングの構築に

第1節　小売のオペレーション・マーケティングとアトモスフィアの統合

貢献したNystromの基本的な考え方を整理し，その後の小売業研究者，あるいは小売マーケティング研究者の研究成果を吟味し，さらに，筆者の経営コンサルタントとしての経験から現代的な小売経営に関わる環境要因を考慮し，小売企業関係者が共通認識するための基本的なフレームワークとして，MCサークル・モデルを構築して提示した。

　この小売のマーケティング・マネジメントを展開するために，標的顧客にマーケティング・ツールを適合させるという伝統的なマーケティングの視点から，情緒を有している人間としての消費者に適合しうるマーケティング・ツールとしてのアトモスフィアを，企業と顧客の接触空間におけるオペレーションを媒介するcatalystとして研究した。そして，筆者はこのアトモスフィアをcatalystとしたオペレーション・マーケティングを，アトモスフェリック・マーケティングとして定義し提示した。

　そこで，第5章では，これらの視点に立って，小売のマーケティング・マネジメントの遂行において，最も重要な小売の売り場周りのオペレーション・マーケティングにおいて，どのようにアトモスフィアをcatalystとして具体的に計画，実践，管理していくか，つまりアトモスフェリック・マーケティング・マネジメントの展開方法について，小売企業の事例を入れて検証的に説明していくこととする。

2．アトモスフェリック・マーケティング・マネジメントの用語整理

　本書は，製造業者の製品マーケティングと異なり，多様で複雑な数多くの欲求をもった消費者を対象とする小売業独自のマーケティングの研究を目的としている。具体的には，経営を進める際に依拠すべき考え方，経営理論が不足しているために，小売企業や小売業者が過度に宗教哲学的，倫理的，叙情的になったり，自身とはまったく異質の事業者の経営論や経験則に過剰に依存してしまうといった事態を避け，科学的な理論に基づいて強い競争力と推進力を発揮し，社会や人間としての消費者の心，情緒に自然に受け入れられる経営が実践できるようになることを目指している。そして，そのために，小売企業の収

第5章　MCサークルに沿ったアトモスフェリック・マーケティングの展開

益の源泉である企業と顧客の接触空間のオペレーション・マーケティングの考え方と進め方を提示することが，本書の目的の一つである。

　そこで，その観点から，本書で扱うマーケティング用語を共通認識しておく必要があると思われる。筆者の研究不足のために起こりうるマーケティング用語の混乱を可能な限り避けるために，まず本書で使用する主要なマーケティング用語とアトモスフェリック・マーケティング・マネジメントの用語を簡単に整理しておきたい。

　マーケティング用語については，研究者の視点によって理解が異なる部分も少なくない。特に本書で使用するマーケティングの主要用語として，マーケティング，マーケティング・マネジメント，マネジリアル・マーケティング，マーケティング戦略，マーケティング計画，戦略的計画，戦略的経営，戦略的マーケティング，マーケティング・ミックスについて，小売業経営の視点から簡単に整理する。

　これらについて村松（2009）は，マーケティング・マネジメントは経営管理論でいう管理過程学派（mangement process school）の考え方によって説明されたマネジメントを計画，実施，統制のプロセスで把握するものであると指摘している。そして，Howard（1957）により統制可能な要素（マーケティング諸手段）と統制不可能な要素（マーケティング環境）の区分がなされ，さらにHoward（1973）によってマーケティング・マネジメントがマネジメント・プロセス概念の意思決定，計画，統制で把握されるようになり，企業による経営環境適応の問題としてマーケティングが認識されたとしている。そして，McCarthy（1960）が，マーケティングの焦点は消費者にあるとして，Howardが統制可能とした要素をマーケティングの諸手段として4Psで集約的に表現したと説明している[3]。

　さらに村松は，Kotler（1967）はHowardの基本的思考を継承して，マネジメント・コンセプトの下で統制可能要因による統制不可能要因への適合を図ることがマーケティング・マネジメントであるとし，本著の2008年版まで一貫してマネジメントとしてのマーケティング研究を取り込んで，マーケティングを

目的—計画—組織というマネジメント・プロセスの下で理解していると指摘している。

そして，Howard，McCarthy，Kotler の三人が，マーケティング・マネジメントはミドル・マネジメントが遂行するとしているのに対して，Kelley（1965）は，トップ・マネジメントのマーケティング・マネジメントであるマネジリアル・マーケティングの体系化を図ったことを説明している。

村松は，Kotler（1967）が *Marketing Management* の初版から2008年の最新版に至るまで一貫してマーケティング・マネジメントを説いており，マネジメントの基本からマーケティング・コントロールまで言及していることに対して，このようなマネジメントとしてのマーケティング研究は，我が国ではほとんど見られない状態にあると用語の理解の違いを指摘している。

このような視点から，村松はマネジメントと戦略の関係について，次のようにまとめている。戦略はマネジメントにおける計画の一つのタイプであり，計画の中心をなすものである。そして，マーケティング戦略はマーケティングに関わるマネジメントから導出されるものである。したがって，マーケティング戦略は伝統的なマーケティング・マネジメントにおいても，また本来なら戦略的マーケティング・マネジメントである戦略的マーケティングにおいても，当然のこととして策定されると考えられる。つまり，マーケティング戦略論は，小売企業レベル，事業レベル，機能レベルの三つにおいて策定され実施・統制されるのである[4]と指摘している。

筆者は，村松の考え方に同調する。したがって，小売のマーケティング・マネジメントにおいては，小売企業レベルのマーケティングの目的，目標に沿って，小売店舗レベルのマーケティング目的，目標が明確にされる。小売企業レベルのマーケティングの方向性としては，市場機会に向けての事業展開，資源配分のための多店舗化，多角化などが考えられる。

小売店舗レベルでは，企業レベルの経営目的である経営理念に沿って定められた店舗コンセプトに基づいてマーケティング戦略が策定される。そこでは，店舗責任者の視点に立って，営業方針，つまり営業の目的と目標が定められ，

それを実現する店舗レベルの標的顧客を想定し，顧客が高いレベルで満足し，競争企業より優位になるようにマーケティング・ミックスである小売戦略ミックスを計画し，それをオペレーションとして実行し，組織的に管理，統制していく。この小売店舗における一連のマーケティング戦略展開のプロセスを，本書では小売のマーケティング・マネジメントと定義する。

3．アトモスフェリック・マーケティング・マネジメントの定義

　本書では，小売業経営の視点からのマーケティング・マネジメントを，組織的な計画，実施，管理の流れで考えている。そして，小売企業の多店舗展開や多角化事業については，トップ・マネジメントの行うマネジリアル・マーケティングであるマーケティング・マネジメントとして理解する。しかし，単独企業であろうと複合企業であろうと，小売企業の収益源は企業と顧客の接触空間にあるという視点から，事業レベルのマーケティングである個別店舗のオペレーション・マーケティングが小売企業にとって最も重要である。そのため，そこでの顧客の情緒的側面に着目し，小売活動をアトモスフィアで統合する小売のマーケティングを，アトモスフェリック・マーケティングと呼ぶこととする。そして，それを計画的に実行し管理していくプロセス全体を，アトモスフェリック・マーケティング・マネジメントと定義する。

　したがって，本章のアトモスフェリック・マーケティングは，MCサークルのフローに沿って，小売店舗コンセプトと営業方針を基準として小売マーケティング・ミックスとして展開される。

第2節　アトモスフェリック・マーケティングの計画とマネジメント

　Kotler（1973-1974）は，アトモスフィア計画と題して，マネジメントにおけるアトモスフィアの計画手順と運営について，次の要点を示している[5]。

第2節　アトモスフェリック・マーケティングの計画とマネジメント

> 第1に，標的顧客（target audience）を明らかにする。
> 第2に，標的顧客の探索する購買と消費体験を通じて得たいと思っているものを考察する。
> 第3に，どのアトモスフィアの変数が顧客の求めている信念や情緒的な反応を強化できるかを明らかにする。
> 第4に，結果としてのアトモスフィアが，競争より優れているか，その成果を定期的に再評価する。
> 第5に，アトモスフィアをリフレッシュするか変更する。

　この中で Kotler は，これらのアトモスフィアの計画とモニタリングに対応するための組織的管理にも言及し，特定のマネジメント・チームづくりに投資をするべきであって，彼らは，建築，インテリア・デザイン，店舗ウインドゥ装飾のアートの形式になじんでおくことが必要であるとし，さらにスタイリングとパッケージングについても重要なアートであるとマネジメント上の留意点を指摘している。

　Kotler が指摘するこれらのアトモスフィアの計画・実施・統制プロセス，つまりマネジメント・プロセスは，明らかにアトモスフィアそのものの管理プロセスである。換言すれば，Kotler が提唱し，その後のアトモスフィアの研究者達が追究した店舗でのイメージ戦略におけるアトモスフィアは，事業レベル，機能レベルにおける具体的なオペレーションの戦略，すなわち店舗内のオペレーションについてのマーケティングを意味しているであろう。

　しかし，本書のアトモスフィアを構成する要素は，Kotler の商品，価格，コミュニケーションの要素を拡大し，店舗内のオペレーション・マーケティングをも統合する小売のマーケティング・マネジメント全体をイメージしている。

　したがって，本書での小売企業のアトモスフェリック・マーケティング・マネジメントは，MC サークルの流れに沿って，小売企業の経営理念，経営方針の下に，店舗コンセプト，営業方針，店舗戦略，店舗イメージと店舗戦略を構成する小売戦略要素によって統合的に計画され，戦略的に展開し，そして管理

することを意味している。

そこで，第3節では，アトモスフェリック・マーケティング・マネジメントを，MCサークルの枠組みに沿って，どのように展開していくかについて簡単に説明しておきたい。

第3節　アトモスフェリック・マーケティングの展開法

1．小売企業へのマーケティング・マネジメント適用についての概説

アトモスフェリック・マーケティング・マネジメントの具体的展開方法を検討する前に，小売業の実務的研究者のテキストを振り返り，小売マーケティングの体系との整合性を確認しておく。比較的研究の少ない小売のマーケティング・マネジメントについて，小売企業経営研究のテキストの中から，マーケティング戦略的にアプローチしている先行研究を振り返ってみる。

小売企業におけるマーケティング戦略の全体像に関して，Varley and Rafiq (2004) の指摘によれば，戦略とは長期間にわたる「指針」と「事業領域」を設定することであり，「顧客の欲求」と「投資家などの期待」に応えるため，経営資源の配分（configuration）を通じて「継続的な競争優位」を創造することである。さらに，このために，事業環境に小売活動を適合させ，組織の資源である能力（capability），コンピタンス（competence）を構築し，小売業の組織目標を達成するために，事業活動間の資源を配分，再配分するべき小売活動の事業範囲を明らかにする「企業のミッション」の開発が要求されていると説明している。そして，具体的には多くの複合企業はいくつかの異なる事業単位を有し，それぞれ異なる標的顧客を扱い，異なる競争群に直面し，独自のマーケティング戦略を開発し，管理していかなければならないとしており，これらを，「戦略的事業単位」（strategic business unit：SBU）と呼んでいる。

戦略的事業単位は，企業全体の中で他の事業単位と区分された商品・サービスを扱い，それぞれの外部環境を有する事業単位であり，個々はプロフィットセンター（profit center）として取り扱われ，独自の事業戦略をとる。複合企

業には，企業戦略（corporate strategy），事業部戦略（business-unit strategy），そして機能戦略または業務戦略（functional or operational strategies）という三つのレベルの異なる戦略的計画（strategic planning）が必要である。そして，二つ以上の戦略的事業単位をもつ場合，企業戦略は組織全体の目的とそれを達成するための戦略的事業単位ごとの目的を設定する。また，企業戦略では，戦略的事業単位間の相乗効果を最大限にするために限りある経営資源（resources）を適正に分配し，活動を調整する。事業レベルの戦略においては，各戦略的事業単位が企業計画で割り当てられた目的をいかに達成するかについて取り扱う。結果的に，事業戦略は個別の市場でいかに戦略的事業単位が競争し，継続的な差異的優位性を創造するかに集中する。このために，標的顧客を設定し，競争者に勝る顧客価値を提供するための意思決定が必要とされるのである。単一企業であれば，企業戦略と事業戦略は同一である。機能戦略は，事業の各業務分野を特徴付ける戦略である。

　さらに Varley and Rafiq（2004）は，戦略的経営管理（strategic management）と業務的管理（operational management）は区別されるべきで，戦略的経営管理は不定型の長期の問題，基本的な組織上の企業規模の実務を取り扱い，現在の資源やコンピタンスより経営環境または将来予想に主導されるとし，これに対し，業務的管理は定性的で特定分野に限定され，小規模な変化を取り扱い，経営資源ベース（resource-led）であるとして，機能戦略と業務戦略それぞれの位置付けを明確にしている[6]。

　筆者は，小売のマーケティングの考え方について，MCサークル（企業版）に示した通り Varley and Rafiq（2004）の示した位置付けに同調する。このような視点に立って定められた小売企業レベルの計画に従って，小売店舗別のマーケティング戦略計画が順次決定される。

　店舗責任者の視点に立って，営業方針，つまり営業の目的と目標が定められ，それを実現する小売店舗レベルの戦略として，標的顧客を定め，顧客が高いレベルで満足し，競争企業より優位になるようにマーケティング・ミックスである小売戦略ミックスを計画し，それをオペレーション戦略として実行し，

第5章　MCサークルに沿ったアトモスフェリック・マーケティングの展開

組織的に管理，統制していくプロセスを小売のマーケティング・マネジメントと定義する。

2．小売のアトモスフェリック・マーケティング展開図

　この小売のマーケティング・マネジメントの体系は，具体的に店舗でどのように展開され，アトモスフェリック・マーケティングはどのような要素によって具体化するのかについても詳しく吟味してみる。

　小売店舗のマーケティング・マネジメントは，複合企業や多店舗展開をしている企業にとっては，企業レベルの経営理念，経営方針の一部を実現するために，定められた小売店舗コンセプトと営業方針に基づいて展開される。したがって，一企業，一事業であれば，企業の経営理念と小売店舗コンセプトは同一となる。本章では，この小売店舗レベルを中心として説明する。

　営業方針は，主として小売店舗が目指すイメージゴールとしての営業形態や財務的な数値目標が示される。そして，営業方針を効果的に実現するために，店舗の外部環境と内部環境を調査する。店舗を取り巻く外部環境に存在する店舗収益の源泉となる標的顧客やその需要，欲求を発見し，内部環境からはそれを実現しうるコア・コンピタンスや強みとなる資源を確認する。一般にSWOT分析として知られているこの状況分析から，店舗の基本戦略である店舗戦略を決定する。つまり，「誰に，何を，どのように提供するか」といった大まかな事業の範囲を決定することになる。この基本戦略が小売店舗のオペレーション戦略に展開され，それが店舗イメージとなって顧客の目線に触れるというフローが小売店舗レベルのマーケティング戦略の体系である。これを図5－1で示した。

　これらは，第2章の図2－4で示した小売企業のマーケティング戦略の展開図の事業戦略に当たる。つまり，小売店舗の独自のマーケティング・マネジメントを基本として，図5－1に示されるオペレーション戦略に展開される流れになる。

　さらに，この中のオペレーション戦略を分解してみれば，図5－2に示した

第3節 アトモスフェリック・マーケティングの展開法

図5-1 小売企業のマーケティング・マネジメントの連続体 MCサークル（店舗版）

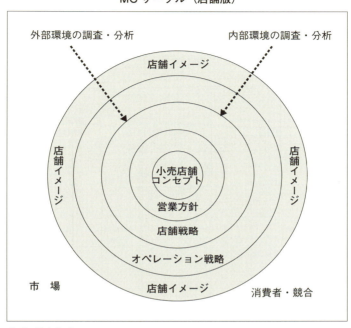

出所：筆者作成。

ように，小売店舗戦略に沿って選定したターゲットをより高いレベルで満足させ，競争優位性を発揮するように，オペレーション戦略を構成する七つの小売戦略要素のミックスを計画し，実施し，顧客の購買行動につなげるように統制していく。このマネジメント・プロセスが，小売店舗のマーケティング・マネジメントの流れである。

筆者は，この小売戦略要素のミックスの計画，実施，統制にあたって，これらを統合する catalyst として，アトモスフィアの概念を提示する。そして，このアトモスフィアを catalyst とした小売店舗のマーケティングを，アトモスフェリック・マーケティングと呼ぶ。つまり，アトモスフェリック・マーケティングを Kotler 等の研究した場としての店舗のイメージ戦略のみでなく，

第5章 MCサークルに沿ったアトモスフェリック・マーケティングの展開

図 5-2 小売企業のマーケティング・マネジメントの連続体
MC サークル（小売戦略ミックス版）

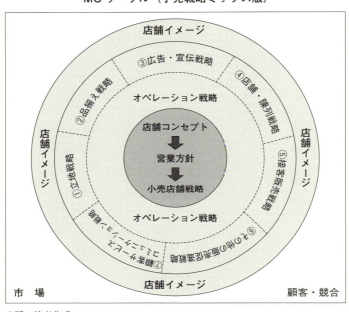

出所：筆者作成。

小売店舗のマーケティング・マネジメントを統合する戦略として位置付ける。

そこで、この小売店舗のマーケティング・マネジメントに沿って、アトモスフェリック・マーケティング・マネジメントをどのように展開するのかについて、次節で、筆者の経験的な事例研究も取り上げて説明することとする。

第4節 アトモスフェリック・マーケティングの顧客接触空間への適用

1．小売企業の経営理念と小売店舗コンセプト

経営理念とは、経営者が企業経営に対してもつ基本的な価値、態度、信念や行動基準である[7]。

第4節　アトモスフェリック・マーケティングの顧客接触空間への適用

　アメリカの小売業経営に詳しい Berman and Evans は，経営理念の重要な要素として「顧客志向」，「能率最大化」，「価値志向」，「目的志向」をあげ，日本の小売業マーケティングを研究した柏木（1987）は，小売業の経営理念は顧客ニーズに尽くすために存在しているという命題を基礎においている[8]と顧客志向に集中して説明している。日本の小売業研究者で清水晶の研究を継承した明治大学の澤内は，「消費者欲求の充足」，「適正な利益の確保」，「社会的責任の遂行」をあげている[9]。

　このように，経営理念は利益の追求を何によって果たすかを示すものであり，社会的存在である小売企業が，何をもって社会に貢献するかを表明するものである。小売企業の経営理念についての研究者達の考え方をまとめると，企業の利益と能率的な行動を前提として，単に消費者の利益だけでなく，個々の顧客が求める価値を志向すること，さらにそれは，個人や企業の利益志向以上に人間としての消費者の生活基盤である社会の利益をも意図しなくてはならないことを意図している。したがって，小売企業の経営理念には，消費者の価値志向，企業利益・能率志向，そして社会的な利益志向の三つの側面が考慮され，具体的な「小売店舗コンセプト」に反映されていなければならない。

　顧客との接触空間でのアトモスフェリック・マーケティングを統一するものは，小売企業のコンセプト，あるいは小売店舗コンセプトである。そこで，これらの視点から，小売関連企業がどのように小売企業の経営理念，小売店舗コンセプトを表示しているか，そしてアトモスフェリック・マーケティングを展開していると思われる代表的な事例から，小売企業が小売店舗コンセプトにどのようなアトモスフィアの視座を表現しているか確認してみる。

　小売企業の経営理念，ひいては小売店舗コンセプト[10]においては，企業利益や能率的経営については，小売企業の存続・成長・発展の前提として，どの企業も当然のように表明している。しかし，これは小売企業内部の問題であり，小売企業を取り巻く市場の社会経済的基盤に及んでそれを表示する企業は少ない。まして，これを標語的な意味だけでなく，企業の行動原則，従業員の活動の判断基準となるものに明確化したものは決して多くない。小売店舗コンセプ

トは,顧客の視覚,目線に触れてこそ顧客の小売店舗への信頼感を高め,顧客の価値観に受け入れられ,購買意欲を刺激し,愛顧動機を高めるアトモスフィアが具現化するはずである。

そこで,これらを表出している代表的な小売関連企業の小売店舗コンセプトを紹介してみる。

(a) ラッシュ(Lush)の信念[11]

英国に本拠地を置くラッシュは,自然派の化粧品と入浴剤の小売企業として,我が国にも進出して注目されている。このラッシュの信念(小売店舗コンセプト)は,次のようなものである。

ラッシュ(Lush)の信念

原料のフルーツとベジタブルは新鮮であること
香り高いエッセンシャルオイルを使うこと
(事業分野)

安全性が確認された合成物質を使うこと
全成分をラベルに明記すること
動物実験を行わない会社からのみ原料の買い付けを行うこと
(社会的責任)

全商品,自ら使ってみてその効果と使い心地を確認すること
お客様のご意見を積極的に取り入れて商品を改良していくこと
すべての製品からラベルにいたるまで手作りすること
お風呂やマッサージ,そして香りを優雅に愉しむ"ラッシュライフ"を多くの人に広めること
(行動指針)

商品はリーズナブルな価格で提供し,適正な利益を得ること
お客様の価値観を信頼すること
(企業方針)

ラッシュの事例からすれば,小売業の経営理念(ラッシュは"Philosophy"と表現)は,大きく四つの重要な意思決定要素で構成されている。その第一は,どの事業分野(domain)で活動していくのか,第二に,消費者や社会に

第4節　アトモスフェリック・マーケティングの顧客接触空間への適用

対してどのように責任を果たして貢献していくか，つまり企業としての社会的使命（mission）とステークホルダーに対する義務（commitment），第三に，従業員の行動指針（precept），第四に，企業の経営方針（vision）である。ラッシュの各店舗では，「安全性」，「香り高い」，「手作り」といった商品の品質をアピールして，消費者の信頼性を引き出す内容を店頭に明示しており，これによって，小売企業全体のアトモスフィアを各店舗に表現していることになる。このことは，Nystromが，ファッションを扱う小売業は広告のデザインにもファッションがなくてはならないと指摘していることを想起させる。

(b) イタリアの高級ブランド小売企業・ブルガリ（BVLGARI）の経営理念[12]

ブルガリの経営理念においては，その第一は，「最高のクオリティをもつ商品の提供」という企業としての社会的使命（mission），第二に，「世界中での申し分のないサービス」，「顧客満足」という小売店舗のスタッフの行動指針（precept）を示している。つまり，世界三大ブランドといわれるシャネル，エルメス，ヴィトンに並ぶ世界的高級ブランドの地位を確立しているブルガリは，経営理念に商品の品質，スタイルを表示することによって，顧客にステイタスの高いラグジュアリーなアトモスフィアを伝えている。

ブルガリの経営理念
～フィロソフィー～

「クオリティ」と「エクセレンス」は，ブルガリの企業文化の基本となる考えです。このフィロソフィーが，お客様の完全な満足をもたらすための組織構築を目指した，職場でのすべての活動に反映されています。ブルガリにとって「エクセレンス」とは，最高のクオリティを持つ商品と，世界中での申し分のないサービスを，完璧に調和させることを意味しています。

「エクセレンス」の考え方のベースとなっている四つの要素は次のとおりです。
・卓越したクオリティ
・独特のスタイル
・優れた商品
・顧客満足

第5章　MCサークルに沿ったアトモスフェリック・マーケティングの展開

(c) ザ・ボディショップ（The Body Shop）の経営理念[13]

　ザ・ボディショップは，1990年代初期から日本に進出し，安定してその地位を確立している。世界各地に伝わるハーブや木の実など天然の原料を使ったスキン＆ヘアケア製品をサプライチェーンで製造し，世界的に店舗展開するボディショップの経営理念は五つの要素で構成されている。必ずしも明確な表現ではないが，当社の経営理念は，第一に，「ザ・ボディショップの製品には，古くから世界中の人々が生活の中で使ってきた安全性の確かな天然のスキンケア原料，様々なハーブやフルーツ，野菜などの食べ物，植物性オイルなどが多く使われている」と商品分野（ドメイン）を明確にし，第二に，「社会的，経済的に恵まれない生産者から，直接原料やアクセサリーを公正な価格で購入する」という社会的使命，そして，第三に，「自己尊重，自己肯定」という行動指針，第四に「人権の尊重」をビジネスの基本的前提として，第五に，「限りある資源を大切にしながら，将来の世代のニーズを損なうことなく，現代の人々のニーズに対応していくという目標」を掲げ，地球環境の保護という将来を見つめた長期の目標と現代という短期の目標を組み合わせたビジョンとして明示している。

ボディショップの VALUES
〜五つの企業理念〜

(1) against animal testing （化粧品の動物実験に反対しています）
　化粧品の製造・販売過程で行われている動物実験は，動物への虐待行為であり，実験データを裏付けにした製品の安全性そのものが不明なことから，動物実験反対キャンペーンを行うなど，ザ・ボディショップは動物実験そのものの廃止を求めています。ザ・ボディショップの製品には，古くから世界中の人々が生活の中で使ってきた安全性の確かな天然のスキンケア原料，様々なハーブやフルーツ，野菜などの食べ物，植物性オイルなどが多く使われ，原料や製品に対する安全性の検査には，すべて代替テストを実施しています。
(2) support community trade （公正な取引により，地域社会を支えています）
　コミュニティ・トレードは，「援助ではなく取引を！」をコンセプトにした，ザ・ボディショップ独自のフェアトレード・プログラムです。支援を必要とし

第4節　アトモスフェリック・マーケティングの顧客接触空間への適用

ている小さなコミュニティと持続性のある取引関係を築き，長期的なサポートを続けるための取組みから生まれました。社会的，経済的に恵まれない生産者から，直接原料やアクセサリーを公正な価格で購入することで，そこに住む人々の雇用，医療，教育を充実させ，彼らのもつ文化や伝統を守りながら生活できるようにしています。

(3) active self esteem（自分らしい生き方を大切にしています）

「セルフエスティーム」は自己尊重，自己肯定を意味する言葉です。私達は皆，顔や身体，そして心も一人ひとり違います。この世の中にたった一人しか存在しない自分を大切に，もっと個性を尊重して愛しましょう。世界に数人しかいないスーパーモデルのような「誰かさん」のイメージを追わず，自分自身を認め，良いところをたくさん発見する，そんなポジティブな生き方こそが本当の美しさだと私たちは考えます。「ありのままの自分を好きになろう」それが，セルフエスティームです。

(4) defend human rights（一人ひとりの人権を大切にしています）

あらゆる人々の人権を尊重することは，道徳的な責任であり，ザ・ボディショップの価値観の基本で，その概略は「ミッション・ステートメント」や「取引憲章」に述べてあるとおりです。人権の尊重は，すなわち健全なビジネスの実践でもあるのです。私たちは文化の違いを尊重し，性別や肌の色，年齢など，あらゆる差別をも許さず，常に公正であることを求め，特に弱い立場の人々に配慮します。

(5) product our planet（私たちを取り巻く環境の保護に努めています）

ザ ボディショップは，限りある資源を大切にしながら，将来の世代のニーズを損なうことなく，現代の人々のニーズに対応していくことを目標にしています。製品の原料調達，製造，輸送，販売，廃棄物の処理まで，可能な限り地球環境への負荷を削減する努力をしています。自分達が出すゴミに対して責任をもつために，再生プラスチックを原料にした容器やリサイクルしやすい容器を使い，店頭では簡易包装や，使い終わった空容器の回収に取り組むなど，お客さまと一緒に行動しています。

このように，世界規模にまで成長したザ・ボディショップの小売店舗コンセプトは，動物実験への反対，公正な取引，地域社会，人権，働く人の誇り，環境の保護などの「社会的責任」さらには「社会的利益志向」を各店で明確に表

現しているのである。このことは,「我が社は化粧品を販売するのではなく女性の健康的な美を提供する」といった従来のメーカーの小売店舗とは異なるアトモスフィアを表出していることになり,経営理念全体に,顧客の価値観に基づく強い愛顧動機と従業員の強い愛社精神を持続させるアトモスフィアを感受させる。

　多店舗展開している3社の代表的な小売企業の例に見るように,経営理念とは経営活動をしていく上での基本的な考え方,企業の基本的な行動指針のことであり,一般には,経営哲学,経営信条,指導指針などの表現で示されている。日本の近江商人の家訓「三方よし」や伊勢商人の「現銀安売り掛け値なし」の心がけなども,まさにこの限りである[14]。

　つまり,経営理念は小売企業の従業員全員が経営活動を通じて守るべき行動原則を示し,従業員の行動の指針としての判断基準を示している。このために,経営理念は社会的責任,つまりミッションを明確にし,その社会的責任はステークホルダーである株主や金融機関,従業員へ示される約束（コミットメント）であると一般的に理解されてきたが,そこにはKotler等の提唱する店舗空間のイメージ以上のアトモスフィアの意味が包含されていることが理解できる。

　このアトモスフィアを全社的に共通認識するために,参入する事業領域（ドメイン）とその理由,そのための従業員の心構えや行動指針が示されている。そしてそれらは,企業経営の目的であるビジョンとして,小売企業関係者の情感の中にアトモスフィアの語意に含まれるムード,さらにいえば小売企業の企業文化,社風として定着していくのである。

　小売業の経営理念や小売店舗コンセプトは,経済的,心理学的,社会的,哲学的,そして道徳的な目的であり,心構えを示す部分,事業領域を示す部分,行動規範を示す部分などで構成されている。

　小売企業が必要とされ,存続するためには,消費者をはじめ社会に対して責任を果たして貢献していくことが求められる。そこで,企業としての社会的使命を果たしているというアトモスフィアを企業の内外に表出することがますま

す重要で，街の単独の小規模な商店であっても，このことを抜きに現代の消費者の共感を得ることは難しくなっているのである。

　これらは当然，高級品を扱う専門店の小売企業にとっても不可欠な要素であるが，これまでのマス・マーケティングを支えてきた量販型小売企業の小売店舗においても，単なる価格訴求以外に社会的使命，商品の品質，サービスの質，さらには従業員への処遇に対してもアトモスフィアに関わるイメージづくりを考慮しなくてはならない時代がきている。

　したがって，規模や営業形態にかかわらず，小売企業，小売店舗に関わる者が共通認識する経営理念，店舗コンセプトを明確に表示し，共通認識できるようにすることが重要であり，これらが全社的に共通認識されないために，その調整を図るべく経営幹部の時間やマネジャーの情熱がいたずらに費消されていくことは，規模が大きくなるほど深刻な問題を生み出すものである。逆にいえば，比較的小規模な小売店舗の場合，明確な小売店舗コンセプトを定められずにいたとしても，経営者の思いやしぐさから日常的に認識され，地域コミュニティに必要とされている強い絆，あるいはなじみというアトモスフィアによって結び付き，地域に根付き，存続している例も少なくない。

　老舗といわれるような小売企業の長期的な存続を考えると，価格志向が威力を発揮し続ける期間は短い。したがって，社会的な利益の視点から，小売企業に関わる生産者，従業員，顧客をはじめ，関係者全員に共通認識されるアトモスフィアが創出されるように検討されるべきである。

２．小売企業の経営方針，営業方針

　経営方針は，一般的に経営理念，経営哲学の中に包含され，対社会的に表現されている。しかし，経営理念，小売店舗コンセプトは主として外部に発信するものであり，経営方針，営業方針は組織内部に示すべきものである。それは，より直接的な表現で，一般的に社会にどのように貢献するかを意識した小売企業内部の規範的な方向付け，あるいは意識付けのための厳しい目標や目的として示されるべきである。例えば，「我が社は社会と地球環境に貢献してい

る」という標語で発表しても,小売企業が目的とした雰囲気,つまりアトモスフィアを顧客に伝えることに成功しなければ,その効果はまったく期待できない。

したがって,筆者はLusch (2011) が「小売戦略計画とオペレーション・マネジメント・モデル」の項で示しているように,ミッションと目的・目標を分類して[15]示しているように,経営方針は経営理念と区別した上で,数値的な目標と営業形態の目標,あるいは目的として明示することを提案したい。

小売企業の経営方針には,「企業目的」というべき長期・短期の数量的目標もある。企業目的を構成する下位の目標には,マーケティング目的と財務目的がある。このうちマーケティング目的は,売上高,市場占有率,店舗イメージなどから構成され,財務目的は,利益,配当金などから構成される[16]という指摘もある。しかし,本書では,経営方針は経営の方向と指針を示すものと捉える。つまり,指針を定量的,方向を定性的な方針と捉え,小売企業が達成する定量的な数値目標と,市場戦略の目的とする比較的長期な定性的な目標,すなわち営業形態のイメージゴールとを区別して考えることとする。

したがって,数値的な経営方針は,主として数値目標,収益性,安全性,生産性といった財務の経営指標的な目標や市場占有率等をイメージし,定性的な目標は,小売業者の市場戦略上の目的や営業形態といったマーケティング戦略の目的と考えることになる。具体的には,売上目標はいくらであり,それを達成するために,どのような顧客を主たる標的として,どのような商品を,どのように提供するのか決める。換言すれば,収益を得るために経営理念で示された範囲内で価格志向にウエイトを置いた量販店を目指すのか,品質志向にウエイトを置いた専門店を目指すのかといったことを明らかにするのである。複合企業を想定すれば,小売企業全体の数値目標は財務戦略的に示されるが,各支店の店舗目標は,売上高,利益などで示すのが実務的である。そして,定性的な目標として,どのような営業形態でそれを目指すのかを示す必要がある。

アトモスフェリック・マーケティング・マネジメントの計画の視点からすれば,店舗管理者の数値目標とそのマネジメントの業績の評価は,標的顧客の来

店数(率),入店数(率),買上げ顧客数(率),再来店客数(率)などアトモスフィアの構成要素である小売戦略要素に関わる数値を計画の詳細な目標として定め,その数値で結果を測定することが重要である。小売現場のアトモスフェリック・マーケティング・マネジメントにおいては,スピードが重視されるため日次や時間管理が重要となるが,そうした詳細な管理をするためにこれらの営業方針が重要なのである。これらと両頭の計画として,営業形態を明確に示すことは,顧客の目線に映る小売店舗のアトモスフィアを直接伝えやすくする。

　このように,数値目標がアトモスフィアに大きく関わっている例を示してみる。都内に立地する売り場面積約150坪のヤマグチ電気店は,家電中心の単独店である。当店は10年ほど前,自店から車で10分の商圏内に量販家電店が6店舗も出店し,熾烈な価格競争に巻き込まれた。そこで当店では,売上が30%減少するのを覚悟した上で,売上総利益率の向上を目指した。一般の量販店の薄利多売方式に対して,当店では当時の26%から毎年1%ずつ増加させ,10年で35%の利益率を実現するという計画を立て,実践したのである。その結果,現在では40%近くの利益率を実現している。当社がこの数値を実現するためにとった戦略は,高級家電店化することではなく,顧客密着商法,つまりサービス専門店の営業形態への転換であった。その徹底した営業形態が,数値目標を8年で実現させたのである。

　ヤマグチ電気店は,メディアなどの取材も多く,粗利の高さでもたびたび話題になる企業である。当店で商品を購入した顧客は,商品単価自体では量販店より高額の買い物をしたことを認知しているが,顧客からの不満はほとんどなかった。顧客の目線は,高売り商法ではなく,従業員を通じて個々の顧客の家事にまで及んで行われる当店のサービスを中心としたアトモスフィアをもった営業形態に注がれているからである[17]。

　アメリカのスーパーマーケット・スチューレオナード(Stew Leonard)は,1999年のオープン以来人気を博している,中小企業のスーパーマーケット(現在,4店舗)であるが,ウォルマートとは異なる路線で,「スーパーマー

第5章　MCサークルに沿ったアトモスフェリック・マーケティングの展開

ケットのディズニーランド」と呼ばれている。店づくりのために手づくりされた牛の模型や牛乳箱，ひよこのからくり人形や張りぼての動物達が各店頭でおりなすエンターテインメントは，子供達を楽しませファミリー客をとりこにするアトモスフィアをもった営業形態を実現している。単位面積当たりの売上は，ウォルマートをはるかにしのぐ実績をあげている。一般のスーパーマーケットの3万アイテムを超える品揃えに対して，オリジナルな商品を含め10分の1にしかならない商品を厳選しているが，家族的サービスとエンターテインメントが量販店のセルフサービスを乗り越えて存続し，成長した例といえる。当社の経営方針は，店舗の入口の重さ3トンの御影石に刻み込まれ，従業員への社訓として示されている「Rule 1：The Customer is Always Right」，「Rule 2：If the Customer is Ever Wrong, Re-Read Rule 1」という徹底した顧客主義に具体化されている[18]。

このような視点からすれば，小売の営業形態（type of operation）は，アトモスフィアの用語からの明示によって，より具体的できめ細かく識別することができる。これは，顧客に対してだけでなく，従業員に対しても同様である。

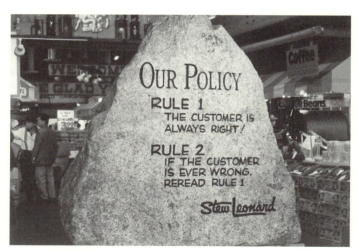

店頭に経営方針を明示し信頼のアトモスフィアを創造

第4節 アトモスフェリック・マーケティングの顧客接触空間への適用

例えば，量販店を中心としたディスカウント・ストア・タイプ，ザ・ボディショップのようなナチュラル・ストア・タイプ，スチューレオナードのようなエンターテインメント・ストア・タイプ，高級なアトモスフィアをイメージしたエクスクルーシブ・ストア・タイプ，流行的なセンスをイメージしたファッショナブル・ストア・タイプなど，アトモスフィアとして知覚される小売店舗の営業形態を経営方針と定めることも想定される。

3．小売企業の経営戦略，店舗戦略

　小売企業の経営理念，経営方針はビジョンとして統合されたり，実務的には経営戦略の一部を包含したものも存在している。しかし，小売のマーケティング・マネジメントが，企業と顧客の接触空間のオペレーションに関わるマーケット・プランナーや店舗管理者およびそのスタッフ，さらには現場のコンサルティングに関わる研究者や実務家が共通認識できるように展開されることは，本書の最も意図することである。

　小売企業の経営戦略，店舗戦略においては，トップ・マネジメントの店舗開発や多店舗化に伴う資源の配分と統合的な戦略を意味している小売企業の経営戦略（企業レベルの戦略）を，店舗管理者レベルの店舗戦略に展開することが重要である。

　空港ビルを展開する日本空港ビルデング社（JAT社）は，羽田空港のエアーラインの不動産業を主体に免税店，土産物店等を展開するが，テナント賃貸，駐車場，空港サービス，人材管理，ビルメンテナンスほか，成田空港や関西空港など国内の他の空港内での小売店舗の開発や運営，近年ではアジアをはじめ海外の空港へも進出し，コンサルティングなど多様な事業を展開している。当社はこれらのすべての資産を管理し事業を統括しているが，そのうちの小売事業に関しては，リテイル事業部で小売店舗戦略を個々の店ごとに計画し，事業を推進している。空港ビル内にはまったく同様の旅行関連，ブランド関連商品を扱う小売店舗が多数存在し，海外への出発ゲート周りでことごとく競合しており，空港内（同一商圏内）で自社内の店舗間競争も起こりうる状況

233

だからである。

　この例では，とりわけアトモスフェリック・マーケティングを重視した店舗戦略を重視することになる。なぜなら，エアーポートは，世界中からの異質の文化を体験している客層であふれているからである。Alderson の指摘する「異質性の欲求」が明確に現れる市場である[19]。したがって，いわゆるマス・マーケティングに見られる価格志向などの同質性の欲求のみを充足する方法では対応できない。しかも，同じアジア方面，ヨーロッパ方面に向かう顧客であっても，各個人は生活文化の違いにより価値観も異なり，各国の貨幣価値にも大きな差がある。出発地である日本は春であっても，顧客の行く先は雪であったり熱暑であったりと，複雑性をもった市場でもある。そこでは，ワンフライトにつき約1,000人の乗客とクルーなどエアーライン関係者が往来する。出発ゲート周りは，空港内の商圏における場（site）を意味している。アトモスフェリック・マーケティングの視点からの店舗戦略は，主として標的顧客を決め，その需要や欲求を充足する小売戦略要素ミックスのイメージを想定して決定される。したがって，空港内の小売店舗では，フライト時間ごとに行く先や生活文化が異なる客層の欲求に合わせて品揃えや陳列の方法を変化させる必要があり，マーケティング戦略の基本原則が柔軟に応用されなければならない[20]。

　JAT 社のようなターミナルビル立地だけでなく，商店街に立地する小売店舗であっても，時間帯ごとに顧客層の変化があることなどは，日常的に見られる市場の変化である。したがって，物不足時代の独占的な業種店の販売戦略とは異なり，現代の小売業の小売店舗戦略では，季節はもちろん曜日，時間帯によって変化する市場（site）のアトモスフィアに適合するために，小規模な営業形態の変更を迫られる可能性もある。小売店舗の店舗戦略，特にアトモスフェリック・マーケティングにおける小売店舗戦略は，標的顧客の設定においてもこのような複雑性をもっており，製造業のマーケティング戦略とは異なるスピード感や柔軟性が求められる。

　標的顧客の決定については，Kotler 等の提唱する市場細分化基準[21]が知られ

ている。これによれば，空港の市場では，気候を考慮した地理的変数，国籍を考慮した人口統計的変数，それぞれの民族性に応じたライフスタイルなどの心理的変数などを幅広く考慮して店舗戦略を決定しなければならない。

少なくとも，一般の小売の対象顧客においても Berman and Evans (1995) が指摘するように，消費者の明確化，すなわち市場細分化は，①マス市場 (mass marketing)，②市場集中 (concentrated marketing)，③差異化市場 (differentiate marketing) に区分して戦略的に働きかけることになる[22]。つまり，Porter (1980) の競争戦略を常に意識していくことを意味しており，強い経営を目指す小売店舗戦略にとっても重要なことである。しかし，小売業の店舗戦略で店舗責任者は時間ごと，顧客ごとに変化する「場」への対応に追われることよりは，顧客のいる「場」のアトモスフェリック・マーケティング・マネジメントをどのように構築するかを決めておくことの方が，限られた資源を有効に活かすことになる。

JAT 社の場合は，この店舗戦略をより明確にするため，免税店の中にある高級ブランドだけを選定して，店舗を空港内通路に沿って並列にレイアウトすることによって，ターゲットや店舗のイメージを明確にし，エアーポート内のブランド街の店舗としてのアトモスフィアのイメージを明確にしたアトモスフェリック・マーケティング戦略を実現した。

4．小売戦略における消費者の考え方

小売店舗の経営方針の一つである営業形態は，標的顧客とそこに適合したMC サークル（小売戦略ミックス版）で示した小売戦略要素のミックスによって明確化される。

この視点からすれば，ディスカウント・ストアの営業形態は，破格の値段，品揃えの豊富さ，賑やかさ，活気のある接客などの小売戦略要素の組み合わせが，そのアトモスフィアを構築する上で重要である。高級品を扱う専門型小売企業では，価格より商品の品質，ブランド特性，店舗空間の豪華さ，顧客の相談に応じられる丁寧な接客態度と提案などが重要な小売戦略要素のミックスに

なるはずである。この組み合わせは、個々の小売店舗の営業形態別に検討していかなければならない。

例えば後者の場合、最もリスクを伴うのは、このように経営方針で定めた営業形態のイメージを破壊する無制限なバーゲンセールである。これらが常態化すると、消費者はあらかじめセールを予想して、時期が来るまで買い控えるようになり、安売りの形態が定着してしまうことになる。安売りのアトモスフィアの連続によって、小売戦略要素に"破れ"が発生するのである。このような事態が発生する要因は、売上を最優先する売り手側の身勝手な発想が売り場のアトモスフィアを支配していることにある。

Kotler（1973-1974）が提唱して以降のアトモスフィアの研究は、店舗内のイメージの研究が中心である。本書のテーマも顧客との接触空間における研究であり、小売店舗内におけるアトモスフィアの研究は最も重要な小売戦略要素である。しかし、先行研究の中では、店舗のアトモスフィアを構成する小売戦略要素の個別の研究に偏りが見られる。しかもそれらは、消費者の購買意欲を小売店舗内でどのように刺激するのかに集中している。つまり、これらの研究は、伝統的な製造業者のマーケティングが志向してきた市場拡大時代のマーケティングの考え方である「売り手側の発想」が中心になっている。企業と顧客の接触空間である売り場周りは、互いの思いが交差する空間であるが、収益が顧客によってもたらされる限り、そこでの主役は消費者である。したがって、消費者の発想、少なくとも「買い手の発想」からマーケティング・マネジメントを考察することが、アトモスフェリック・マーケティングの基軸である。

そこで、本書を進める上で重要な消費者の買い物の意識と行動について簡単に整理してから、アトモスフェリック・マーケティング・マネジメントとの関連を考察してみる。

（1）小売業における消費者研究の現状

消費者行動研究は独自の学問領域として認知されるようになり、成熟段階に達したといわれ、現代ではポストモダンという新たな領域が認知されるようになってきている[23]。しかし、生産者から消費者に至る流通段階の中で、消費者

第4節　アトモスフェリック・マーケティングの顧客接触空間への適用

に直接関わる小売業における消費者行動の研究は，商品生産段階のそれに比べ，少ないように思われる。生産された商品は消費されることを目的としているのであるから，生産者の視点からの消費者への関心は明確であるが，直接消費者に接する小売業の視点からの消費に関する分析や研究が重視されなければならないはずである。

その視点から，本書の対象である小売業の消費者と消費の研究は重要な意味をもっている。長屋の『消費者経済論』（1948）によれば，マーケティング研究のうち初期の消費者研究の代表的な例は，ShowやCopelandによるものであり[24]，本書で取り上げるNystromの *Economic Principles of Consumption*（1929）である[25]。その後の消費経済研究に対する影響の多い点などから見れば，*Economic Principles of Consumption* をもって初期における消費者研究の代表的著作[26]とすることができる。

Nystromは，消費経済研究の代表的著作とされる本著の以前に執筆した *Economics of Retailing*（1915）の中で，「小売業の機能は顧客が求める商品を，求められる時に，求められる場で，求められるように提供することであり，小売業の効率は，このサービスを満足いくように経済的に供給することにある」（第2章「消費者」）[27]と指摘している。この小売業における消費者理解の重要性の認識が，本著の執筆へとつながっているのである。

以来，今日に至るまで，Nystrom（1915）の考えが消費者研究に敷衍して論究されていることも事実である。しかし，内容的には必ずしも満足のいく研究がなされているとはいいにくい。例えば，近年の小売業研究の著書を見ても，アメリカのPintel and Diamondは著書 *Retailing*（1991）[28]の中で，消費者の心理学，消費者の社会学について，一般的記述として消費者行動に触れているにすぎない。また，Berman and Evansは著書 *Retail Management: A Strategic Approach*（1995）[29]において，「標的顧客と情報収集」の項目を設けて，消費者の定義と消費者の理解，情報収集と小売業における情報処理につき論究しているが，実際の消費者行動については682ページに及ぶ大著の中で27ページを割いているにすぎない。イギリスのVarley and Rafiqも著書 *Principles of Re-*

tail Management（2004）[30]で，小売業と消費，変化する消費者，人口統計学，ライフスタイルの変化，消費者購買プロセス，買い物行動，小売店の選択，小売の細分化について紹介しているが，その取扱いは332ページのうちの20ページにも満たないものである。しかも，これらの著書のほとんどは，小売業の消費者の買い物行動に特化したものではなく，一般的なマーケティングの市場細分化や購買プロセスを紹介するにとどまっている。

そこでここでは，Nystrom（1929）の研究を出発点として，消費者の買い物行動と意識に関わる研究について簡単に振り返ってみる。

（2）小売業の消費者の買い物動機の研究

Nystromは具体的に，「消費と消費者の需要は，すべての経済と事業構造の根本的な基礎を構成する。消費の進む方向に，事業は進む。消費者需要は，聡明な生産とマーチャンダイジングの指針である。いかなる産業にとっても，その成長は消費者需要に向けての努力の正しい相関関係に依存している。消費者が何を，なぜ欲望するのかという基本的な事実に対する認識が，企業の経営幹部の最重要事項であることは明らかである。経営方針の計画，製品デザイン，価格帯の決定，広告と販売促進の立案，商品の販売と集荷，実際にすべての消費者や消費の問題に携わるすべての人々にとってこの科学的示唆は大きな助けになるだろう」[31]と製造業者の視点も取り入れて，小売戦略要素に及んで指摘している。

本著の研究の中で，最も筆者が注目するのは，Nystromが消費者の欲望に関わる用語について，次のように使い分けていることである（カッコ内は筆者による日本語説明である）。demands（需要），needs（必需，ニーズ），wants（欲望），desire（願望），hunger（渇望），wishes（希望），そしてこれらに関わるfeeling（感情），emotion（情緒）の用語が数多く示されている。これらの詳細な研究は，Nystromのウィスコンシン大学の後輩にあたるMaslow（1954）によって明らかにされたが，ここで最も注目したいのは，小売企業が発信するアトモスフィアを消費者が知覚する感情や情緒についての指摘である。つまり，欲望が顕在化するには動機付けが必要で，それは顧客の感情や情

第4節　アトモスフェリック・マーケティングの顧客接触空間への適用

緒を刺激することによって実現するのである。

　この感情と情緒的な購買については，Copeland が *Principles of Merchandising*（1924）で動機研究に先鞭をつけ，合理的動機，情緒的動機の区別を行い，消費財・産業財別に購買動機をさらに詳細に分類した。これらが，Nystrom，Maynard および Beckman らに引き継がれている[32]とみられる。

　日本の小売業，マーケティング，消費者行動の初期の代表的研究者である清水（1973）は，消費者の詳細研究をマーケティングの視点から行っている。日本的な小売企業の消費者の買い物行動を理解する上で貴重な著書であるので，要点を整理しておく[33]。

　清水は，買い物動機のうちで，特定の商品を購買する際に働く力や考慮の諸要因のことを，「商品購買動機」または略して「商品動機」（product-buying motives）と呼んでいる。これに対して，特定の企業（特に小売店）で購買する際に働く力や考慮の諸要因のことを，「愛顧動機」（patronage motives）と呼ぶとしている。すなわち，消費者の購買動機には商品動機，愛顧動機の二つがあり，消費者の買い物はこれらの動機が結び付いて実現される。

　商品購買動機については，消費者が商品を選んで買い物をする基底に横たわる理由であり，いろいろな見方があるが，清水はこの複雑な要素をもつ消費者の商品購買動機のよりどころとして，「個人的動機」，「社会的動機」，「経済的動機」と三つの諸要因を示している。そして，価格の要因は，わずかに経済的動機に訴求できるだけであるとし，小売業のマーケティング戦略として価格志向の限界を強調している。

　この商品購買動機はさらに，「情緒的動機」（emotional motives），「理性的動機」（rational motives）の二つに大別でき，商品に対する情緒的動機とは，消費者がある特定の商品を，なぜそれが必要なのかという理由を十分考えずに購買する動機であり，理性的動機とは，消費者がある特定の商品を，その必要性を裏付けるに足る意識された理由に基づいて購買する動機であるとする[34]。

　次に，消費者の店舗選択動機，つまり消費者がある特定の店舗を選択する「愛顧動機」について，清水は Duncan and Philips の見解を取り上げて，次の

239

ように分析している。愛顧動機についても，消費者が買い物をする際に，それほどの考慮を払わずに特定の商店を選んでしまう情緒的動機と，どの店で買い物するかを十分に考慮し，慎重に決定する時の判断基準となる理性的動機がある。情緒的動機を形成する要素として，①魅力ある店頭やウインドゥ陳列，②その商店で取り扱う商品やサービスへの慣れ，③その商店そのものへの慣れ，④友人のすすめなどをあげている。さらに，理性的動機を形成する要素については，①同種商店より優れた品揃え，②価格の経済性，③品質の優良さ，④スタイルの斬新さ，⑤満足しうるサービス，⑥買い物に便利な場所に所在すること，⑦買い物のために経費と時間がかからないこと，⑧その商店で買い物をすることによって得られるプライド，⑨買い物の楽しさ，⑩その商店のよき名声などがあると説明している。清水は，これらの要素を考慮した上で，小売業の経営やマーケティングの場合において愛顧動機のミックスを構成する諸要件として，①経済性（economy），②信頼性（reliability），③便利性（convenience），④魅力性（attractiveness），⑤プライド性（pride），⑥合目的性（objectiveness）などをあげている。

そして，値段の安さはこれらのうち唯一，①の経済性の一つの要素にすぎない。また，②の信頼性は，商店の取扱商品とその商店そのものに対する信頼性，つまり店主やセールスマンの人柄，顧客，接客販売，サービス，納期日，アフターサービス等による「店の信頼性」（store-royalty）であり，③の便利性は，コンビニエンス・ストアがこの動機をキャッチすることを主眼とした小売業の経営形態であると指摘している。さらに，④の魅力性は，店舗や陳列の魅力，その店で買い物することの楽しさの魅力，⑤のプライド性は，その店で買い物をすることでもつことのできるプライド，⑥の合目的性は，その店で目的にかなう買い物ができるかどうかなどを意味する[35]。

以上のように，清水は，小売業に関する消費者の買い物動機には消費者の商品に関する買い物動機である商品購買動機と店舗に対する愛顧動機があるとし，両動機を，情緒的動機と理性的動機に分類している。また，価格を志向する動機は経済的動機のみであると指摘している。したがって，価格にこだわら

第4節　アトモスフェリック・マーケティングの顧客接触空間への適用

ない商品購買動機，愛顧動機においては，「個人的動機」，「社会的動機」を優先して消費者にアトモスフェリック・マーケティングを適用することが効果的であることになる。

　これに対して，消費者の買い物動機のうち経済性のみを追求したディスカウント・ストアの経営形態は，競争的ディスカウント戦略ではなく，合理的ディスカウント戦略をとっている。むしろ，積極的に価格の安さを消費者の情緒に訴求することが，重要なアトモスフェリック・マーケティングであるといえるだろう。

　一方，店舗への愛顧動機については，経済性や便利性より信頼性，魅力性，プライド性，合目的性といった情緒性の高い動機を刺激することが，アトモスフェリック・マーケティングにおける重要な戦略になってくる。しかし，個人的動機などは人によって，また場合によって千差万別であり，情緒的動機と理性的動機は結び付いて働くなど複雑な面があり，理論的に理解されても実践は難しい。そのため，考察することは重要でも，厳密に区別しすぎることはかえって危険を伴うと清水も指摘しており，その実践への対応の科学的根拠が必要である。

　これらのアトモスフェリック・マーケティングの実践において注意すべき点は，小売企業側，つまり売り手の都合で情緒的動機を刺激して成果が出たとしても，人間は学習効果を有しているため，買い物，消費体験を通して情緒的動機が理性的動機へ変化することも十分考えうることである。例えば，エアーラインは，顧客との接触空間である機内の恐怖感を取り除くために，アトモスフィアには特に留意している。飛行機のファーストクラスではじめて接したキャビン・アテンダントの洗練された応対で創出されるアトモスフィアは，顧客にとって快い感情をもたらすが，回を重ねるほどにマニュアル的な仕掛けがわかってくると，煩わしさを感じるようになるかもしれない。また，コンビニエンス・ストアやファミリー・レストランでの画一的なマニュアル接客でいかに丁寧に扱われても，それが情緒的動機となって購買につながることはもはや少なくなっている。このことは，情緒的動機が既に理性的動機に変化している

241

ことを表している。さらに、スーパーマーケットのレジで並ぶことに不愉快さを覚える顧客が、レストランでは人が並んでいればいるほど入店意欲をそそられたり、普段は混雑を嫌がるのに、バーゲンセールでは混雑のアトモスフィアを好むなど、実際の小売の現場では消費者の理性的、情緒的動機を明確に区分して捉えることは非常に難しい。

このように、消費者は多様な欲求をもち合わせ、学習して複雑に変化し、その欲求が Nystrom や Maslow の指摘するように高度化する、あるいは段階的に高まっていくとするならば、小売業のアトモスフェリック・マーケティングを考察する上では、顧客との接触空間である売り場周りにおいて、顧客の買い物意識と行動を観察して対応できる従業員の情緒や感性が重要な役割を果たすことを見逃してはならないだろう。

（3）消費者・消費者行動研究の新しい潮流

以上のように、アトモスフェリック・マーケティングを考えるには、消費者の情緒的動機にどのように関与していくかが大きな課題となる。

物不足の時代のマーケティングは、製造業者のつくった製品を消費者に販売すれば、そこに消費者の満足が生まれた。初期の小売企業の商業組合は、製造業者から配給される（流通する）製品を組合員店舗の売上の割合などに応じて分配する調整の場でもあったという。その時代では、消費は財の破壊や減耗をする行為として認識するだけで十分であった。つまり、物理的な消費だけを考えれば間に合った。しかし、モノが充足し、モノ余りの様相を呈している現代では、消費者の情緒的・感情的要素を多く含んだ意味的消費の研究が重要になってくる。

これらの研究は、文化現象としての消費や体験としての消費を対象として始まり、商品の消費に対して革新的な消費概念を提唱したのは、Holbrook and Hirschman（1982）[36]の研究が最初であるとされている。ここでは、情報処理モデルを代表とする合理的消費者モデルでは説明できない「文化的製品」に着目しているが、これらは、マーケティングにおいて無視されてきた問題領域であると石井（2004）は指摘している[37]。しかし、すでに見てきたように、1970

第4節　アトモスフェリック・マーケティングの顧客接触空間への適用

年代までは市場が経済成長期の延長線上，つまり拡大期にあり，マーケティングは石井のいう文化的製品に着目する必要がなかったというべきである。

消費者行動論を歴史的に研究している井上は，「消費者行動の生成と発展」(1981)，「消費者行動研究の新潮流」(1999) の中で，研究の歴史をたどりながら，次のように統括している[38]。

消費者研究の系譜を辿ると，1950年代は，購買動機調査が脚光を浴び，商品購買動機，ブランド選択動機が研究され，1960年代では，主として問題解決型の消費行動，合理的な消費活動に力点が置かれ，まだ非計画的な購買行動，衝動買い行動，非反復的行動についての研究はなされていない[39]。このことからも，1970年代に至るまで，マーケティング研究では消費者の合理的な動機にさえ着目していればよかったことが明らかである。本書でいうアトモスフェリック・マーケティングが，合理的な買い物動機を前提として，情緒的買い物動機を刺激し，Kotler (1973-1974) の指摘する購買率を高める消費者の非計画的行動，衝動買い行動，非反復的行動に深く関わってくることを考慮すると，アトモスフェリック・マーケティングに関わる消費者の行動研究は遅れていることがわかる。このことが，小売業の価格競争に一層拍車をかけたといえよう。

消費者・消費者行動研究が大きな転換期を迎えたのは，1980年代以降である。井上 (1981, 1999) も，Holbrook 等を中心とした研究グループが消費者の情動的側面に着目し，喜怒哀楽に代表される測定の難しい感性的な側面の研究について消費者行動研究の新たな胎動が見られたと指摘し，購買選択から消費経験への強調が購買意思決定を促し，ブランド選択の強調から情動，感性，アトモスフィア，その他の情緒的側面への関心の高まりへと推移する可能性を高めていったと指摘している。

井上 (2000) は，これらを具体的に研究し，「消費者行動研究における文化論的視点の重要性」では，Holbrook and Hirschman 等に代表される消費者行動研究の新潮流をさらに進めて，Assael (1998)[40] のいう購買プロセスより消費の経験に焦点を当てるホリスティック (holistic) な視点から「消費者文化論」を説き，消費者行動論の萌芽期からほぼ1世紀を経た1980年代を，消費者

243

第5章　MCサークルに沿ったアトモスフェリック・マーケティングの展開

行動の変革期と捉えている。また，M. Featherstone[41]らの提唱するポストモダンという考え方を分析し，消費の研究に心理的な側面，経済的な側面に加えた新たな視点の必要性を指摘し，ポストモダンといわれる社会科学全体に関わる学問的転換期の到来を指摘し，これらから「消費の文化論」という概念の出現とその重要性を示唆している。

　井上（2002）「消費者満足の分析枠組」では，マーケティングが生誕時より活動の目的としてきた「消費者の満足」というテーマについて，消費者満足はいかなるもので，その測定はいかにして可能であるかという基本的問題について改めて考察している。さらに，消費者満足について，経営学，経済学，マーケティングなどさまざまな研究者による参画が見られることを指摘し，消費者満足に関するマーケティングからの分析枠組みのあり方を示唆している[42]。

　井上（2003a）「消費者行動論に対する手段―目的アプローチの適応」は，Alderson（1957）が"*Marketing Behavior and Executive Action*"[43]で指摘した「消費者の願う目標や目的を達成しようとするプロセス，つまり手段―目的（means-end）アプローチ」が，必ずしも定量的な手法で分析できない消費者の心理状態と製品属性を結び付ける定性的手法として開発されたとしている。これらは，小売店において，商品を結果として購入する消費者の心理に，どのように定性的手法としてのアトモスフィアを適用するかという研究が行われるべき可能性を裏付けている。

　井上（2003b）「消費者行動研究に対するナラティブ・アプローチの適応」は，消費者へのナラティブ・アプローチについて紹介している。これは，手段―目的アプローチやエスノグラフィック・アプローチなどと共に，1990年代から現れてきている消費者行動研究の新潮流である解釈的なアプローチの一つで，消費者自身に語らせることにより，その消費経験のもつ意味を再確認すると共に，マーケターが自社製品やサービスの意味について，包括的な視点から理解する一助としようとするものである。このナラティブ・アプローチは，アトモスフェリック・マーケティングにおいて，売り手が仕掛けている意図と消費者が知覚している反応の関係を把握するために有効である。すなわち，オペ

第4節　アトモスフェリック・マーケティングの顧客接触空間への適用

レーションに対する満足度や感動，失望などのプロセス，結果を測定するための重要な手法を提供している。また，小売の現場において，顧客と相互作用しながら顧客の求める価値を創造していくプロセスのあり方を説明することに貢献している。

　以上の井上の研究に総括されるように，消費者および消費者行動の研究においては，製品の購入者としての消費者ではなく，消費者の情動的側面に着目した消費の文化論の研究が始まっているが，消費者の満足としてのこれらの成果は，測定の難しい定性的な側面を有している。したがって，消費者行動のナラティブ・アプローチのように，消費者自身に語らせること，つまり小売業の従業員が接客を通じて顧客の消費経験のもつ意味を再確認すると共に，顧客が求める価値をコンサルティングしながら，Vargo and Lusch の S-D ロジックの研究で指摘されている消費者との価値共創のプロセスによって，良好なアトモスフィアを創造していく手段の重要性が示唆されているといえよう。

　このように，井上は消費者の研究において，心理的な側面，経済的な側面に加える新たな視点の必要性を指摘して，消費経験への研究が情動，感性，雰囲気，その他の情緒的側面への関心の高まりへと推移する可能性を高めていったことを強調している。しかし，井上（2003b）は，マーケティング戦略への実務的適用性について，さらに実験的な試みが必要であると指摘している。これらの指摘からも，消費者の情緒的行動の研究，中でも小売業の消費者の研究は大切であると認識されながら，その研究は進んでいないことがわかる。

　本書で明らかにしたように，小売のマーケティング・マネジメントの直接的な対象である消費者の研究は，1980年に大きな転換期を向かえた。具体的には Holbrook 等の研究によって，ポスト実証主義的，解釈主義的，ポストモダン的[44]，多元的などと呼ばれる消費者の経験や感性へのアプローチに視点が向けられ，この結果，ポストモダンとしての消費の文化が研究されるようになった[45]ことである。これらの流れの中で，快楽消費（hedonic consumption）[46]，「フロー」の研究[47]に代表される感情・情緒，メンタリティ（emotion, mentality）に関する研究[48]が進み，これらは新しい消費者行動研究の分野として

第5章　MCサークルに沿ったアトモスフェリック・マーケティングの展開

台頭してきた。

　1980年代以降の経済的・社会的な条件のもとで，所得などの生活水準と生活慣習などの生活スタイルが変化した結果，消費者の買い物行動を決定付ける買い物動機は，時間と共に心の奥深いところで変化し，小売企業などの収益に直接影響する消費者の買い物行動は，商品やサービスそのものから，商品に関わる提供方法や副次的，付随的なサービスへとその対象を移している。したがって，小売業のマーケティングにおいても，品揃えと価格戦略に依存するだけでは，消費者の高度な期待を満足させることはできなくなっていると考えるべきであろう。消費者欲求の中心的課題は，合理的・理性的動機（rational motives）から，既に Nystrom が指摘した情緒に関わる動機（emotional motives）へと変化していることになる。

　生活が充実するということは，消費者の人間としての生活に潤いと輝きが充足されることである。したがって，人間の情緒的部分に触れるアトモスフェリック・マーケティングは，重要な研究対象となるはずである。

　以上のように，消費者の情緒的動機に働きかけることの重要性を確認した上で，次に，アトモスフェリック・マーケティング実践のコアとなる小売戦略要素とそのミックスの適用について若干の考察をする。

5．アトモスフィアの小売戦略要素への適用
（1）商品戦略，品揃え戦略

　消費者の小売店舗への来店目的は，商品の購買やサービスの消費である。小売企業の収益はこの商品購買やサービスの消費によってもたらされるので，提供する商品やサービスは，小売企業経営の生命線といえる。

　小売業の場合，商品は製造業者の製品と異なり，単品ごとに価格設定をするのではなく総合的に利益を得る方法が採用されるために，これらを総合して総利益が確保できる品揃え戦略をとることになる。初期のスーパーマーケットの営業形態においては，安さというアトモスフィアを商品にもたせて，売上総利益額を確保する方法としてとられてきた。しかし，非量販の専門型小売業で

第4節　アトモスフェリック・マーケティングの顧客接触空間への適用

は，価格より商品そのものが有するアトモスフィアを消費者の五感に伝えるような商品戦略が必要になる。

アパレル商品においては，カラー，スタイル，モード，デザイン，繊維の素材，生地の風合いなどが商品のアトモスフィアを構成する要素である。消費者は，華やかさ，頑健さ，若々しさ，清楚さ，誠実さなど，商品そのもので情緒的な満足，感動，興奮を購入する。ここで注意すべきは，消費者行動論で指摘されてきたように，消費者が受け取る商品からのアトモスフィアは，自らの経験，生活スタイル等によってまったく異なる場合があることである。

食料品店の果物の香りやレストランで提供される料理の食感などは，嗅覚，味覚を刺激するアトモスフィアの要素である[49]。互いの色を引き立たせる補色関係にある商品や店内を明るくするカラーをもった商品などを導入することも，アトモスフェリック・マーケティングの重要な検討要素である。商品，品揃えをアトモスフィアとして訴求するオペレーションは，陳列の中でよく使われる手法である。陳列の中でカラーを活用したアトモスフィアは，アパレルでは店舗のテイストや店格，食料品店では鮮度を表すためによく用いられる。

バッグの製造小売業として名高い横浜のキタムラバッグの経営者は，消費者の購入するバッグのカラーには選定されないが，赤などの明るい色を一つ入れ，店内のその他の商品を引き立たせる工夫が必要であると指摘する[50]。つまり，アトモスフェリック・マーケティングにおける小売戦略要素のミックス計画においては，一般的な小売業の経営で管理されている売れ筋，死に筋といった製品依存の商品戦略ではなく，他の商品の販売を促進するための品揃えもあることに留意することが重要である。

千葉県柏市を拠点として個性的な商品，品揃え戦略を展開する京北スーパーは，産地の農家，漁業者と連携しながら，県内にレストランも含め8店舗を展開している。本店の商圏内には百貨店，総合スーパー，ディスカウント・ストアが存在しているが，オリジナルブランド性の高い商品を販売しながら，高い販売額，粗利益率を実現している。低価格に依存せず，商品戦略を中心に，ステイタス性や品質の安全性とオリジナル性を小売店舗全体，小売企業全体のア

第5章　MCサークルに沿ったアトモスフェリック・マーケティングの展開

世界唯一の商品が放つアトモスフィア
（写真：株式会社グースカンパニー）

トモスフィアにして小売戦略ミックスを実現し，消費者に信頼を得ている[51]。

　東京都の白金台に本店をもつベビーショップ・グースカンパニーは，子供服の製造小売業を営んでいる。当社は，生地からデザインまでオリジナル性を追求し，新生児や赤ちゃんのネームをベビー服や身の回り品につけることによって，全国にギフト需要を拡大した。少子化時代に，世界で唯一つのオーダーメイド・ネーミングのベビー服というオリジナル商品が発散するアトモスフィアに対しては，量販店の参入が難しく，中小企業ながら消費者や受け取った人を感動させる商品戦略として成功しており，当社の存続のコアとなっている[52]。

　こうした例に見るように，商品や品揃えは重要なアトモスフィアの構成要素である。

（2）価格戦略

　価格戦略は，本来，品揃え戦略の中で検討されるものであるが，現在展開されている日本の激しい価格競争の実態は，小売企業の存続・成長・発展の源泉である利益機会を大きく喪失するリスクを伴っており，その影響は甚大であることから，品揃え戦略から取り出して検討してみる。

　価格戦略とは，消費者は価格志向であり，安ければ買ってくれるといった安

第4節　アトモスフェリック・マーケティングの顧客接触空間への適用

易な考え方に基づいている。消費者行動の研究でも既に見たように，安いという経済性は重要であるものの，消費者の購買動機の一つにすぎない。しかも，競争的ディスカウント戦略をとる小売店の存在が示すように，どのような小売企業からも容易に模倣されてしまう戦略である。したがって，小売企業の価格戦略は慎重に計画されなければならない。

　現代の消費者は，価格志向をもつ一方で，個性化意識と高度な欲求を有する品質志向の顧客でもある。そのため，専門型小売業[53]の顧客は「商品・サービスの価値を大きく感じて，高くても喜んで支出してくれる存在」であり[54]，顧客は自らの感じる便益（価値）と実際の店側の行為（サービス）への満足度との関係で価格を推し量っている。このことを誤ると，消費者行動の「手段―目的」への問題解決に齟齬が起きることになる。小売業が提供するものに対して，顧客自身が高い便益を感じて価値を見出し，高い満足を得ることができれば，その価格を高いとは認識しない。逆に，専門型小売業の場合，価格が顧客の愛顧動機を充足する要素ではないので，販売促進のために低価格設定などを行うと，顧客の愛顧動機である信頼性と共にプライド性をも傷つける場合もあり，上顧客が店を離れるきっかけとなる危険性さえある。これらのことは，専門型小売業が特売セールを繰り返しても，上顧客はむしろそのセール期間をはずして来店している事例からも明らかである。また，バーゲンセールの数日前に定価で購入した商品が安価になっていることで，定価で買った愛顧客を逃してしまうなど，価格戦略が nagatmospheres を創出してしまっている例もある。アトモスフェリック・マーケティングにおける価格戦略では，在庫処分と販売促進戦略を間違ってはならない。

　価格戦略の研究者である上田の『価格決定戦略―価格設定と消費者心理のマーケティング―』（2005）[55]は，イメージが重要な製品・サービスの分野では，ある程度以上の価格設定をすることで，イメージに合わない顧客を排除してイメージを保つことができるという価格のもつ機能を重視していかなくてはならないとし，アトモスフィアに関わる適正な価格設定による顧客セグメントの重要性を示唆している。

249

第5章　MCサークルに沿ったアトモスフェリック・マーケティングの展開

　これらは，単純な低価格販売（安売り）によって小売業のブランド・イメージが低下し，低価格志向の顧客層へと主力顧客が入れ替わる結果，顧客単価が低下して収益悪化の道を辿るというnegatmospheresの問題も示唆している。情緒的動機に深く関わる小売のアトモスフェリック・マーケティングにおいては，小売企業側がどのようにアトモスフィアを意図したかったかより，消費者がどのように知覚したかの視点を重視しなくてはならない。

　さらに，ブランド認知に関わる顧客の購買行動と価格戦略のあり方について，上田（2005）は，H. Assael（1998）の「意思決定の範囲」と「購買関与度」の二つの要素から分類した購買行動類型（図5-3）を取り上げて，次のように指摘している。図5-3の上部は，商品や購買に関する関心の強さ（商品関与・購買関与），図の左側は，消費者のブランドに関する認識度の違いを表し，四つの購買行動を示したものである。これらからすれば，「習慣型購買行動」は商品に対するこだわりが少なく，常時購買するブランドか一番低価格の商品を選択するという購買行動であり，最寄品やナショナル・ブランド品の購買においてよく見られる。

　次の「バラエティ・シーキング型購買行動」は，消費者の商品や購買への関

図5-3　Assaelの購買行動類型（consumer decision making）

		商品関与・購買関与	
		高関与	低関与
ブランド間知覚差異	知覚差異大	Complex decision making 情報処理型	Limited decision making バラエティ・シーキング型
	知覚差異小	Consideration only one brand royalty 不協和解消型	Inertia 習慣型

出典：上田隆穂『価格決定戦略』2005年，58ページおよびAssael, H., *Consumer Behavior and Marketing Action*, 6th ed., Cincinati Ohaio, South Western College Publishing, 1998, pp.67-69に一部加筆。

第4節　アトモスフェリック・マーケティングの顧客接触空間への適用

心は低いが，ブランド間知覚差が大きいためにいろいろなブランドを試そうとする購買行動で，大衆品，量販品などスーパーマーケットやバラエティ・ストアの商品の購買に最もよく見られる。さらに，「不協和解消型購買行動」は，消費者の商品・購買への関心は高いが，どのブランドも同じに見え，自分のブランド選択に不安があり，広告などによって不安を解消しようとする購買行動とされている。これは，買回品や中級品についてよく見られる。

そして，「情報処理型購買行動」（ロイヤル型購買行動）は，消費者が選択に時間を割いて熟考するために頭の中で情報処理することを意味し，選択後はブランド・ロイヤルな消費者になることが多い。このタイプの消費者は商品・購買へのこだわりが大きく，ある程度の支出は厭わなくなる。専門品，高級品に典型的に見られる専門型小売業の消費者の購買行動である（Assaelは，ホームコンピュータ，専門衣料，自動車を例としている）[56]。この上田の指摘は，専門型小売業の商品においては消費者の商品や購買に関するこだわりが大きく，ブランド・ロイヤルティ（brand shoppingの慣習）も高くて情報探索に時間や労力を十分にかけるために，安易な低価格によるアトモスフィアはリスクを伴うことを示唆している。

このように，小売業においては，標的顧客を決めて品揃えするといった単純なマーケティング戦略のみではなく，消費者固有の欲望と購買行動に配慮して品揃えをしなければ，商品面のアトモスフィアの構築は難しい。したがって，品揃えは仕入担当者，バイヤーの商品と価格のアトモスフィアの認知度に依存している。

(3) 販売促進戦略

小売業の販売促進は，小売店舗が品揃えを告知し，消費者への動機付けによって購買につなげる重要なアトモスフェリック・マーケティングの小売戦略要素である。商品のコモディティ化の進行による品揃えの差異化の限界を考えると，販売促進策としてのアトモスフィアはますます重要になってくる。

第3章の表3-4で取り上げたように，広義の販売促進戦略としてのプロモーション活動には，店の外の消費者に向けてのアウトストア・プロモーショ

第5章　MCサークルに沿ったアトモスフェリック・マーケティングの展開

店頭看板で店舗のアトモスフィアを表現

鳥の巣と金の卵で表現されたベビーショップのショーウインドゥ

ンと店舗内部で消費者に向けて展開されるインストア・プロモーションがある。これらのプロモーション戦略は，消費者を動機付けるアトモスフィアをcatalystとして，企業収益につながるように展開しなくてはならない。その具体的な展開は，表3-3に示した広告・宣伝，店舗陳列，接客販売，その他の媒体を通して行われる。

　売り場周りの消費者，店前通行客を想定すれば，表3-4で示したように，

252

第4節　アトモスフェリック・マーケティングの顧客接触空間への適用

企業収益は小売店への①「注目客の増加」，②注目した顧客の「入店率の向上」，③入店顧客の「買上率の向上」，④買上顧客の「リピート率の向上」によって実現する。そのようにプロモーション活動を分類すれば，店の外に向けた店舗外装，看板，ショーウインドゥなどのエクステリアのアトモスフィアが注目客の増加に関わり，店頭の陳列や音響，ビジュアルのアトモスフィアが入店率の向上に関わり，インテリアの陳列や店内環境，接客サービスなどのアトモスフィアが買上率の向上に関わることになる。そして，顧客サービスやコミュニケーションなどのアトモスフィアが，その後のリピート率の向上に関わっていると分類できる。この「消費者の購買決定プロセス」に沿って，アトモスフィアを創出する小売戦略要素を組み合わせたプロモーション活動を行うことが，アトモスフェリック・マーケティングにおいて重要である[57]。

これらのアトモスフェリック・マーケティングとプロモーション活動の関係について，広告論とマーケティングの研究者である大友は，「マーケティングにおける欲望分析序説」（2003）[58]で「現代の日本の消費者の多くは消費意欲を失っていない。不足しているのは"豊かな"経験を持つ消費者を沸き立たせるようなマーケティングの市場操作能力である」と指摘している。小売業のアトモスフェリック・マーケティングの真髄を

リズム感のある陳列でアトモスフィアを表現

証している言及である。

そこで、小売戦略要素のうち販売促進戦略に関わる広告・宣伝、店舗・陳列、接客販売について、アトモスフェリック・マーケティングの視点から簡単に説明してみる。

(a) 小売業の広告・宣伝

小売業の広告・宣伝は、標的顧客に自店の魅力を伝え、来店動機を創出するための小売戦略要素である。広告・宣伝とは、広告媒体を通じて、商品やサービス、アイデアなどの情報を伝達することである。しかし、アトモスフェリック・マーケティングの視点からは、大友（2003）の示唆やNystromの指摘にあったように、広告・宣伝そのものに消費者の心を動かすアトモスフィアを感じられることが重要である。

小売業の広告・宣伝の目的は、表3-4に示した「消費者の購買決定プロセス」における「問題認識」、「情報探索」、「評価と選択」という店舗認知に至るマーケティング活動であり、同表のうちの「プロモーションの視点」の欄に示した「アウトストア・プロモーション」の役割を担う。

広告の役割は、標的顧客に対する情報提供にある。しかも、その情報は店舗選択に至るように提供しなければならないのであるから、量販型小売業と専門型小売業の広告・宣伝は、同質の内容であってはならない。量販型小売業は、総合スーパーに典型的に見られるように、売上高を拡大するために不特定多数の消費者に週単位で価格訴求の広告をする例が少なくない。しかし、専門型小売業では、定めた標的顧客のライフスタイルや価値意識にまで及んだアトモスフィアを感じられるアプローチが必要であり、その意味から、価格を強調した広告・宣伝は消費者の購買動機をかえって阻害することになる場合もある。

清水（1973）が指摘したもう一つの重要な視点は、顧客の愛顧動機を高める魅力性、プライド性、信頼性をイメージさせる広告である。このために、広告媒体の選定も小売店舗のアトモスフィアに大きく影響する。例えば、量販型小売業のように不特定多数を相手にした営業形態では、新聞折り込みチラシ、テレビ、ラジオなどによるマスコミ広告が選定されるが、専門型小売業では、ダ

第4節　アトモスフェリック・マーケティングの顧客接触空間への適用

イレクト・メール（DM）など相手を特定した広告や読者が特定される業界雑誌，イメージの高い新聞広告，自社の商品そのものを紹介するカタログなどの媒体が効果的である。さらに，プレステージ性の高い高級ブランド専門店では，雑誌の表紙裏や裏表紙など，広告費の高い場所を意図的に選定してイメージ訴求をしたり，新聞のようなマス媒体を活用するにあたっても，小売企業の代表者の対談形式の企画広告やパブリシティのような出し方をしている[59]が，これらは高級店にふさわしいアトモスフィアの効果を狙っていることになる。

(b) 小売企業の店舗・陳列・ゾーニング・演出

　店舗は小売企業の経営戦略を具現化する手段であり，その目標を達成する手段でもある。また，店舗は，企業が思いを込めて仕入れた商品と顧客が出会う舞台である。

　小売店舗が企業と顧客の接触空間であり，顧客の購買動機に直接影響する「場」であるために，Kotler以降のDonovan and Rossiter等のアトモスフィアの研究者やBerman and Evans，Lusch and Deune，Verley and Rafiq等の小売業経営の研究者達は，アトモスフィアについて，店舗内で顧客の購買動機を刺激するイメージ戦略であると捉えている。

イルミネーションの配色で店頭に暖かなアトモスフィアを表現

第5章 MCサークルに沿ったアトモスフェリック・マーケティングの展開

さらにいえば，MCサークルの最後のサークルで示した「店舗イメージ」が顧客の視覚に大きく訴求する店舗・陳列によって想起されることを考慮すれば，アトモスフェリック・マーケティングのコアとなる要素はこの店舗・陳列の小売戦略要素の表現，あるいは演出の仕方によって成果が左右される。それゆえ，アトモスフィアの研究がここに集中しているともいえるのである。

さらに，店舗は表3-4で示した「企業収益実現の視点」から，「注目客の増加」を目的として，広告・宣伝の後を受けて，「消費者の購買決定プロセス」のうち「情報探索→評価と選択→店舗選択」までの部分を店舗の建物や外観，ショーウインドゥなどを通じて担い，顧客の来店や入店を促進し，店内で「陳列」，「装飾」，「照明」などの店舗空間演出によって顧客の購買を促進し，企業の収益を実現するという具体的で大きな役割を担っている。そのため，小売の店舗は，ターゲットとする顧客の来店動機を創出すると共に，店前通行客から自店の顧客を選別して店内に導き，商品の購買につなげるアトモスフィアを創出する働きかけが必要である。

要約すれば，一般に小売企業は好立地が選定できれば，店舗や店頭には車客も含め通行客が多いという条件が確保される。そこでは消費者が「入りたくなる店」を計画し，入店率を上げる機能や働きかけが必要であり，店内ゾーニングにあっては商品に多く触れるように回遊を促進し，専門型小売店ではことさら滞留性を増すアトモスフィアの構築が必要である。つまり，店頭は視覚や聴覚を通じて通行客を刺激する「アピール

店頭の展示陳列でアトモスフィアを表現

第4節　アトモスフェリック・マーケティングの顧客接触空間への適用

遠近法を使った店舗空間のアトモスフィア

グラデーション陳列でアトモスフィアを高める

ゾーン」となり，入店率に関わるアトモスフィアの創出が中心で，店内はゆったりと快適に見て回る「回遊ゾーン」であり，買上率に関わるアトモスフィアの創出が中心になる。

　さらに，小売業の店舗では，標的顧客を店頭で意識的に選別し，店内において顧客同士が醸し出すアトモスフィアに齟齬が起きないように配慮（マネジメント）することが重要である。例えば，百貨店ではこれを避けるためにフロアごとに商品カテゴリーを分けて，異質の顧客が交差しないようにしている。それでも，今日の日本の例に見るように，複合型の百貨店では高級ブランド売り

第5章　MCサークルに沿ったアトモスフェリック・マーケティングの展開

商品陳列で楽しいアトモスフィアを表現

場とファスト・ファッションを併設しているような場合がある。この異質の欲求をもった顧客同士がエレベーターなどで出くわすと，アトモスフィアの違和感を覚えることがある。そうした場合でも，店舗デザイン上の配慮によって，このような negatmospheres となる要素を減らす努力が必要である。

　さらに，陳列においても，アトモスフィアの視点というよりマーチャンダイジングや販売の効果をあげる視点などから，店舗全体で顧客の視覚に訴求するビジュアル・マーチャンダイジングが導入されるようになってきた。しかし，これらについても，商品に依存したマーチャンダイジングの視点からだけでなく，店舗空間内全体でのアトモスフェリック・マーケティングの視点から考慮することがより成果をあげるはずである。

　Berman and Evans, Lusch および Verley 等が指摘しているように，店舗・陳列は「販売促進機能」をもつように心がけなくてはならない。しかし，そこは顧客の愛顧動機を高める空間であり，店舗のエクステリアは街中の社会生活空間にまで配慮しなくては，小売企業の存立基盤である社会に対する責任はまっとうできない。逆に，企業側に立てば，街中の道路やショッピングセンターの道路が自店へつながるアトモスフィアを構築する要素の一部であることを見逃してはならない。

　店舗のインテリアは，顧客の回遊性，滞留性についてはもとより，店内での

第4節　アトモスフェリック・マーケティングの顧客接触空間への適用

「フロー体験」を通じて高められる愛顧動機に関わる。したがって，単に商品の置き場であるといった考えではなく，看板，ショーウインドゥ，ゾーニング，什器レイアウト，通路計画，陳列，展示，装飾の各技術と共に，照明，カラー，音響，温度，床や壁，柱の材質など，店舗環境のアトモスフィアを構成するサブ要素にまで配慮して演出されなければならない。

　小売企業の店舗やレストランなどの小売の現場には，自宅で感じられない豪華さや楽しさが求められる。Kotler（1973-1974）以降のアトモスフィアの研究は，主としてここに集中している。しかし，単に低コストで店舗をつくる，あるいは綺麗な店舗，豪華な店舗をつくることではなく，アトモスフェリック・マーケティングを通して経営方針，営業方針が実現されるようにつくらなければならない。

　店舗機能について，一般的に消費者の立場で考えるべき機能として「宣伝訴求機能」，「販売促進機能」，「アメニティ提供機能」，小売店の立場で考えるべき機能として「管理機能」が指摘されている[60]。第一の「宣伝訴求機能」は，入りやすい店舗，入ってみたい店舗と思わせる機能であり，店内誘導機能である。第二の「販売促進機能」は，買いたいという気持ちを起こさせる機能である。第三の「アメニティ提供機能」は宣伝訴求機能と販売促進を補助する機能と安全にかかわる機能である。そして，第四の「管理機能」は，店の従業員が仕事をしやすくする機能，レジと包装，補助商品の在庫機能およびバックヤードの機能などで構成される。

　表3-4に示したプロモー

パッケージが老舗のアトモスフィアを伝える
（写真：株式会社桔梗屋）

第5章　MCサークルに沿ったアトモスフェリック・マーケティングの展開

店内装飾でブライダルのアトモスフィアを表現
（写真：パトリック・キソ・ガーデン）

小物を使って季節のアトモスフィアを表現

ション効果をアトモスフェリック・マーケティングの視点から詳細に検討するために，これらの四つの店舗機能を，「訴求機能」,「店内誘導機能」,「商品選択機能」,「販売促進機能」,「販売機能」,「情報発信機能」,「演出機能」,「管理機能」の八つに再分類して，その要点を整理してみた（表5-1）。ここでは専門型小売業を想定して，各機能別に標的顧客へのアトモスフィアの適用を意図

第4節　アトモスフェリック・マーケティングの顧客接触空間への適用

し，小売戦略要素の「接客販売」も含めてその展開方法を示した。

　表5-1のアメニティ機能のうち購買の快適性についての「演出機能」について，Varley and Rafiq（2004）は，購買動機を刺激する店舗イメージの訴求の視点から述べている[61]。

　Berman and Evans, Lusch, Varley等が共通して指摘するところは，アトモスフィアによる働きかけの目的は，店内に入店した顧客への情緒的動機を刺激し，販売促進効果を高めることにある。店舗における独特の趣やアトモスフィアを構成する要素は，特徴的な香り，快い音響，印象的なカラー，落ち着いた照明，温度，材質感等であり，これらの要素は顧客の五感に直接働きかける手段でもある。そこで，アトモスフィアを構成する要因について，Varley and Rafiq（2004，2006）の説明している手段[62]を参考に表5-2にまとめた。

　現在の消費者は，商品やサービスがいつでもどこでも，いながらにして手に入るユビキタス（ubiquitaous）社会に生きている。したがって，Mihaly Csikszentmihalyi が指摘したように，消費者は目的もなく歩き回っている「フロー」の状況にある[63]。つまり，消費者は店内に入ったからといって購入を意思決定しているわけでもない。自由に選択できる量販店やインターネット販売

壁面ミラーで商品の量感のアトモスフィアを表現

第5章　MCサークルに沿ったアトモスフェリック・マーケティングの展開

素材の品質と手づくりで表現した信頼のアトモスフィア
(写真：Swiss Stetiler)

の増大の中で，フロー体験を積んだ消費者を，売り場周りの接触空間でどのように刺激し，購買や今後の購買につなげていくのかといった行動プロセスを通じてのアトモスフィアの管理が，企業の収益につながることが十分に実感できるようになってきた。すなわち，「販売促進」の小売戦略要素とそのミックスは重要なアトモスフィアを構成する要素なのである。

改装期間中も通行客にブランドのアトモスフィアを訴求

第4節 アトモスフェリック・マーケティングの顧客接触空間への適用

(c) 小売業の接客販売

小売業の接客販売は、広義の「販売促進」の手段になる。店舗や陳列の魅力で顧客をひきつけ、アトモスフィアの行き届いた快適な買い物空間の中で、商

表5-1 専門型小売業の「販売促進」の8大機能とアトモスフィアの表現ポイント

店舗機能		機能目的	アトモスフィアの表現ポイント
宣伝訴求機能	①訴求機能	注視度や専門型小売業らしい店格を高め、店の存在と信頼性を通行客等に強く訴求する機能(入りやすい店舗、入ってみたい店舗)	ステイタスや歴史を感じさせる看板・ドア、外装、店頭映像、ショーウインドゥ、駐車場などのエクステリアの配慮
	②店内誘導機能	店頭の顧客を店内へ誘導する機能	ゆとりある魅力的な店頭閑地とアプローチ、魅力的なショーウインドゥの展示陳列などの店頭の配慮
販売促進機能	③商品選択機能	入店した顧客の店内での商品の探索、選択を補助する機能	店頭の総合展示陳列、明確なコーナーづくり、店内レイアウト掲示、ゾーニング、レイアウトなどのインテリア
	④販売促進機能	顧客の購買決定を促進する機能(買いたいと思う気持ちを起こさせる機能)	パネル、ショーカード、テスト販売・実演コーナーなどの配慮
	⑤販売機能	スタッフの接客効果と顧客へのサービスを充実する機能(販売員が買い物を支援しやすくする機能)	スタッフが販売に集中できる対面販売、側面販売を促進するテーブルやカウンター、スツール、ソファ、サロン、ミニカフェなどの配慮
	⑥情報発信機能	顧客がブランドの歴史や最新情報に触れ、ロイヤルティを高めるためのコミュニケーションの機能	年代記(chronology)、映像、商品カタログ、ミュージアムなど
アメニティ機能	⑦演出機能	店内を楽しみ、買いたくなる雰囲気やイメージを高め、顧客が店内でくつろげるムードを創出し、充実した時間を過ごせるような店舗空間を提供し、演出する機能	天井、壁面、柱、床、空調など。店内空間全体の照明、色彩、音響、温度、テクスチュアに配慮したインテリアの演出
管理機能	⑧管理機能	顧客サービスを促進し、信頼感を高める機能	レジと包装、補充商品の在庫スペース、販売会計・事務・顧客管理を実施するスペースと顧客セキュリティ管理およびアフター・フォローへの配慮

出典:高瀬昌康『店舗施設管理』同友館、1984年;清水晶『店舗の理論』同文館、1974年;Berman and Evans, Lusch, Verley の著書;澤内隆志『演習・店舗管理の基礎』同文館、1965年の各著書および筆者のコンサルテーション実務の経験から作成。

第5章　MCサークルに沿ったアトモスフェリック・マーケティングの展開

表5-2　アトモスフィアと専門店での手段

アトモスフィアの種類	アトモスフィアの表現要素の例
アロマス（香り）	花の香り，ケーキ・パン・チョコレートの匂い，コーヒー・お茶の香り，お香の匂い等
サウンド（音響）	クラシック音楽，ムード・ミュージック，ポピュラー・ミュージックなどのBGM，店内案内放送
カラー（色彩）	黒，グレイ，白の中間色（無彩色），暖色（レッド，オレンジ，ピンク，イエロー），寒色（ブルー，淡いグリーン，白），地球の自然色（茶色，グリーン），木，竹，石などの自然素材色など
ライティング（照明）	①暖かさの表現：オレンジ，イエロー，ピンク ②涼しさの表現：ブルー，ブライト ③スポット・ライトによる表現：アッパーライト，ハイライト ④全体照明 ⑤周囲の照明：天窓，くぼみを使った間接照明，フットライト，オブジェなど置物への照射，形状の照明器具 ⑥パネルやロゴへの照射
テクスチュア（什器・備品・壁面・床材の触感）	①輝きと滑らかさの表現：大理石，金箔，クロム ②金属による表現：彫刻・はけ塗り・亜鉛メッキ ③織物による表現：カーペット，織物，毛皮，麻袋 ④木・竹による表現：自然素材，つや出し，滑らか仕上げ，節つき木材・竹 ⑤石材による表現：自然煉瓦，割肌煉瓦，石，沖縄石灰

出典：Varley, Rosemary and Mohammed Rafiq, *Principles of Retail Management*, New York, Palgrave Macmillan, 2004, p.170；Varley, Rosemary, *Retail Product management*, 2nd ed., New York, Routledge, 2006, p.167を参考に筆者加筆。

品と顧客が接触する。しかし，それだけで顧客が満足し，購買につながるとは限らない。その購買を確実にする機能が，優れた販売員の接客販売である。しかも，アトモスフィアを店舗内でのみ実現しようとすれば，相当に専門的な技術が必要である。時には，設備投資とメンテナンスも必要である。アトモスフィアの効果を十分認識し享受しているエルメス，シャネル，ルイ・ヴィトンなど高級ブランドの小売店舗は，その点を絶対使命としている。しかし，高級店舗でなくても，化粧品のセフォラの小売店舗，クリスタルのスワロスキー，眼鏡のグランド・オプティカル，ザ・ボディショップ，入浴剤のラッシ，アメリカ・ラスベガスのザ・フォーラムショップスなどの小売店舗は，アトモス

第4節　アトモスフェリック・マーケティングの顧客接触空間への適用

フィアを店舗全体で効果的に表現している[64]。

　近年，欧米から日本へのブランド・ショップの進出が顕著であるが，これらの中には，店舗面で独自のアトモスフィアを表現することができても，日本人の情緒を刺激するには十分でなく，業績が伸びずに苦戦し，撤退したり低価格店に営業方針を転換する企業もある。同じ形態のそれらの各店舗間でも，出店当初のイメージとはかけ離れてしまう営業店もあり，アトモスフィアに格差が見られる。そこには，店を利用する顧客との相互作用によって，ハードとしてのアトモスフィアの計画，実施，管理が十分にできなくなり，年月を経過する中で当初の方針から徐々に変化していく姿がある。

　このような状況をサポートするのが接客販売である。顧客との接触空間である売り場において店舗が創出したアトモスフィアをさらに高めるのは，Nystrom が小売のオペレーションで最も多くのエネルギーを使って説明した経営幹部と従業員，中でも顧客と直接応対する販売員である。

　Nystrom は *Retail Store Operation*（1937）において，本編の634ページ中，第10章から第15章の179ページ，全体の約3割を割いて，人と接客のことについて述べている。それらのほとんどは，従業員と顧客のおりなすインタラクティブ・マーケティングについて，その担い手である従業員へのインターナル・マーケティングの視点で書かれているのである。その範囲は，労働環境・労働条件はもちろん，業種や取扱商品と販売員の人間性にまで踏み込んで書かれている。Nystrom は直接触れていないが，顧客に応対する従業員だけでなく，顧客の目に触れるその他の従業員の目つき，顔つき，動作までもが店舗のアトモスフィアに影響するからである。

　つまり，その他の小売戦略要素がどのようにアトモスフィアを創出するように計画されても，最後の購買を決定させる要因はセルフサービスの小売店舗を含んで，顧客との接触空間にいる従業員であり，その接客販売における気配り，目配り，心配りである。その意味で，「接客販売」は重要な「販売促進」戦略要素であり，アトモスフィアを構成する要素である。

　経営理念に行動指針を定めたからといって，従業員は経営陣の決定した戦略

第5章　MCサークルに沿ったアトモスフェリック・マーケティングの展開

的意思に沿って誰もが同じように行動をとれるわけではない。同じ品質の工業製品を大量に販売できる機械ではないからである。そのため，専門型小売業でもある程度の規模になると，どうしても経営の標準化，いわゆるマニュアル化を図らなければならない。大型店舗やチェーン店のように規模の経済性（スケール・メリット）を追求する営業形態では，なおさら業務の標準化，マニュアル化によって，人的要素に深く依存しない経営を目指すことになる。

　量販店などでは，消費者の商品の認知度，関与度が高く，ある程度まで接客販売をマニュアル化することができる。しかし，単価の高い商品を扱う専門型小売業はもちろん，そうでなくても地域に密着している小売企業は，接客販売に関わる従業員の人間的な魅力も販売に貢献している。少なくとも，その応対によって顧客は購買の最終意思決定をしている。

　現代の消費者は，生活水準にかかわらず，主婦のパートや学生時代のアルバイト等を通じて，小売業，サービス業で働いた経験をもっている。したがって，消費者の小売業の接客に対する目は厳しくなっており，商品，店舗，人的サービスという三つの要素のバランスから醸し出される店のアトモスフィアまで敏感に感じとるようになっている。

(4) 小売業の立地

　小売戦略要素でもう一つ重要なものは，小売業の立地である。店舗立地については，日本でも，ライリーの法則，ハフのモデル，修正ハフのモデルなどが検討され，大型店舗出店等に一部導入された。しかし，出店した後，近隣に競合店が，科学的根拠もなく，単なる競争心で店舗展開するなど，状況は変化することも多い。したがって，立地の法則をそのまま応用することには問題がある。さらに，立地戦略についても，売り手の発想で立地戦略を考えるだけでなく，消費者を起点として立地を考えること，より正確には立地のアトモスフィアを考察することが重要である。

　店舗立地とは，小売店の位置している場所，所在地のことである。また，小売店の立地条件とは，小売業経営が成り立つための自然条件（地形など），経済的条件（産業構造），社会的条件（人口，交通条件，生活様式など）などか

第4節　アトモスフェリック・マーケティングの顧客接触空間への適用

ら構成されている。小売業は立地産業といわれるように，小売店経営においては，立地条件こそ繁栄の条件である。しかし，アトモスフェリック・マーケティングで重視すべきは，顧客がなぜその小売店舗を訪れ，商品を購入したかということである。その意味で，立地場所の選定だけでなく，立地の有するアトモスフィアを十分に考慮しておかなければならない。

　例えば，同じルイ・ヴィトンのバッグを地方都市で買わずに，銀座あるいはパリで，しかも本店で買うといった消費者は，商品と共に立地のもつアトモスフィアを購入していることになる。その意味では，KotlerやLevitte等の指摘する「拡張商品」[65]の幅は，アトモスフェリック・マーケティングでは一層拡大することになる。しかし，同じ銀座に出店しても，思わぬ裏通りで，人通りも少ない場所がないわけではない。これでは，高額な家賃を支払ったにもかかわらず，顧客の抱くイメージとの乖離から，かえって収益につながらない立地を選んだことになる。意図的でないにしても，結局はnegatmospheresの要因となってしまう。

　Nystrom, Berman and Evansなど多くの研究者が指摘しているように，専門型小売業の立地は，ショピングセンターや中心市街地商店街をはじめ，attractive shoppingを刺激する高感度なところが望ましい。特に，古くから指摘されてきた「着替えをして街にでも出てみよう[66]」といった，街を歩き回って買い物することや街へ出ることに楽しみを感じるといった思いは，中心市街地商店街に立地する専門型小売業の魅力を表す言葉でもある。専門店の新規出店や店舗展開においては，このような立地が消費者の情緒的動機を刺激するアトモスフィアの要素になる。

　清水（1969）が指摘したように，消費者の購買慣習には，一ヵ所で買うone-stop shopping, 価格で買うprice-shoppingもあれば，家族連れで購買するfamily-buyingの慣習もある。さらに，単に商品を手に入れるだけでなく，買い物そのものを楽しむ，現在いうところのフロー体験のために買い物をしている場合もある。過去のウインドゥ・ショッピング，銀ブラ，伊勢ブラといった小売商業地に関わる消費者の慣習は，そのことをよく説明している。それら

の慣習の中には，impulse buying のように，特定の目的をもたずに衝動に駆られて購買する慣習もある[67]。清水のいうこの impulse buying は，アトモスフィアの刺激によって実現しうる消費者の買い物慣習である。そういった視点からは，立地の小売戦略要素はその立地が消費者の brand shopping, attractive shopping, つまり atmosphere shopping の購買慣習に適合するように，アトモスフィアに関わる戦略的な視点で考慮することが望まれる。

さらに，小売店は近隣店舗に影響を受けるために，隣接する店舗の業種によっては Kotler の指摘する negatmospheres の要素が発生する場合も少なくない。隣接する他業種の店舗の臭い，看板など外装のカラー，さらには店舗の高さ，形状にもアトモスフィアは影響を受ける。このように，立地には単に賃借料や土地代でははかれないアトモスフィアに関わる要素が潜んでいるために，個別の条件だけでなく，近接する商業環境も含めて総合的に検討していくことが重要である。

6．小売企業の店舗イメージの確立

以上のように小売戦略要素が適正にミックスされることによって，小売店舗は競合店とは異なる店舗イメージを確立する。逆にいえば，顧客はその小売店の店舗イメージから知覚されるアトモスフィアによって店舗愛顧動機を高め，入店率を上げ，購買意識が刺激されるのである。

例えば，消費者が黄色い M のマークの付いた看板を見るだけでマクドナルドであると理解するように，深いボルドーの大理石の店頭を見るだけでカルティエの店，真紅とコバルトブルーの店舗をスワロフスキーの店であるとイメージするのである。赤と黄色の店舗を見れば，ディスカウント・ストアであると理解するであろう。このように，消費者は小売企業の経営理念，店舗コンセプトが適切な小売戦略ミックスによってアトモスフィアとして具象化された店舗イメージを通じて，自分の愛顧するべき店であるかどうかを判断することになるのである。

したがって，小売業のアトモスフェリック・マーケティング・マネジメント

第4節　アトモスフェリック・マーケティングの顧客接触空間への適用

は，店舗コンセプトから店舗イメージまでが調和して，MC サークルが連続体として自然に美しく波紋を広げていくように，顧客を起点として統一的に計画，実施，管理されなければならない。そのことが，小売業のアトモスフェリック・マーケティング・マネジメントの正しい展開方法である。逆説的にいえば，散らかった店舗や陳列からは，その店の経営者の考え方が推し量られるのである。その意味では，ドン・キホーテが圧縮陳列として量感陳列を強調しているのは，意図的でない negatmospheres ではなく，アトモスフェリック・マーケティングにおける商品の量感をイメージさせる視点から，陳列のアトモスフィアを創出していることになる。

以上のように，小売業は，全社で共通認識する明確な店舗コンセプトによって統一した有機的な小売戦略要素の適切な組み合わせによってアトモスフィアを catalyst として創出し，標的顧客の買い物行動につなげると共に，その欲求を高いレベルで満足させていくように，マーケティング戦略を統合的に遂行していかなければならない。

我が国の経済は，戦後復興から経済大国といわれる地位を確立し，小売企業では拡大戦略が盛んに展開されてきた。そして，バブル経済崩壊後の低迷期を迎えて需給のバランスが崩れ，小売店舗大減少時代が続いている。しかし，それはいつの時代のどの国にも見られる現象，つまり環境，市場の変化である。だからこそ，その市場の変化に適合した小売企業の行き方があるのである。小売業は顧客との接触空間に収益の源泉が存在することを十分に認識し，自ら選択した経営形態や営業形態の魅力を発揮し続けるように，経営理念で示される経営原則を基準に，自らの経営を革新（イノベーション）していかなければならない。その中心となる考え方こそ，価格に過剰に依存しない小売業のマーケティング・マネジメントを支援するアトモスフェリック・マーケティング・マネジメントへの戦略的アプローチである。その意味では，小売店舗は顧客が商品に出会う舞台であり，その舞台で顧客の情緒に訴え，期待以上の感動を与えるように演出していくことが店舗管理者のアトモスフェリック・マーケティング活動であり，これを戦略的に管理していくことが小売企業のアトモスフェ

第5章　MCサークルに沿ったアトモスフェリック・マーケティングの展開

リック・マーケティング・マネジメントであるといえよう。

このように顧客との接触空間において，消費者の情緒に触れる価値を創造し，提案，提供していくことが，小売のマーケティング・マネジメントのコアでなくてはならない。

1　Kotler, Philip, Dipak C. Jain and Suvit Maesincee (2002), *Marketing Moves*, Boston, Harvard Business School Press：恩蔵直人解説，有賀裕子訳『コトラー 新・マーケティング原論』翔泳社，2002年，序文，および村松潤一『コーポレート・マーケティング』同文舘出版，2009年，41ページなどを参照。
2　Varley, and Rafiq (2004), *op.cit.*, p.75.
3　村松 (2009)，前掲書，6～18ページ。
4　村松 (2009)，前掲書，84ページ。
5　Kotler (1973-1974), *op.cit.*, pp.61-63.
6　Varley and Rafiq (2004), *op.cit.*, pp.75-76.
7　占部都美編著『経営学辞典』中央経済社，1975年，157ページ。
8　柏木 (1987)，前掲書，17ページ。
9　澤内 (2000)，前掲論文，123ページ。
10　正確には仕入商品を販売している企業はストア・コンセプト，製造小売をしている企業はショップ・コンセプトと呼ぶべきである。
11　<http://www.lushjapan.com/> (accessed, 2006-12-10),
　　<http://www.lushjapan.com/information/idea.asp> (accessed 2011-9-10)
12　<http://www.bulgari.com/> (accessed, 2006-12-10)
13　<http://www.the-body-shop.co.jp/top.html> (accessed, 2006-12-10)
14　末永國紀『近江商人―現代を生き抜くビジネスの指針―』中央公論新社，2000年，209～210ページ。
15　Lusch, Dunne and Carver (2011), *op.cit.*, p.64.
16　柏木 (1987)，前掲書，18～19ページ。
17　株式会社ヤマグチの事例は，当社の山口勉社長への約10年間にわたる連続的なヒアリングに基づいている。
18　スチューレオナードのこの資料は，コネチカット州のスチューレオナード本店の視察訪問に基づく。
19　Alderson (1965), *op.cit.*：邦訳 (1981)，256ページ。本著でAldersonは，異質性の需要について，小売業は極端な異質市場を伴うと指摘している。
20　本事例は，筆者の10年以上にわたる日本空港ビルデング株式会社 (JAT) でのコンサルティング経験に基づいている。
21　Kotler, Philip (1991), *Marketing Management*：*Analysis, Planning, Implementation, and Control*, 7thed. Prentice-Hall, Inc.：村田昭治監修，三村優美子他訳『マーケティング・マネジメント（第7版）』プレジデント社，1996年，226～232ページ。
22　Berman, Barry and Joel R. Evans (1995), *Retail Management: A Strategic Approach*,

第4節　アトモスフェリック・マーケティングの顧客接触空間への適用

10thed., New Jersey, Person Education, Inc., p.59.
23　松江宏編著『現代消費者行動論』(第2章 消費者行動研究の系譜，井上崇通著)，創成社，2007年，21〜48ページ。
24　A. W. Shaw がマーケティングの最初の文献とされる "Some Problems in Market Distribution," (1912) で，消費者の需要に対する関心という形で消費者を取り上げている。また，M. T. Copeland は，"Principles of Merchandising" (1925) で消費者の購買動機について，合理的動機と感情的動機に分類を行っている。
25　長屋 (1949)，前掲書，16ページ。
26　長屋 (1949)，前掲書，18ページ。
27　Nystrom (1915), op.cit., p.19.
28　Pintel, (1991), op.cit.
29　Berman and Evans (1995), op. cit.
30　Varley and Rafiq (2004), op. cit.
31　Nystrom (1929), op. cit., Preface iii.
32　松江宏編著 (2007)，前掲書，26〜27ページ。
33　本項の消費者志向の研究については，主として清水晶『新・消費者志向のマーケティング』同文舘，1973年に依拠している。
34　清水 (1973)，前掲書，154〜165ページ。消費者の心理については，社会学の分野，大脳心理学の分野などからのアプローチが試みられている。例えば，清水も指摘している「買い物の間の楽しみ」を「フロー体験」として研究している，Csikszentmihalyi, Mihaly (1990), Flow：今村浩明訳『フロー体験 喜びの現象学』世界思想社，1996年，Csikszentmihalyi, Mihaly (1975), Beyond Boredom and Anxiety: Experiencing Flow in Work and Play, Jossey-Bass Inc. Publishers：今村浩明訳『楽しみの社会学』新思索社，1996年がある。また，Hirschman, Elizabeth C and Morris B.Holbrook (1982), "Hedonic Consumption : Emerging Concept, Method and Propositions", Journal of Marketing, Summer, pp.92-101 では，人間の五感と空想と感情の側面に関連した，消費者の商品使用経験に関わる複数の局面から捉えて「情緒的動機」に触れた「快楽的消費」の研究がある。さらに，Featherstone, Mike (1991), Consumer Culture & Postmodernism, London, Sage Publication：小川葉子，川崎賢一訳『消費者文化とポストモダニズム (上下巻)』恒星社，2003年ではマーケティング調査などにおいて，従来の定量的分析の視点に加え，定性的および解釈的な分析，つまり消費者の主観的性質，「情緒」に注目した「ポストモダン・マーケティング」，また，高木修監修，竹村和久編著『消費者行動の社会心理学』北大路書房，2000年などにも，買い物動機に関わる「情緒」的な心理の研究がある。
35　清水 (1973)，前掲書，160〜165ページ。
36　Holbrook, Morris B. and Elizabeth C. Hirschman (1982), "The Experiential Aspects of Consumption : Consumer Fantasies, Feeling, and Fun", Journal of Consumer Reseach, 9 (September), pp.132-140.
37　石井淳蔵『マーケティングの神話』岩波書店，2004年，219〜223ページ。
38　消費者行動研究については，主として次の文献に依拠している。
　・井上崇通，「消費者行動の生成と発展」『名古屋経済大学・市邨学園短期大学・社会科学研究会・社会科学論集』第31号，1981年1月。

第5章　MCサークルに沿ったアトモスフェリック・マーケティングの展開

- 井上「消費者行動研究の新潮流」『明大商学論叢』第81巻第3・4号，1999年，349～369ページ。
- 井上「消費者行動研究における文化論的視点の重要性」『明大商学論叢』第82巻第1号，2000年，159～174ページ。
- 井上「消費者満足の分析枠組」『明大商学論叢』第84巻第1号，2002年，111～127ページ。
- 井上「消費者行動論に対する手段—目的アプローチの適応」『明大商学論叢』第85巻第4号，2003年a，45～71ページ。
- 井上「消費者行動研究に対するナラティブ・アプローチの適応」『明大商学論叢』第85巻第3号，2003年b，37～53ページ。
- 井上（1981）前掲論文。
- 松江（2007），前掲書，21～48ページ。

39　松江（2007），前掲書，33ページ。
40　Assael, Henry（1998），*Consumer Behavier and Marketing Action*, 6[th]ed. Cincinaty, Ohio, Sourthwestern College Publishing.
41　Featherstone, Mike（1991），*Consumer Culture & Postmodernism*, Sage Publications of London.
42　井上（2002），前掲論文。この中で，「消費者満足の結果の研究」について，消費者が特定の対象の使用・利用を通じて獲得した満足，不満足の結果としての購買への影響，あるいは店舗への反応，さらに長期的には企業の売上や利益への反応を対象としている。
43　Alderson, Wroe（1957），"*Marketing Behavior and Executive Action*", Homewood, IL : Richard D, Irwin., p.168.
44　桑原武夫『ポストモダン手法による消費者心理の解読—ステレオ・フォト・エッセーで潜在ニーズに迫る』日本産業消費者研究所編，日本経済新聞社，1999年，10～12ページ。
　「マーケティング・消費者研究に支配的であった伝統的な『商品・サービス』に対して，1960年代後半から1970年代初めにかけて，P. Kotler と S. J. Levy は，それまで考えられなかったプロダクトに対しても，マーケティングを適用する可能性を指摘した。彼らはその価値が交換に供せられる限り，文字通り何でもがプロダクトになりうると主張した。このようなマーケティング概念の拡大は，後にポストモダン消費者研究を担うこととなる研究者達にその転向の契機となるような研究に向かわせることとなった。（つまり）1970年代半ばまで，消費者研究の焦点は，『購買』，中でも購買意思決定に当てられていた。言いかえれば，消費することより購買することに，プロダクトの使用よりもブランド選択に，そして，使うことよりも選ぶことに，科学的研究の目を向けていたといえる（Holbrook and Hairshman, 1982）。これに対して，消費の概念を拡張し，消費者研究がプロダクトの獲得，使用，廃棄に関わるすべての行動を含むと主張したのは，Jacoby（1975, 1978）や J. N. Sheth（1979）等であった。1980年代初めまでに，購買意思決定そのものにも，消費に関わるさまざまな活動をしている間の出来事が深くかかわっており，それらを解明しなければ理解できないことがわかってきた。いいかえるならば，選択は使用に依存し，消費者の選択はその消費経験に依存していること，つまり，購買は消費に依っているとの認識が広くなされるようになった」。本書ではこのように，消費者研究の焦点が購買から経験へ移行していることを明らかにし，ポストモダン消費者研究の趣旨を説明してい

第4節　アトモスフェリック・マーケティングの顧客接触空間への適用

45　消費文化については，次の著書を参照。Featherstone, Mike (1991), *Consumer Culture & Postmodernism*, Sage Publications of London：小川葉子，川崎賢一編著訳『消費文化とポストモダニズム（上下巻）』恒星社厚生閣，2003年；竹村和久『消費行動の社会心理学―消費する人間の心と行動―』（第6部 文化と消費行動）北大路書房，2000年。感情と気分（Emotion and Mood）については次の著書を参照されたい。田中洋『消費者行動論体系』（第8章 感情と気分）中央経済社，2008年。
46　堀内圭子『快楽消費の研究』白桃書房，2001年。
47　Csikszentmihalyi, Mihaly (1990), *Flow*：今村浩明訳『フロー体験 喜びの現象学』世界思想社，1996年。(1975), *Beyond Boredom and Anxiety : Experiencing Flow in Work and Play*, Jossey-Bass Inc. Publishers：今村浩明訳『楽しみの社会学』新思索社，2004年。
48　Chaudhuri, Arjun, *Emotion and Reason in Consumer Behavior*, Elsevier Inc., 2006；本書は，消費者行動分析に当たって理論的かつ実証的に感情を取り上げた最初の書である。「本書では，感情が消費者行動に及ぼす影響を論じている」（本著の端書での Ross W. Buck の評より）。
49　一般的に，味覚がアトモスフィアの要素から除かれているのは，アトモスフィアの研究者等によって店舗空間のアトモスフィアのみ研究されてきたからであると断定できるであろう。
50　本事例は，キタムラバッグの経営者へのインタビューに基づいている。
51　本事例は，京北スーパー社の筆者のコンサルティング経験に基づいている。
52　本事例は，筆者の診断経験に基づいている。
53　本書では，清水のいう量販型小売業，すなわち大量生産した商品を低価格，低マージンで大量販売する小売業の営業形態に対して，比較的少量でも高価格販売，高マージンで販売する小売業の形態を専門型小売業と呼ぶ。
54　Monroe, Kent B., *Pricing: Making Profitable Decisions*, 2nded., McGraw-Hill Series in Marketing, p.93.
55　上田隆穂『価格決定戦略―価格設定と消費者心理のマーケティング―』明日香出版社，2005年，35～44ページ。
56　同上書，58～59ページ。Assael, Henry, *Consumer Behavior and Marketing Action*, 6th ed., Cincinati Ohaio, South-Western College Publishing, 1998, pp.67-69に加筆した。
57　これらは空港ビル内の小売店で実践した結果，ワンフライト1,000人の旅行客の30名が入店し，入店者のうち買上客が20％の店舗を対象に，入店率5％と買上率10％向上を実現した成果に基づいている。この結果，前年対比売上高は45.8％増加した。他の空港内売店では前年対比63％の売上増加を実現した。同様な実験は駅ビルや商店街の小売店でも実施したが，店頭の注視度を上げるだけでも立寄率が増加するなど，多くの成果を得た。空港ビルでもリピート率を上げるためにサービス券を購入者に配布したが，これも効果をあげた。これらの成果は多くの小売店が顧客を逃していることも意味すると理解できる。
58　大友純「マーケティングにおける欲望分析序説」『明大商学論叢』第85巻第4号，2003年，103ページ。
59　ブルガリ・ジャパン社へのヒヤリングによる。
60　澤内隆志『演習・店舗管理の基礎』同文舘，1965年，5～6ページ。

第5章　MCサークルに沿ったアトモスフェリック・マーケティングの展開

61　Varley and Rafiq（2004），*op. cit.*, p.167.
62　Varley and Rafiq（2004），*op. cit.*, p.170.
63　Csikszentmihalyi（1990），*op. cit.*：邦訳1996年；（1975），*op. cit.*,：邦訳2004年。
64　本事例は，筆者の海外視察研究に基づいている。
65　Levitt, Theodore（1969），*Marketing Model：Pathways to Corporate Growth*, McGraw-Hill, Inc.：土岐坤訳『マーケティング発想法（11版）』ダイヤモンド社，1977年，3～41ページ。
66　清水正巳，清水晶（1951），前掲書，5～6ページ。
67　清水（1973）は，『新・消費者志向のマーケティング』の11章で，消費者の買い物習慣を分類している。

結　章

本書のまとめと小売マーケティングの課題

結章　本書のまとめと小売マーケティングの課題

第1節　本書のまとめ

　本書は，先進諸国でサービス経済化が進行する中で，実務面の進展に比して遅れている小売・サービスの経営研究に焦点を合わせ，経営上，サービス業と同質的な小売業の事例を中心に取り上げた。

　近年，我が国の小売・サービス業では過剰な価格競争が日常化しており，そのことが業界全体の成長を鈍化させている。その要因として，市場に対する小売・サービス業の対応の遅れを指摘し，その対応の進め方について述べてきた。

　小売業においては，従来のマーケティング研究が第二次世界大戦後の物不足時代に貢献した製造業者中心のマーケティングを主体としており，小売業独自のマーケティング研究の不足にあることを共通認識した。その根底には敗戦の痛手があり，物心両面の貧しさから国民を救い，豊かさへの憧れを「モノ」の充足によって現実のものとし，傷ついた心を癒していく過程でもあっただろう。1960年代以降，アメリカのマーケティングを本格的に導入した日本の産業界は，製造業者が牽引役となって大量生産，大量販売システムを確立し，国民のアメリカ型生活スタイルへの憧憬を現実のものとしていった。その中で，小売業は大衆消費時代の下支えとして，最終消費者に膨大な量の製品を迅速に届ける役割を果たした。やがて，成長・拡大する市場に合わせ，チェーン展開などによって大型化した小売業者が出現し，その隆盛が見られた。

　しかし，1970年代以降の高度経済成長の終焉，1980年代以降の低成長，バブル経済の崩壊を経て市場は縮小し，過剰な価格競争へと突き進むことになったのである。反面，地域小売業の総体ともいえる全国の商店街等の中には，著しくその数を減少させてはいるが，市場の変化に的確に対応し，独自性を発揮して高収益を実現している中小規模の小売業者が依然として多数存在している。そのことの意味することは何なのか，これは本書で追求したかったテーマの一つでもある。

小売・サービス業が消費者と直に接することによってその存在意義を発揮し，人々の暮らしに深く，重大に関わっている存在であれば，もとより社会経済的存在として強く認識されるべきものである。したがって，その経営にあたっては，経営内部の近代化，合理化のみでなく，市場の動向に適合したマーケティング経営が遂行されなければ，消費者の支持を得ることは難しい。つまり，小売企業独自のマーケティング・マネジメントが検討されなければ，その将来は危ういものである。また，小売業の本質がその名の示すように大量生産品を大量に売り捌く「大売」にあるのではなく，「小売」にこそあるとすれば，その視点からも，製造業とは異なる小売業独自のマーケティング・マネジメントの研究がなされなければならない。なぜなら，サービスのウェイトが増大した近年，顧客との接点，つまり小売の現場においては，顧客の情緒にまで踏み込んだ接触空間の近代化が図られなければならないからである。

　その視点から，本書では売り手発想，製品発想から顧客を起点とした小売マーケティングへのシフトが重要であることを指摘した。そして，顧客の買い物意識と行動については，近年研究されている顧客の情緒的な行動の研究にも触れた。この消費者の情緒的購買に最も関わる小売の現場である売り場周りのアトモスフィアを計画，実践，管理していくことの重要性を指摘し，これをアトモスフェリック・マーケティング・マネジメントと名付け，アトモスフィアを catalyst とした小売マーケティングとそのマネジメントの重要性を提案し，主題の実務的適用への検討も行った。

第2節　今後の課題

　本書では，製造業者のマーケティング理論に依存しない小売・サービス業のための独自のマーケティング・マネジメントの考え方とその中心的課題であるオペレーション・マーケティングを実践していくために，アトモスフィアを catalyst としたアトモスフェリック・マーケティング・マネジメントの重要性とその展開についての新たな研究領域の開拓を試みた。しかし，本書にはまだ

結章 本書のまとめと小売マーケティングの課題

次のような課題が残されている。

第1章では，小売業経営にマーケティング研究を適用させるために，小売経営の研究，経営学，マーケティングの各分野にわたって，100年に及ぶ歴史的考察を行った。これは，小売業経営が自力で市場に合わせたマーケティング・マネジメントを実践できることを考察したかったためであった。このために多くの時間を割いたが，ここではそのすべてを提示することができなかった。

しかも，庶民を巻き込んだ小売業の経営は，産業革命後の18世紀後半には既に活発に行われているはずであるが，小売のマーケティング・マネジメントの体系化を図るにあたって，小売業研究の成果が明確になった Nystrom の研究に大きく依存したために，Nystrom 以前の詳細な研究について不足感が否めない。

第2章では，Nystrom 以降の小売業経営研究の変遷をレビューしたが，1970年代までは Converse，Bartels の研究に依存せざるを得ず，1980年代については可能な限り多くの研究を紹介したつもりであるが，実務的には本書に取り上げたもの以外にも多くの研究が存在する。また，筆者が経営コンサルタントとして小売・サービス業の現場に大きく関わってきた経験から，現場への適用と現場関係者への共通認識を意識した小売のマーケティング・マネジメントの枠組みを MC サークルとしてモデル化し，概念図を提示したが，その使い勝手についてはさらに実務的に検証されなければならない。

第3章では，消費者の購買プロセスを特定の研究者のフレームワークに依存して示したため，その他の研究者を網羅できなかった。したがって，消費者行動論から顧客の買い物行動の研究への応用については，さらなる研究を重ねなければならない。

第4章では，アトモスフィアについて，店舗イメージ関連の研究を紹介したが，実証的な研究とそれ以外の小売マーケティングに関わるアトモスフィアについての研究，Nystrom，Kotler のいう美学，あるいは芸術，心理学，建築学などについての発展的な研究が必要である。

第5章では，井上崇通教授の消費者行動論の研究に依拠して消費者の情緒的

第2節　今後の課題

な購買とアトモスフィアを関連付けたが，消費者の情緒的な買い物行動については，研究が始まったばかりの部分も多く，今後はさらに理論を精緻化させていく必要があり，実証的研究が必要である。

また，第1章から第4章の基本的主題の事例による実務への展開の研究は，筆者のコンサルテーションの経験を中心とした検証であるため，すべてを網羅できておらず，多様な事例からさらなる精緻な検証を進めていかなければならない。さらに，アトモスフィアを説明変数や操作変数として小売業のマーケティングの成果にどのように働きかけるかについての具体的研究は，重要な課題として積み残された。

本書は，サービス経済化の中で社会経済的な機会に恵まれながら，大きな市場の転換期にあって活路を見出せない小売・サービス企業が，過剰な価格競争に依存することなく経営を変革するためのマーケティング・マネジメントの体系化と小売現場でのモデル化を試みたものである。

本書は，小売企業と小売の現場は消費者との魅惑の交差点にあるというNystromの明言に従い，顧客起点の小売，あるいは顧客と企業がおりなす産業としての小売・サービス業の魅力への気付きを期待してもいる。また，筆者はマーケティングを企業本体の環境との折り合いのための技術と捉えており，ここではその環境について，社会環境，地球環境にまで及んで議論した。その延長で，社会的利益，国家の公平な利益を志向したがために，本書の直接の趣旨を離れた論調が見られるところもあるかもしれない。さらに，その結果として，量販型小売業や大規模小売業にやや批判的な論述になったかもしれない。しかし，その原点には，小売企業が，規模の大小を問わず，国の助成に過度に依存することなく，収益活動を前提として社会経済に貢献することに活路を見出してほしいという思いがある。

そして，アメリカのマーケティングに依存して規模の経済性を追求し，標準化による大量生産，大量販売システムを推進したこれまでのマーケティングの考え方以外に，顧客を起点とした日本らしい情緒的なマーケティング活動にも活路があることを伝えることが，本書のもう一つの目的である。このことにつ

結章　本書のまとめと小売マーケティングの課題

いては多くの事例をあげることはできなかったが，中小規模でありながら顧客との絆を深め，日本らしい情緒的なつながりで活路を見出している小売企業の実例が存在する。これこそ，顧客との接触空間において，顧客起点で対応できたことの証である。

その意味で，規模の大小にかかわらず，本書の考え方を一層精緻に実証し，研究主題の正当性を証明することが必要であり，実証研究の結果を受けて理論的に修正する中から，さらに精緻化していくことが重要である。

本書は，小売・サービス業に対し，従来のマーケティング・マネジメントの主眼であるターゲットを決めて4psを適用するといった売り手発想の考え方ではなく，企業と消費者の接触空間である売り場周りのアトモスフィアが成果をあげるというアトモスフィア理論を基軸にした経営手法を提示したものである。小売・サービス業，および小売・サービス部門をもって事業を展開する小売企業は，顧客との接触空間である売り場にこそ存続・成長・発展への活路が存することを決して見逃してはならない。

【参考文献】

―欧文献―

Alderson, Wroe (1957), *Marketing Behavior and Executive Action*, Homewood, IL : Richard D, Irwin.

―――― (1965), *Dynamic Marketing Behavior*, Richard D. Irwin, Inc.：田村正紀, 堀田一善, 小島健司, 池尾恭一共訳『オルダーソン動態的マーケティング行動―マーケティング機能主義理論』千倉書房, 1981年。

AMA (1960), *Marketing Definitions : A Glossary of Marketing Terms*, AMA：日本マーケティング協会訳『マーケティング定義集』日本マーケティング協会, 1963年。

Ansoff, Igor (1965), *Corporate Strategy*, Arboretum Place Scripps Ranch.

Areni, Charles S. and David Kim (1994), "The Influence of In-Store Lighting on Consumers' Examination of Merchandise in a Wine Store", *International Journal of Research in Marketing*, Vol.11, No.2, pp.117-125.

Arnold, D., L. Capella and G. Smith (1983), *Strategic Retail Management*, Addison Wesley.

Assael, Henry (1998), *Consumer Behavier and Marketing Action*, 6th ed. Cincinaty, Ohio, Southwestern College Publishing.

Baker, Julie, A. Parasuraman, Dhruv Grewal, and Glenn B.Voss (2002), "The Influence of Multiple Store Environment Cues on Perceived Merchandise Value and Patronage Intentions", *Journal of Marketing*, Vol.66, No.2, April, pp.120-141.

Ballantine, Paul W. and Richard Jack (2010), "Atmospheric Cues and their Effect on the Headonic Retail Experience" *International Journal of Retail & Distribution Management*, Vol.38, No.8, pp.641-653.

Barker, Clare Wright and Ira Dennis Anderson (1935), *Principles of Retailing*, N.Y., McGraw-Hill Book Co., Inc.

Bartels, Robert (1976), *The History of Marketing Thought*, 2nd ed., Columbus, Ohio, Grid Publishing, Inc.：山中豊国訳『マーケティング理論の発展』ミネルヴァ書房, 1979年。

―――― (1988), *The History of Marketing Thought*, 3rd ed., Columbus, Ohio, Grid Publishing, Inc.：山中豊国訳『マーケティング学説の発展』ミネルヴァ書房, 1993年。

Bartlett, John T. and Charles M. Reed (1928), *Retail Credit Practice*, New York Harper & Bros.

Beebe, Dwight E. (1919), *Retail Credit and Collections*, N. Y. Harper & Bros.

Bellizzi, Joseph A. and Robert E. Hite (1992), "Environmental Color, Consumer Feelings,

参考文献

and Purchase Likelihood", *Psychology & Marketing*, Vol.9, No.5, pp.347-363.

Bennet, Peter D. (1988), *Dictionary of Marketing Terms*, American Marketing Association.

Benson, John and Gareth Shaw (1992), *The Evolution of Retail Systems, c.1800-1914*, Editors and Contributors：前田重雄，薄井和夫他訳『小売システムの歴史的発展―1800～1914年のイギリス，ドイツ，カナダにおける小売業のダイナミズム―』中央大学出版部，1996年。

Berman, Barry and Joel R. Evans (1979), *Retail Management : A Strategic Approach*, 2nded., New York, Mcm illan Publishing Co., Inc.

―― (1983), *Retail Management : A Strategic Approach*, 2nded., New York, Mcmillan Publishing Co., Inc.

―― (1995), *Retail Management : A Strategic Approach*, 10thed., New Jersey, Pearson Education, Inc.

―― (2007), *Retail Management : A Strategic Approach*, New Jersey, Pearson Education, Inc.

Blackwell, R. D. and W. W. Talarzyk (1983), "Life-style Retailing : Competitive Strategies for the 1980s", *Journal of Retailing*, Vol.59, No.4. Winter.

Brisco, Norris A. and John W. Wingate (1925), *Retail Buying*, New York, Prentice-Hall, Inc.

Brisco, Norris A. (1927), *Principles of Retailing, Retail Credit Procedure*, N.Y., Prentice-Hall, Inc.

―― (1929), *Retail Credit Procedure*, New York, Prentice-Hall, Inc.

―― (1935), *Retailing*, N.Y., Prentice-Hall, Inc.

Brisco, Norris A., G.Griffith and O. P. Robinson (1941), *Store Salesmanship*, N. Y., Prentice-Hall, Inc.

Brisco, Norris A. and Leon Arnowitt (1942), *Introduction to Modern Retailing*, New York, Prentice-Hall, Inc.

Brisco, Norris A. and R. W. Severa (1942), *Retail Credit*, N.Y., Prentice-Hall, Inc.

Brisco, Norris A. and Samuel W. Beyburn (1944), *Retailing*, Prentice-Hall, Inc.

Brown, Paul L. and William R. Davidson (1953, 1960), *Retailing Principles and Practices*, N. Y., Ronald Press. Co.；2nded., 1960 as Retailing; 3rded. 1966, as Retail Management, by Davidson and A. F. Doody.

Brown, Stephen (1990), "Book Review", *Journal of Retailing*, Vol.66, No.3, Fall.

Charters, W. W. (ed.)(1924), *Merchandise Manuals for Retail Salespeople*, New York, A. W. Shaw Co.

Chaudhuri, Arjun, *Emotion and Reason in Consumer Behavior*, Elsevier Inc., 2006.

Cherington, Paul T. (1913), *Advertising as a Business Force*, N. Y., Doubleday Page & Co.

Csikszentmihalyi, Mihaly (1990), *Flow*：今村浩明訳『フロー体験 喜びの現象学』世界思想

社，1996年。
―――― (1975), *Beyond Boredom and Anxiety : Experiencing Flow in Work and Play*, Jossey-Bass Inc. Publishers：今村浩明訳『楽しみの社会学』新思索社，2004年。
Converse, Paul D. (1949), "New Laws of Retail Gravitations", *Journal of Marketing*, Vol.14, No.1, Oct., pp.379-384.
―――― (1959), *The Beginning of Marketing Thought in the United States : With Reminiscences of Some of the Pioneer Marketing Scholars*, Bureau of Business Research, The University of Texas：梶原勝美，村崎英彦，三浦俊彦共訳『マーケティング学説史概論――コンバース・先駆者たちの回想――』1985年。
Copeland, Melvin T (1924), *Principles of Merchandising*, Chicago, A. W. Shaw Co., 1978, New York, Arno Press.
Cox , Eli P. and L. G. Erickson (1967), *Retail Decentralization*, Bureau of Business and Economic Research, Michigan state University.
Dalrymple, Douglas J. (1966), *Merchandising Decision Models for Department Stores*, East Lansing, Michigan : Bureau of Business and Administration Research, Michigan State University.
Dalrymple, Douglas J. and Donald L. Thompson (1969), *Retailing : An Economic View*, Toronto, Collier-Macmillan Canada, Ltd.
Darden, William R. and Robert F. Lusch (1983), *Patronage Behavior and Retail Management*, Morth-Holland, Elsevier Science Ltd.
David, Donald Kirk (1922), *Retail Store Management Problems*, Chicago, A. W. Shaw Co.
Davidson, William R. and Alton F. Doody (1966), *Retailing Management*, 3rded., N.Y., Ronald Press Co.; 4thed., 1975, with Daniel J. Sweeney.
Donovan, Robert J. and John R. Rossiter (1982), "Store Atmosphere：An Environmental Psychology Approach", *Journal of Retailing*, Vol.58, No.1. pp.34-57.
Douglas, Archer. Wall. (1918), *Merchandising*, N. Y., Macmillan Publishing Company.
―――― (1919), *Relation of Weather and Business*, U.S. Chamber of Commerce.
Duncan, Charles S. (1919), *Commercial Research*, N.Y. Macmillan Publishing Company.
Duncan. Delbert J. (1957), "Biography on Paul H. Nystrom", *The Journal of Marketing*, Vol. XXI, No.4, Apr., pp.393-394.
Duncan, Delbert J. and Charles F. Philips (1941), *Retailing : Principles of Methods*, Chicago, Richard D. Irwin, Inc.
Duncan, Delbert J., Stanley C. Hollander and Ronald Savitt (1983), *Modern Retailing Management : Basic Concept and Practices*, 10thed., Illinois, Richard D. Irwin, Inc.
Featherstone Mike (1991), *Consumer Culture & Postmodernism*, Sage Publications of London：小川葉子，川崎賢一編著訳『消費文化とポストモダニズム（上下巻）』恒星社厚生閣，2003年。

参考文献

Fliene, E. A. (1925), *More Profits from Merchandising*, New York, A. W. Shaw Co.
―――― (1930), *The Model Stock Plan*, New York, McGraw-Hill Book.
Frederick, J. George (1919), *Modern Sales Management*, N. Y., D. Appleton & Co.
Fri, James L. (1925), *Merchandising, Planning and Control*, New York, Prentice-Hall, Inc.
―――― (1930), *The Buyer's Manual*, New York : National Retail Dry Goods Association.
Gentry, D. L. and D. L. Shawver (1964), *Fundamentals of Managerial Marketing*, N.Y. Simmons-Boardman Publishing Co.
Ghosh, Avijit (1990), *Retail Management*, Orland The Dryden Press.
Gist, Ronald R. (1968), *Retailing : Concepts and Decisionss*, N. Y., John Wiley and Sons, Inc.
―――― (1971), *Basic Retailing : Text and Cases*, John Wiley & Sons, Inc. New York.
Godley, Edwin A. and Alexander Kaylin (1930), *Control of Retail Store Operations*, N. Y., Ronald Press Co.
Grayson, Rollo A.S. and Lisa S. McNeill (2009), "Using Atmospheric Elements in Service Retailing : Understanding the Bar Environment", *Journal of Services Marketing*, 23/7, pp.517-527.
Grönroos, Christian (2007), *Service Management and Marketing: Customer Management in Service Competition*, 3rded., John Wiley & Sons, Ltd.
Grossbart, Sanford, Ronald Hampton and Richard S.Lapidus (1990), "Environmental Dispositions and Customer Response to Store Atmospherics", *Journal of Business Research*, 21, pp.225-241.
Hahn, Lew and Percival White (eds.) (1924), *The Marchant's Manual*, New York, McGraw-Hill Book Co., Inc.
Hawkins, Del I., David L. Mothersbaugh and Roger J. Best (2007), *Consumer Behavior*, 10th ed., New York, McGraw-Hill Companies, Inc.
Hayward, Walter S and Percival White (1928), *Chain Stores*, N. Y., McGraw-Hill Book Company, Inc.
Hirsch, Alan R. (1995), "Effects of Ambient Odors on Slot-Machine Usage in a Las Vegas Casino", *Psychology & Marketing*, Vol.12, No.7, Oct., pp.585-594.
Hirshman, Elizabeth C. and Holbrook, Morris B. (1982), "Hedonic Consumption : Emerging Concepts, Methods and Propositions", *Journal of Marketing*, Vol.46, No.3, Summer, pp.92-101.
Holbrook, Morris B. and Elizabeth C. Hirschman (1982), "The Experiential Aspects of Consumption : Consumer Fantasies, Feeling, and Fun", *Journal of Consumer Reseach*, 9 (September), pp.132-140.
Hollander, Stanley C. (1970), *Multinational Retailing*, Bureau of Business and Economic Research, Michigan State University.
Hollander, Stanley C. (1959), *Explorations in Retailing*, Bureau of Business and Economic

Research, Michigan State University.

Hollander, Stanley C. (1966), "Notes on the Retail Accordion ", *Journal of Retailing*, Vol.42, No.2 summer, pp.29-40.

Howard, John. A. (1957), *Marketing Management : Analysis and Decision*, Richard D. Irwin, Inc.：田島義博訳『経営者のためのマーケティング・マネジメント；その分析と決定』建帛社，1960年。

────── (1973), *Marketing Management : Operating, Strategic, and Administrative*, 3rded., Richard D. Irwin.

────── (1994), *Buyer Behavior in Marketing Strategy*, 2nded., Prentice-Hall.

Huff, David L. (1963),"A Probabilistic Analysis of Shopping Center Trade Areas", *Land Economics*, Vol.39, pp.81-90.

────── (1966), "Defining and Estimating a Trading Area", *Journal of Marketing*, Vol.28, July.

Hunt, Freeman H. (1858), *Lives of American Merchants*, N. Y., H. W. Derby & Co.

James, Don L., Bruce J.Walker and Michael J Etzel (1975), *Retailing Today*, New York, Harcourt Brace Jovanovich, Inc.

Jones, Fred M. (1957), *Retail Merchandising*, Ill., Richard D. Irwin, Inc.

Kane Jr., Bernard. J. (1966), *A Systematic Guide to Supermarket Location Analysis*, New York, Fairchild Publications, Inc.

Kelley, Eugene J. (1965), *Marketing : Strategy and Function*, Prentice-Hall：村田昭治訳『マーケティング戦略と機能』ダイヤモンド社，1973年。

Kelley, Eugene J. and William Lazer (1958), *Managerial Marketing*, Perspectives and Viewpoint, Homewood, IL., Richard D. Irwin, Inc.：片岡一郎，村田昭治，貝瀬勝共訳『マネジリアル・マーケティング』丸善，1969年。邦訳は，3rded. (1967)。

Knee, Derek and David Walters (1985) , *Strategy in Retailing*, Theory and Application, Philip Allan：小西滋人，武内成，上埜進訳『戦略小売経営』同文舘，1989年。

────── (1985), "Competing Successfully in a Dynamic World", *Retail and Distribution Management*, March-April.

Kohli, Ajay K. and Bernard J. Jaworski (1990), "Market Orientation : The Construct, Research Propositions, and Managerial Implications," *Journal of Marketing*, Vol.54, No.2, April, pp.1-18.

Kotler, Philip (1967), *Marketing Management : Analysis, Plan, Implementation and Control*, Prentice-Hall：稲川和男他共訳『マーケティング・マネジメント』鹿島出版会，1971年。

────── (1973-1974), "Atmospherics as a Marketing Tool", *Journal of Retailing*, Vol.49, winter, pp.48-64.

────── (1991), *Marketing Management : Analysis, Planning and Control*, 7thed., Prentice-Hall, Inc.：村田昭治監修，小坂恕，疋田聰，三村優美子訳『マーケティングマネジメント

参考文献

（第 7 版）』プレジデント社，1996年。

Kotler, Philip and Sidney J. Levy（1971），"Demarketing, Yes, Demarketing", *Habard Business Review*, November-December, pp.74-80.：恩蔵直人解説，有賀裕子訳『コトラー新・マーケティング原論』翔泳社，2002年。

Kotler, Philip, Dipak C. Jain and Suvit Maesincee（2002），*Marketing Moves*, Boston, Harvard Business School Press.

Lazer W. and E. J. Kelley（1961），"The Retailing Mix : Planning and Management", *Journal of Retailing*, Vol.37, No.1, pp.34-41.

Leigh, Ruth（1936），*Elements of Retailing*, Rev. ed., New York, D. Appleton-Century Co., Inc.

Levitt, Theodore（1969），*Marketing Model : Pathways to Corporate Growth*, McGraw-Hill, Inc.：土岐坤訳『マーケティング発想法（11版）』ダイヤモンド社，1977年。

Lovelock, Christopher and Louren Wright（1999），*Principles of Service Marketing and Management*, Prentice-Hall, Inc.

Lusch, Robert F.（1982），*Management of Retail Enterprises*, Massachusetts，Kent Publishing Company.

Lusch, Robert F. and Patrick M. Dunne（1990），*Retail Management*, South-Western, Cengage Learning.

Lusch, Robert F., Patrick M Dunne and Randall Gebhardt（1993），*Retail Marketing*, South-Western Publishing Co.

Lusch, Robert F. and Patrick M. Dunne and James R. Carver（2011），*Introduction to Retailing*, International edition, 7[th]ed. South-Western, Cengage Learning.

Lyans, C. K. and N. A. Brisco（1934），*Retail Accounting*, New York, Prentice-Hall, Inc.

Machleit, Karen A., Sevgin A. Eroglu and Susan Powell Mantel（2000），"Perceived Retail Crowding and Shopping Satisfaction : What Modifies This Relationship?", *Journal of Consumer Psychology*, Vol.9, No.1, pp.29-42.

Malcolm, H. B. McDonald and Christopher C. S. Tideman（1993），*Retail Marketing Plans*, Oxford, Butterworth-Heinemann Ltd.

Marquardt, Raymond A., James C. Makens and Robert G.Roe（1979），*Retail Management Satisfactiom of Consumer Needs*, 2[nd]ed., Ill., The Dryden Press.

Maslow, Abraham H.（1954），*Motivation and Personality*, New York, Harper & Row, Publishers, Inc.：小口忠彦訳『人間性の心理学』産能大学出版部，1987年。

Mason, J. Barry and Morris L.Mayer（1988），*Retailing*, 3[rd]ed., Plano, Texas, Business Publications, Richard D Irwin.

Mason, J. Barry, Morris L.Mayer and Hazel F. Ezell（1990），*Modern Retailing : Theory and Practice*, 5[th]ed., Richard D. Irwin, Inc.

Maynard Harold H., K. Dameron, and C. J. Seigler（1938），*Retail Marketing and Merchan-*

dising, New York : Ginn & Co.

Mazur, Paul M. (1927), *Principles of Organization Applied to Modern Retailing*, New York Harper & Bros.

McCarthy, E. Jerome (1960), *Basic Marketing : A Managerial Approach*, Homewood, IL., Richard D. Irwin, Inc. : 粟屋義純監訳『ベーシック・マーケティング』東京教学社, 1978年。

McDonald, Malcolm H. B. and Christopher C. S.Tideman (1993), *Retail Marketing Plans : How to Prepare Them, How to Use Them*, Oxford, Butter Worth-Heinemann Ltd.

McGoldrick, Peter J. (1990), *Retail Marketing*, London, McGraw-Hill.

McNair, Malcom P. (1925), *The Retail Method of Inventory*, Chicago : A. W. Shaw Co.

──── (1958), "Significant Trends and Developments in The Postwar Period," in A. B. Smith (ed.), *Competitive Distribution in a Free Highlevel Economy and Its Implications for the University*, A. B. Smith, Pittsburgh : University of Pittsburgh Press, pp.34-42.

McNair, M. P. and E. G. May (1958), *The Evolution of Retail Institutions in the United States*, Marketing Science Institute : 清水猛訳『"小売の輪"は回る』有斐閣, 1982年。

Meyer, Warren G., E. Edward Harris, Donald P. Kohns and James R. Stone (1988), *Retail Marketing*, 8thed., McGraw-Hill Book Company.

Michon, R., Jean-C. Chebat and L. W. Turley (2005), "Mall Atmospherics : The Interaction Effects of the Mall Environment on Shopping Behavior", *Journal of Business Research*, Vol.58, No.5, pp.576-583.

Milliman, Ronald E. (1986), "The Influence of Background Music on the Behavior of Restaurant Patrons", *The Journal of Consumer Research*, Vol.13, No.2, pp.286-289.

Miracle Gordon E. (1965), "Product Characteristics and Marketing Strategy", *Journal of Marketing*, Vol.29, No.1, January, pp.18-24.

Monroe, Kent B., *Pricing : Making Profitable Decisions*, 2nded., McGraw-Hill Series in Marketing.

Morgenstein, Melvin and Harriet Strongin (1992), *Modern Retailing : Management Principles and Practices*, 3rded., Englewood Cliffs, New Jersey.

Morin, S., L. Dubé and Jean-C. Chebat (2007), "The Role of Pleasant Music in Servicescapes : A Test of the Dual Model of Environmental Perception", *Journal of Retailing*, Vol.83, No.1, pp.115-130.

Narver, John C. and Stanley F. Slater (1990), "The Effect of a Market Orientation on Business Profitability", *Journal of Marketing*, Vol.54, October, pp.20-35.

Nelson, R. J. (1958), *The Selection of Retail Location*, McGraw-Hill.

Nevett, Terence and Stanley C. Hollander (1994), "Toward a Circumsctiption of Marketing History : An Editorial Manifesto", *Journal of Marketing*, Vol.14, No.1, Spring a, p.3.

Noad, Jeremy and Beth Rogers (2008), "The Importance of Retail Atmospherics in B2B

参考文献

Retailing : The Case of BOC", *International Journal of Retail & Distribution Management*, Vol.36, No.12, pp.1002-1014.

Norman, Richard (1984, 1991), *Service Management : Strategy and Leadership in Service Business*, John Wiley & Sons. Ltd.

Nystrom, Paul H. (1913), *Retail Selling and Store Manaement*, N. Y., D. Appleton-Century Co., Inc.

───── (1915, 1919, 1930), *Economics of Retailing*, N. Y., The Ronald Press Company.

───── (1928), *Economics of Fashion*, N. Y., The Ronald Press Company.

───── (1929), *Economic Principles of Consumption*, N. Y., The Ronald Press Company.

───── (1932), *Fashion Merchandising*, N. Y., The Ronald Press Company.

───── (1937), *Retail Store Operation*, N. Y., The Ronald Press Company.

───── (1948), *Marketing Handbook*, N. Y., The Ronald Press Company.

Pellegrini, Luca and Srinivas K. Reddy, ed. (1989), *Retail and Marketing Channels*, Routledge.

Pintel, Gerald and Jay Diamond (1991), *Retailing*, 5thed. N. J., Prentice-Hall, Inc.

Porter, Michael. E. (1980), *Competitive Strategy*, N. Y. Macmillan Publishing Co., Inc., 1980：土岐坤，中辻萬治，服部照夫共訳『競争の戦略』ダイヤモンド社，1982年。

───── (1985), *Competitive Advantage*, The Free Press：土岐坤，中辻萬治，小野寺武夫訳『競争優位の戦略』ダイヤモンド社，1985年。

Pyle, J. F. (1931), *Marketing Principles Organization, and Policies*, N. Y. McGrow-Hill Book Co.

Rachman, David J. (1969), *Retail Strategy Structure : A Management Approach*, N. J., Prentice-Hall, Inc.

Robinson, O. Preston and N. A. Brisco (1938), *Retail Store Organization and Management*, New York, Prentice-Hall, Inc.

Robinson, O. Preston and Kenneth B. Hass (1946), *How to Establish and Operate a Retail Store*, 2nded., N. J., Prentice-Hall, Inc.

Robinson, O. Preston (1940), *Retail Personnel Relations*, New York, Prentice-Hall, Inc.

Rosenbloom, Bert (1981), *Retail Marketing*, N.Y., Random House, Inc.

Samli, A. Coskun (1989), *Retail Marketing Strategy : Planning, Implementation, and Control*, New York, Quorum Books.

Sammons, Wheeler (1915), *How to Run a Retail Business at Greater Profit*, Chicago & N. Y., A. W. Shaw Co.

Schumpeter, Joseph A. (1926), *Theorie Der Wirtschaftlichen Entwicklung, eine Untersuchung über Unternehmergewinn, Kapital, Kredit, Zins und den Konjunkturzyklus*, (2. Aufl.) Leipzig : Duncker & Humblot：塩野谷祐一，中山伊知郎，東畑精一共訳『経済発展の理論（上）』岩波書店，1977年。

参考文献

Scott, W. D. (1908), *The Psychology of Advertising*, Boston, Maynard & Co.
Sharma, Arun and Thomas F. Stafford (2000), "The Effect of Retail Atmospherics on Customers' Perceptions of Salespeople and Customer Persuasion : An Empirical Investigation", *Journal of Business Research*, 49, pp.183-191.
Shaw, Arch. W. (1915), *Some Problems in Market Distribution*, Cambridge, Massachusetts, Harvard University Press.
Spangenberg, Eric R., Ayn E. Crowley and Pamela W. Henderson (1996), "Improving the Store Environment : Do Olfactory Cues Affect Evaluations and Behaviors?", *Journal of Marketing*, Vol.60, No.2, pp.67-80.
Summers, Teresa A. and Paulette R. Hebert (2001), "Shedding Some Light on Store Atmospherics Influence of Illumination on Consumer Behavior", *Journal of Business Research*, 54, pp.145-150.
Taylor, Frederick W. (1911), *The Principles of Scientific Management*, New York, Harper & Brothers.
Terry, Samuel H. (1869), *The Retailer's Manual or How to Keep a Store*, 16thed., Newark, Jennings Bros.
Turley, L. W. and Jean-Charles Chebat (2002), "Linking Retail Strategy, Atmospheric Design and Shopping Behaviour", *Journal of Marketing Management*, Vol.18, Iss1&2, pp.125-144.
Vargo, Stephen L. and Robert F. Lusch (2004), "Evolving to a New Dominant Logic for Marketing", *Journal of Marketing*, Vol.68, No.1.
Varley, Rosemary and Mohammed Rafiq (2004), *Principles of Retail Management*, New York, Palgrave Macmillan.
Varley, Rosemary (2006), *Retail Product Management*, 2nded., London and New York, Routledge.
Vida, Irena (2008), "The Impact of Atmospherics on Consumer Behaviour : The Case of The Music Fit in Retail Stores", *Economic and Business Review for Central and South-Eastern Europe*, Ljubljana, Vol.10, Iss.1, Feb., pp.21-37.
Walter, Frederic W. (1922), *The Retail Charge*, New York, Ronald Press Co.
Walter, David and David White (1987), *Retail Marketing Management*, Palgrave Macmillan.
Wess, Harold B. (1925), *Merchandise Control*, New York, Dry Goods Economist.
――― (1931), *Profit Principles of Retailing*, New York, McGraw-Hill Book Co., Inc.
White, Percival and Walter S. Hayward (1924), *Marketing Practice*, New York, Doubleday, Page and Co.
Wingate, John W. and N. A. Brisco (1937), *Buying for Retail Stores*, N.Y., Prentice-Hall, Inc.
――― (1938), *Elements of Retail Merchandising*, N. Y., Prentice-Hall, Inc.

289

参考文献

Wingate, John W. and Elmer O. Schaller (1933, 1938, 1950), *Techniques of Retail Merchandising*, N.Y., Prentice -Hall, Inc.
Wingate, John W., Elmer O. Schaller and I. Gordenthal (1944), *Problems in Retail Merchandising*, N. Y., Prentice-Hall, Inc.
Wingate John W. and Arnold Corbin (1956), *Changing Patterns in Retailing*, Reading on Current Trends, Ill., Richard D. Irwin, Inc.
Wingate, John W., Elmer O. Schaller and F. L. Miller (1972), *Retail Merchandise Management*, N. J., Prentice-Hall, Inc.
Wingate, John W., Elmer O. Schaller and Robert W. Bell (1973), *Problems in Retail Merchandising*, 6thed., N. J., Prentice-Hall, Inc.
Yalch, Richard F. and Eric R. Spangenberg (2000), "Real and Perceived Shopping Times", *Journal of Business Research*, 49, pp.139-147.

―邦文献―

石井淳蔵『マーケティングの神話』岩波書店，2004年。
石原武政，矢作敏行編『日本の流通100年』有斐閣，2004年。
井上崇通「消費者行動の生成と発展」『名古屋経済大学・市邨学園短期大学・社会科学研究会・社会科学論集』第31号，1981年1月。
─────「消費者行動研究の新潮流」『明大商学論叢』第81巻第3・4号，1999年，349～369ページ。
─────「消費者行動研究における文化論的視点の重要性」『明大商学論叢』第82巻第1号，2000年，159～174ページ。
─────「消費者満足の分析枠組」『明大商学論叢』第84巻第1号，2002年，111～127ページ。
─────「消費者行動論に対する手段―目的アプローチの適応」『明大商学論叢』第85巻第4号，2003年(a)，45～71ページ。
─────「消費者行動研究に対するナラティブ・アプローチの適応」『明大商学論叢』第85巻第3号，2003年(b)，37～53ページ。
井上崇通，村松潤一編著『サービス・ドミナント・ロジック―マーケティング研究への新たな視座―』同文舘出版，2010年。
上田隆穂『価格決定戦略―価格設定と消費者心理のマーケティング―』明日香出版社，2005年。
薄井和夫『アメリカマーケティング史研究』大月書店，1999年。
占部都美編著『経営学辞典』中央経済社，1975年。
大友純「マーケティングにおける欲望分析序説」『明大商学論叢』第85巻第4号，2003年，87～105ページ。
大橋正彦『小売業のマーケティング―中小小売商の組織化と地域商業―』中央経済社，1995

参考文献

　　年。
柏木重秋『小売業のマーケティング』白桃書房，1987年。
桑原武夫『ポストモダン手法による消費者心理の解読—ステレオ・フォト・エッセーで潜在ニーズに迫る』日本産業消費者研究所編，日本経済新聞社，1999年。
澤内隆志『演習・店舗管理の基礎』同文舘，1965年。
———「日本の小売業者の現状とその将来への若干の考察」『明大商学論叢』第82巻第1号，2000年、109〜129ページ。
———編著『マーケティングの原理—コンセプトとセンス』中央経済社，2002年。
清水晶『営業戦略50講』同文舘，1971年。
———『小売り業の形態と経営原則』同文舘，1972年。
———『新・消費者志向のマーケティング』同文舘，1973年。
———『専門店経営学』同文舘，1974年。
———『店舗の理論』同文舘，1974年。
清水滋『小売業のマーケティング（21世紀版）』ビジネス社，1992年。
清水正巳，清水晶『商店経営』同文舘，1951年。
末永國紀『近江商人—現代を生き抜くビジネスの指針—』中央公論新社，2000年。
高木修監修，竹村和久編著『消費者行動の社会心理学』北大路書房，2000年。
高瀬昌康『店舗施設の総合知識』誠文堂新光社，1984年。
高橋郁夫『増補 消費者購買行動—小売マーケティングへの写像—』千倉書房，1999年。
竹村和久『消費行動の社会心理学—消費する人間の心と行動—』（第6部　文化と消費行動），北大路書房，2000年。
田中洋『消費者行動論体系』中央経済社，2008年。
塚田朋子「マクロマーケティング研究の源流に対するドイツ後期歴史学派の影響」『東洋大学経営学部経営論集』第69号，2007年3月，110ページ。
德永豊『アメリカの流通業の歴史に学ぶ』中央経済社，1990年。
———『商店経営入門』同文舘，1967年。
———『経営診断入門』同文舘，1967年。
———『ショッピングセンターの理論』同文舘，1971年。
———『戦略的商品管理』同文舘，1978年。
———『流通マン入門・再入門』ダイヤモンド社，1980年。
長屋有二『消費経済論』同文舘，1949年。
日経流通新聞編『流通現代史』日本経済新聞社，1993年。
林周二『現代の商学』有斐閣，1999年。
堀内圭子『快楽消費の研究』白桃書房，2001年。
マーケティング史研究会編『マーケティング学説史—日本編—』同文舘出版，1998年。
前田進「ポール・H・ナイストロムの小売業研究に関する一考察」『明治大学商学研究論集』第30号，2009年2月，253〜273ページ。

参考文献

――――「ポール・H・ナイストロムの消費と消費者研究に関する一考察」『明治大学商学研究論集』第31号，2009年9月，161～183ページ．

――――「ポール・H・ナイストロムのファッションの経済学に関する一考察」『明治大学商学研究論集』第32号，2010年2月，185～205ページ．

――――「ポール・H・ナイストロムのファッション・マーチャンダイジングに関する一考察」『明治大学商学研究論集』第33号，2010年9月，113～132ページ．

――――「ポール・H・ナイストロムの現代小売業経営への示唆―小売業のマーケティング・マネジメントの体系化を中心として―」『日本経営診断学会第43回全国大会予稿集』2010年9月，140～144ページ．

――――「ポール・H・ナイストロムの5つの著書に見る現代小売業経営への示唆」『明治大学商学研究論集』第34号，2011年2月，77～97ページ．

松江宏編著『現代消費者行動論』（第2章 消費者行動研究の系譜，井上崇通，21～48ページ），創成社，2007年．

三浦一『現代小売マーケティング論』千倉書房，1995年．

村松潤一『戦略的マーケティングの新展開―経営戦略との関係―（第2版）』同文舘出版，2002年．

――――『コーポレート・マーケティング―市場創造と企業システムの構築―』同文舘出版，2009年．

<http://www.lushjapan.com/>（accessed, 2006-12-10）
<http://www.lushjapan.com/information/ idea.asp>（accessed 2011-9-10）
<http://www.bulgari.com/>（accessed, 2006-12-10）
<http://www.the-body-shop.co.jp/top.html>（accessed, 2006-12-10）
<http://www.fastretailing.com/jp/ir/direction/>（accessed 2011-8-20）
<http://www.imhds.co.jp/company/philosophy.html>（accessed 2011-8-20）
<http://www.lvmh.com/the-group/lvmh-group/group-mission-and-values>（accessed 2011-8-20）
<http://www.geocities.jp/taimu_d/entame_tdl 1 .html>（accessed 2011-8-27）

■著者紹介

前田　進（まえだ　すすむ）

博士（商学）
1947年三重県生まれ，明治大学商学研究科博士後期課程修了
株式会社マネジメントコア前田代表，千葉商科大学商学研究科客員教授，明治大学商学部講師，中小企業基盤整備機構・中小企業大学校東京校客員講師，日本経営診断学会・日本消費経済学会・サービス学会々員，中小企業診断士
● 専門：小売・サービス業のマーケティング戦略，消費者研究，地域振興，新規創業支援
● 著書：『専門店新時代の発想』，『ヘルシービジネス』（同友館），『超商店街づくりの新しいノウハウ』，『中心市街地商店街の活路』（ぎょうせい），『中小企業診断士合格の鉄則』（法学書院），『飲食店経営者マニュアル』（PHP研究所），『サービス・ドミナント・ロジック』（同文舘出版，共著）

2016年4月1日　第1刷発行

小売・サービスの経営学
―アトモスフィア理論へのアプローチ―

著　者　前　田　　　進
発行者　脇　坂　康　弘

発行所　株式会社　同友館

東京都文京区本郷3-38-1
郵便番号　113-0033
電話　03(3813)3966
FAX　03(3818)2774
http : //www.doyukan.co.jp/

落丁・乱丁本はお取替え致します。　　　　　　　　藤原印刷
ISBN 978-4-496-05192-0　　　　　　　　　Printed in Japan

本書の内容を無断で複写・複製（コピー），引用することは，特定の場合を除き，著作者・出版社の権利侵害となります。